文建會國家台灣文學館
行政院客家事務委員會
補助出版

那年秋天　我們跟鍾老的約會

鍾肇政口述歷史

「戰後台灣文學發展史」十二講

主講人◎鍾肇政
總編輯◎彭瑞金
主　編◎莊華堂

採茶文化工作室　企劃編輯
蒲公英文教基金會　編輯協力
唐山出版社　出版發行

國家圖書館出版品預行編目資料

鍾肇政口述歷史：『戰後台灣文學發展史』12講/
彭瑞金. --

臺北市 ： 唐山，2007[民96]
面； 公分

ISBN 978-986-7021-98-4 （平裝）

鍾肇政口述歷史

「戰後台灣文學發展史」十二講

主　　講：鍾肇政
總　　編：彭瑞金
主　　編：莊華堂
執　　編：鍾怡彥、王　婕
策劃執行：採茶文化工作室、蒲公英文教基金會
攝　　影：蔡旺霖、蔡金蓉、洪瑞環
封面設計：邱士博、劉育珍
出版發行：唐山出版社
　　　　　10647台北市大安區羅斯福路三段333巷9號B1
　　　　　電話：(02)23633072　　傳真：(02)23639735
　　　　　郵政劃撥：0587838-5　　戶名：唐山出版社
　　　　　電子郵件：tonsan@ms37.hinet.net
　　　　　網站：http://blog.yam.com/tsbooks/
印　　刷：國順印刷公司
出版日期：2008年7月
定　　價：480元

大溪鄉友會
2600、第一回

台灣人三部曲
台灣文學叢書

鍾肇政 著

滄溟行

鍾肇政

魯冰花

鍾肇政 著

❀目錄❀

鍾肇政

小說大師，台灣文壇大老，生於桃園縣龍潭鄉九座寮，現居龍潭。

他入讀淡江中學、彰化青年師範學校畢業，日治時期，服役期間因高燒不退造成聽力障礙，戰後就讀台大中文系，因聽力障礙，只好輟學。曾任台灣客家公共事務協會理事長，總統府資政，育有二男三女。2000年李登輝總統頒贈二等景星勳章；2003年及2004年陳水扁總統先後頒發第二屆總統文化獎百合獎、二等卿雲勳章。

曾任國民小學教師、東吳大學東語系講師，《台灣文藝》雜誌社社長兼主編，《民眾日報》副刊主任兼主編。解嚴後，曾任台灣客家公共事務協會理事長，〈台灣筆會〉會長。現任寶島客家廣播電臺董事長，總統府資政。

1951年第一篇文章〈婚後〉，刊登於《自由談》雜誌，燃起寫作興趣，從此勤奮筆耕，1961年第一部長篇小說《魯冰花》發表於《聯合報》，同年又發表《濁流三部曲》大河小說─《濁流》、《江山萬里》、《流雲》，開啟台灣大河小說創作第一人。1964年起撰寫另一部大河小說《臺灣人三部曲》─《沉淪》《滄溟行》、《插天山之歌》，歷時十年。編輯《本省籍作家作品選輯》、《台灣省青年文學叢書》、《台灣作家全集》。

主要著作

《濁流》〈長篇〉，中央出版社，1962年5月。
《魯冰花》〈長篇〉，明志出版社，1962年6月。
《大壩》〈長篇〉，文壇社，1964年5月。
《流雲》〈長篇〉，文壇社，1965年10月。
《殘照》〈中短篇〉，鴻文出版社，1963年12月。
《大圳》〈長篇〉，省新聞處，1966年9月。
《大肚山風雲》〈中短篇〉，商務書局，1967年6月。
《沈淪》〈上、下〉〈長篇〉，蘭開書局，1967年6月。
《輪迴》〈短篇〉，實踐出版社，1967年5月。
《中元的構圖》〈中短篇〉，康橋出版社，1968年12月。

《江山萬里》〈長篇〉，林白出版社，1969年4月。

《馬黑坡風雲》〈長篇〉，商務書局，1973年9月。

《大龍峒的嗚咽》〈中短篇〉，皇冠出版社，1974年4月。

《綠色大地》〈長篇〉，皇冠出版社，1974年4月。

《靈潭恨》〈中短篇〉，皇冠出版社，1974年4月。

《八角塔下》〈長篇〉，文壇社，1975年10月。

《青春行》〈長篇〉，三信出版社，1974年7月。

《插天山之歌》〈長篇〉，志文出版社，1975年5月。

《滄溟行》〈長篇〉，七燈出版社，1976年10月。

《丹心耿耿屬斯人：姜紹祖傳》〈長篇〉，近代中國出版社，1977年10月。

《望春風》〈長篇〉，大漢出版社，1977年3月。

《馬利科彎英雄傳説》〈長篇〉，照明出版社，1979年4月。

《濁流三部曲》〈長篇〉，遠景出版社，1979年。

《鍾肇政自選集》〈中短篇〉，黎明書局，1979年7月。

《鍾肇政傑作選》〈中短篇〉，文華出版社，1979年3月。

《台灣人三部曲》〈長篇〉，遠景出版社，1980年6月。

《原鄉人：作家鍾理和的故事》〈長篇〉，文華出版社，1980年7月。

《川中島》（高山組曲第一部）〈長篇〉，蘭亭書局，1985年4月。

《戰火》（高山組曲第二部）〈長篇〉，蘭亭書局，1985年4月。

《卑南平原》〈長篇〉，前衛出版社，1987年。

《鍾肇政集》，前衛出版社，1991年。

《永恆的露意湖：北美大陸文學之旅》，桃園縣立文化中心，1993年。

《怒濤》，前衛出版社，1993年。

《夕幕大稻埕》，派色出版社，1991年。〈未出版〉。

《台灣文學兩地書》，前衛出版社，1993年。

《怒濤》，前衛出版社，1996年〈新版〉。

《望春風》，前衛出版社，1997年〈新版〉。

《台灣文學兩鍾書》，前衛出版社，1997年。

《掙扎與徬徨》，前衛出版社，1997年。

《文壇交友錄》，前衛出版社，1997年。

《八角塔下》，前衛出版社，1997年〈新版〉。

《台灣文學十講》，前衛出版社，2000年。

講談會主持人

莊永明 資深地方文史專家、台北老街研究權威，國立藝專畢業，現職台北市
　　　文獻委員會副主委、吳三連台灣史料基金會董事。

張良澤 台灣文學研究專家，真理大學麻豆校區台灣文學系系主任。先後畢業
　　　於台南師範學校、成功大學中文系及日本關西大學文學碩士。歷任
　　　成功大學中文系專任講師、日本筑波大學副教授、共立女子大學教
　　　授。曾獲民國七十五年台美文化基金會的「人文成就獎」

鄭炯明 台灣詩人，現任台灣筆會會長，文學台灣雜誌發行人、文學台灣基金
　　　會董事長。

張炎憲 台灣史學家、近代史研究專家，現任國史館館長，台灣風物雜誌總編。

姚榮松 台灣師範大學台灣文化及語言文學研究所教授兼所長。國立台灣師範
　　　大學國文研究所博士，曾任台灣師範大學國文系教授、台灣語言學學
　　　會理事。

翁金珠 行政院文化建設委員會主任委員，前彰化縣長、立法委員、教育文化
　　　委員會召委。（莊華堂代理）

林雪星 東吳大學日本語文學系系主任，東吳大學日文系畢業，1986年獲得日
　　　本國立廣島大學國際學碩士學位。回國後於中央研究院民族研究所
　　　當一年訪問學人，之後分別於新聞局《光華雜誌》擔任日文編譯，
　　　《日本文摘》擔任日文研究編輯，並在東吳大學、清華大華擔任日文
　　　兼任講師。

張維安 社會學家，清華大學人文社會學院院長。

羅肇錦 客家語文學家，中央大學客家學院客家語文研究所所長、教育部國語
　　　推行委員會常務委員。前《客家雜誌》總編輯、總主筆。

陳明柔 文學評論家，靜宜大學台灣文學系系主任。研究專長為台灣文學、文
　　　學批評及中國現當代文學。

陳芳明 詩人、散文家、歷史學家、文學評論家，政治大學台灣文學研究所所長。

吳錦發　資深小說家，前民眾日報副刊主編、主筆。行政院文化建設委員會副
　　　　主任委員。

柯慶明　文學評論家，台大中文系學士，台灣大學台灣中文系教授與文學研究
　　　　所教授兼所長。學術領域包含文學史、文學理論、文學批評、美學與
　　　　台灣文學。

講談會與談人

鄭清文　資深小説家、短篇小説之王，前台灣筆會會長。

鍾鐵民　資深小説家，高雄縣旗美社區大學主任，鍾理和紀念館主持人。

林柏燕　資深小説家，國立臺灣師範大學國文系畢業，現職新竹縣文化局史料館籌備處顧問。

林文義　散文家、漫畫家，前台灣筆會秘書長、前自立晚報副刊主編。

楊鏡汀　客家文史研究專家，國小校長退休，現任中華台灣客家研究會理事長。

陳萬益　文學評論家，台灣大學中國文學博士、清華大學台灣文學研究所所長。曾任清華大學中國語文系主任、文學研究所所長及成功大學台灣文學所所長。

薛化元　歷史學家，台灣大學歷史研究所博士，現職政治大學台灣史研究所所長。歷任有台灣大學歷史系專任講師、淡江大學公共行政系專任講師與交通大學共同科專任副教授。

林修澈　人類學家，法國巴黎大學蒙古學博士，現任教政治大學民族學系、研究所教授兼系主任。

邱榮舉　台灣大學國家發展研究所所長，1988年客家母語運動總領隊，新任台灣大學客家研究中心主任。

許俊雅　文學評論家，國立臺灣師範大學國文研究所文學博士，曾任臺灣師大人文教育研究中秘書、推廣組組長，現職台灣師範大學國文學系教授。

孫大川　原住民學者、作家、政治大學台灣文學研究所副教授，《山海雜誌》總編輯。前原民會副主委。

彭瑞金　文學評論家，靜宜大學台灣文學系副教授，《文學台灣》雜誌主編。

楊　翠　國立台灣大學歷史所博士，現任靜宜大學台灣文學系副教授，楊逵先生孫女。研究專長為台灣文學與史學。

賴景雀　日本語文研究專家，現任東吳大學日本語文學系副教授，鍾肇政先

生在東吳大學執教時代的學生。

許素蘭　台灣文學評論家，靜宜大學台灣文學碩士，現職靜宜大學中國文學系兼任講師。先後擔任「鳳凰樹文學獎」、「府城文學獎」、「吳濁流文學獎」、「賴和文學獎」評審。

黃玉珊　電影導演，台南藝術大學音像紀錄研究所副教授，電影「插天山之歌」編導。

陳建忠　文學評論家，國立清華大學中文系博士，曾任靜宜大學中文系、台文系助理教授，現職清華大學台灣文學研究所助理教授。

吳佩珍　日本國立筑波大學文藝言語研究科博士，現任東吳大學日本語文學系助理教授，多年專研日本及台灣文學。

鍾怡彥　台灣文學研究者，鍾理和先生孫女。國立彰化師大國文系碩士畢業，現任國立海洋科技大學、實踐大學講師。

王　婕　聯合大學客家研究中心，鍾肇政先生外孫女

許榮哲　小説家，曾任聯合文學雜誌主編、現任耕莘青年寫作會班主任。

莊華堂　小説家，編劇、導演，地方文史工作者。採茶文化工作室主持人。「鍾肇政口述歷史」系列計畫主持人。

打開天窗說亮話
——寫在『戰後台灣文學發展史十二講』之前

修澤政

　　如果從我二十七歲那年，發表的第一篇文章〈婚後〉開始算起，個人從事台灣文學的活動，已經五十六年。過去那個年代，還是充滿肅殺之氣的白色恐怖；那個年代，在「戰鬥文藝」與「反共還鄉」大旗下，台灣文學陷入長達數十年的荒蕪；那個年代，少數戰前活躍的作家紛紛偃旗息鼓；那個年代，我們很難看得到「台灣作家」發表的作品，甚至於沒有人敢談什麼「台灣文學」。

　　現在時代可不同了——國中小學的課本裡，選讀台灣作家的作品越來越多，許多大學院校紛紛改設（或增設）台灣文學系、研究所，以近三、四年來，就有幾個以「台灣作家」為研究主題的國際學術研討會——例如「李喬的文學與文化論述」國際學術研討會，就在不久之前於台灣師範大學盛大舉辦，這在80年代以前，我們土生土長的台灣，是不可能的事情。

　　老朽忝為台灣文學老園丁，曾經與許許多多文壇故舊走過那個年代，雖然這條路還很漫長，有待年輕人繼續攜手煞猛打拚，為台灣文學傳薪接棒。準此，我願意挺起龍鐘之身與昏耄頭腦，將個人曾經走過的雪泥鴻爪，及一甲子以來的所見所聞，於十二場的講談

會中,場場「打開天窗說亮話」,透過口述歷史的講談與出版,為戰後台灣文學發展史,做一個活見證。

承蒙文建會翁金珠主委、吳錦發副主委、客委會李永得主委,以及國家文學館鄭邦鎮館長的鼎力支持。「戰後台灣文學發展史」十二講,將於今年八月起在各大學院校,特別是設有「台灣文學」的系所逐次開講,感謝學界的張炎憲館長、張維安院長、張良澤、陳萬益、柯慶明、薛化元、羅肇錦、陳芳明、姚榮松所長,林修澈、陳明柔、林雪星主任,以及文壇鄭清文、鍾鐵民、林柏燕、莊永明、黃文相、彭瑞金…等故舊知交,於百忙中撥冗襄助,擔任講談會的主持人或與談人。我還特別委請中研院人類學家——潘英海博士,以及「文」、「史」雙修的小說與地方文史工作者莊華堂老弟,透過他們辛苦的規劃聯繫,為這一連串的文學盛筵加柴添薪。

九年前,我曾經應邀於桃園的武陵中學,跟學校老師做了十場「台灣文學講座」,事後由莊紫蓉整理為《台灣文學十講》,由前衛出版。那個系列,主要談的是日治時期的台灣文學,戰後著墨較少;今年夏天重新燃燒的爐,將以戰後的台灣文學發展史為主,並依序分別詳述我與不同世代的作家之間來往交纏的往事,相信這也是許多朋友有興趣的話題!

「鍾老」老矣,讓我打開天窗說亮話,做一擺講個清楚吧!

為台灣文學傳燈

行政院文化建設委員會主任委員
翁金珠

　　文學是生活於台灣的人民生活、文化的結晶，也是人與人、人與土地之間悲歡離合的總體呈現。今年夏天，文壇常青樹鍾肇政先生於老驥伏櫪多年之後，再度舉蹄馳騁，為台灣文學的推展發聲。這次，鍾老將以口述歷史的方式，講述「戰後台灣文學發展史」。

　　台灣文學研究歷經80年代鄉土運動和解嚴之後，逐漸枝葉茂盛，現在全國已有十幾所大學院校設立「台灣文學」研究的系所。感謝八十四高齡的鍾老願意挺身而出，將自己經歷六十多年的文學滄桑路，至各台灣文學系所與學子會談。

　　文建會對於傳承台灣文學一向不遺餘力，這場十二道菜色的文學盛筵，邀請文史學者莊永明、張炎憲，人類學家林修澈、孫大川，以及文學系所的張良澤、陳萬益、陳芳明、羅肇錦、柯慶明、姚榮松…等所長與會主持助講。另有小說大師李喬、鄭清文、鍾鐵民；中生代小說家吳錦發、王幼華，文學評論家許俊雅、彭瑞金、許素蘭；更特別的是還有三個文學先輩的孫輩——楊翠（楊逵孫女）、鍾怡彥（鍾理和孫女）、王婕（鍾肇政外孫女）出席與談，真可謂群賢畢集。

　　鍾老寫稿創作之餘，培育提攜文壇英才無數，奠定一代宗師典範。此次，他再度站上講台，跟年輕一代的人接力長跑十二站的講談會，為台灣文學傳襲燈火，讓我們引頸以待！

船到灘頭水路開

行政院客家委員會主任委員
李永得

　　鍾肇政先生，我們都暱稱為「鍾老」，他是大家熟悉的國寶作家，也是我素所敬仰的客家前輩。過去數十年來，他培育作家無數，可以說台灣文學的知名作家幾乎直接、間接都受到他的鼓勵與影響。然身為「文學家」、「小說家」角色之外，鍾老亦積極參與各項社會事務，其親身領導參與80年代以降的社會改造運動，關係著台灣文學的萎縮與發展，及客家文化運動的啟蒙與茁壯，無私奉獻厥功甚偉，著實令人欽佩。

　　戰後數十年來，台灣文藝政策備受統治者思想箝制，歷經80年代鄉土運動和解嚴之後，台灣文學不僅邁入蓬勃發展時期，台灣作家亦開始掙脫層層荊棘冒出頭地。現在全國有十幾所大學院校，設有專門研究「台灣文學」的系所，我們客家人有一句師傅話：「船到灘頭水路開」，正可以說明目前台灣文學苦盡甘來的新局。事實上，自從福佬客詩人作家賴和先生，於日治時期開展台灣新文學運動以來，台灣文學即以獨特的精神內涵，在世界文學史上獨樹一幟，這是屬於我們這片土地與所有人民的文學，有待新生代的文學旗手，繼續投入推展。

　　今年入春時節，文學界與客家界許多朋友，齊聚於龍潭的渴望園區，為鍾老暖壽。那天群賢畢集、場面熱烈，陳總統與蘇院長都親臨致賀，永得有幸恭逢其盛，老人家當面跟我提及，說他願意以八十三高齡，站出來講述戰後台灣文學史十二講，除對他那股投入文學不竭的熱情，我深表感佩外，亦對鍾老願用「口述」傳承戰後台灣文學史之精神甚為贊同。相信透過鍾老精彩的口述方式，必能將歷史完整呈現，這將是今年入夏之後，台灣文壇最美麗豐碩的盛會。

　　入夏以來，鍾老身體康泰，又與李喬先生同獲我們客委會舉辦的客家『終身成就獎』的殊榮，兩位先生都是台灣文壇的小說大師，也都是客家文化大老，我們期望，透過鍾老與許多學者作家一連串的巡迴講談，讓鍾老掌舵這艘文壇盛宴的大船，順著灘頭開出一條水路，為沉封多年的戰後台灣文學，激盪出更璀璨的水花！

我們跟鍾老的約會

計劃主持人
莊華堂

——降伏之後，我復員回到龍潭⋯學校要上課了，可是現在不能教國語（日本話）了，新的國語是北京話，我們聽都沒聽過。

——我們只好跟長山仔學，那時候龍潭街上有幾個外省人在教，連阿貓阿狗都在教，那是很熱門的行業。

——鍾理和的〈笠山農場〉雖然得獎，我幫他寄給聯副，可是拖了許久都沒有發表，當時林海音如果把它發表出來，鍾理和就不會死了。

——鍾鐵明在台北念書，暑假的時候來龍潭，跟我在國小的實驗室一起寫小說，我一天寫了幾千字，他三天寫不到一千字，我還是跟他說：「嗯—你寫得很好，繼續努力。」

——那時候我主編《台灣文藝》與《民眾副刊》，拚老命拉稿，許多年輕人就這麼成為作家，有一次，一個年輕人穿著軍服來找我，我嚇一跳，以為是國民黨⋯結果，他說他是憲兵。

上面這些話，是近半年來，我多次在鍾老家中，聆聽老師談「戰後台灣文學史」的口述歷史，他隨意提起的幾則文壇舊事，有些聽起來叫人鼻酸，有些則讓我忍不住捧腹大笑。

老師很認真的說，他還有許多類似這樣的秘辛，有的已經在其他場合談過了，可是還有很多是從來沒說過的，如果能夠記錄下

來，一定很有意思。最後鍾老慎重其事的說，他想要在老得不能動之前，動口談自己的口述歷史，看是十講，還是十二講，還要有比較好的機器錄影下來，他跟我說：「這件事就由你來做吧！」

原來老師的意思是不要麻煩他人，每一場都在家裡講，然後錄影起來再整理出版。為了考量多一點，我分別請教張良澤、彭瑞金、陳萬益、李魁賢幾個前輩，大家都主張鍾老這幾年很少拋頭露面，應該趁現在身體好的時候，打鐵趁熱，儘可能到各大學院校多講幾場，這樣的訊息傳出之後，許多學校單位反應熱烈，特別是設有台灣文學研究的系所，紛紛要求一定要安排鍾老到他們學校。鍾老已經沒有「資政」頭銜，也無法動筆寫作了，到耄耋之年還是「洛陽紙貴」，真是叫我吃味呀！

由於我們必須考量鍾老的時間身體狀況以及家屬的意願，有好幾場最後忍痛割愛，例如張良澤老師再三力邀，無論如何，請鍾老到真理的麻豆校區，他要鍾老親眼看到他苦心經營的「台灣文學資料館」，身為館長的張老師說，他們的館是目前台灣擁有鍾老資料最多的，可是家人還是考量麻豆實在太遠了，最後還是無法成行。以同樣原因而放棄的，還包括南部的國家文學館、成大台文所…等，真是遺珠之憾。

最後敲定的十二場講談會，規劃從龍潭鍾宅出發，然後到老師執教多年的龍潭國小、以及他年輕時期常去的大溪公園老蔣行館，都是鍾老小說裡常見的場景。擔任主持人的莊永明是地方史名師，也是鍾老從前在大稻埕的鄰居；鄭炯明、曾貴海醫師都是打狗詩人，兩人先後出任台灣筆會會長，這次由鄭先生代表台灣筆會與

會主席；張炎憲是國史館長，也是研究二二八與白色恐怖專家。接著是二十幾年前，鍾老在東吳大學擔任講師的東方語文學系，當時在此認識塚本照和教授，就這樣因緣際會，促成往後日本學者研究台灣文學的肇端。中央大學則因為設有客家學院，加上羅肇錦所長的特殊「恩怨」而中選——十八年前，鍾老與羅教授曾經共同催生《客家風雲》雜誌，以及客家人第一次走上街頭，這場與談人之一的邱榮舉教授，就是1988年還我母語大遊行的總指揮。其他幾場包括政大、台大、清大、靜宜、師大都是設有台灣文學系所，教職員如陳萬益、彭瑞金、楊翠，都跟鍾老有相當交情，政大因講題訂為「鍾肇政小說中的原住民經驗」故由台文所與民族所合辦；台大那場壓軸戲「鍾肇政小說中的愛情與女人」，一方面為邱榮舉教授主持的「客家研究中心」熱身，一方面也希望台大客家社學生，和柯慶明所長主持的台文所研究生，有更多的機會接觸台灣文學。

為了減輕老師的體力負荷，以及他自嘲為「老顛東」的失憶症，所以每場都邀請跟講題相關的學者作家，以「與談人」身份與鍾老搭配演出。例如鍾鐵民、鍾怡彥父女，分別代表鍾理和出席，回顧那個年代的「南北兩鍾情」；王婕則是鍾老的外孫女，她要談甲公與小說文本的互涉，難免涉及鍾老早年的愛情，可是千萬不能洩秘給甲婆（師母）知道喔；鄭清文、李喬、林柏燕、黃文相都是鍾老數十年交往密切的文友，他們知道許多鍾老「孔頭」；吳錦發是鍾老長子延豪生前好友，與鍾老形同父子，這個計劃獲得文建會鼎力支持，吳副主委是關鍵；許俊雅、彭瑞金、許素蘭、陳建忠都是台灣文學研究專家，也是知名評論家。許以研究李喬、鄭清文小說聞名學界；彭則是台灣文壇研究葉石濤、鍾肇政的權威，他還慨

然出任明年出版《鍾肇政口述歷史》專書主編；素蘭是專研鄭清文與李喬著力最深；陳執教於清大台文所，碩士論文是研究宋澤萊的小說。最後那場鍾老要談自己創作以及曾經喜歡的女人，相信許多人都想窺秘，遺憾的是莊紫容、黃秋芳、陳燁都因故無法與會，黃靖雅是中文所出身的媒體主編，當年的碩士論文就是〈鍾肇政小說研究〉。政大那場涉及原住民關係，特別請林修澈所長，和卑南族出身的學者作家孫大川與會，行家看門道，精彩可期。

此外，我要先透露一些天機，工作團隊正在安排的「神秘嘉賓」，配合該場講題的特性，可能在某些場次中自然現身，他們會是誰？是卑南平原的阿昌？孫老師？還是川中島中的打燕？亦或是濁流三部曲中的某個女人？今年夏秋之間，大老復出，眾星拱月，與老人家共話巴山夜雨，是怎樣的台灣風情？且不管是星月花雨還是腥風血雨，別忘了，2007年的夏天，我們與鍾老之間的約會。

鍾肇政口述歷史

「戰後台灣文學發展史」十二講

那年秋天　我們跟鍾老的約會

鍾肇政口述歷史

「戰後台灣文學發展史」十二講

ㄅㄆㄇㄈ是啥麼哇糕？

－戰後語言轉換期的台灣

主講人：鍾肇政　主持人：莊永明　與談人：楊鏡汀、黃文相、莊華堂
文字整理：王　婕　校對：一校/劉香君　二校/江美芬　三校/莊華堂

◎時　間：2007年8月6日　◎地　點：桃園縣龍潭鍾宅

▲ 前排左起楊鏡汀、邱垂亮、鍾肇政、莊永明、黃文相
　後排左二蔡金蓉、盧孝治、莊華堂
　攝於龍潭鍾老自宅（蒲公英文教基金會提供）

◇上半場◇

莊華堂（計畫主持人）

鍾老、莊永明老師、楊校長大家好：今天是我們〈鍾肇政口述歷史－戰後台灣文學發展史十二講〉的第一講，這十二場講談會我們經過將近半年的籌畫。

我們每一場的方式都是會有一個主持人，再邀請一到兩位的與談人，來協助鍾老，因為鍾老年紀大了，我們不忍心讓他講兩個鐘頭。與談人都是針對講題具有相關的專業，希望這樣一連串的計畫，能夠完整詳細的紀錄下來，將來能夠出版並成立「鍾肇政口述歷史」的網站。

下列有幾件事情請各位知道：我們每個歷程都有規則，上下半場各五十分鐘，中間休息二十分鐘，與談人共講十四分鐘，後面還有六到八分鐘邀請觀眾提問。

莊永明（主持人）：

很榮幸，這個口述歷史我來跑第一棒。

說起我和鍾老的淵源，也挺有意思的，我後來知道說我們是老鄰居。因為鍾老小時候四、五歲的時候，也曾住過台北的大稻埕。比較有意思的是說，莊華堂打電話給我要我參與這個口述歷史的

時候，他問我說知不知道鍾老家的地址？我馬上想到鍾老家是在龍華路五十三號。為什麼我這個五十三號這二、三十年都記得那麼清楚，是因為我自己的出生地是貴河街五十三號，就是鍾老小時候也曾住過的地方。

那個地方比較特別的是一個重要的區塊，那裡是檳榔的新文化。這是我投入台灣研究的觀點，因為從小聽自己的父母、聽老一輩的人家講台灣的故事，所以我一直希望能夠把這些東西留下來。

我在文史工作的這塊區域，認識很多的老朋友，很幸運他們都把我當作忘年之交。最榮幸的是結識了鍾老，他的輩份對我們來講當然是很高的。

時間真的是過得挺快的，我一直在這個領域一步步的在學習。尤其我一直都把鍾老當成一個樣版，因為我從小就閱讀了鍾老很多的作品，也感受到他對鄉土的一種熱愛，其實我也覺得這就是我要學習的一個對象。

更榮幸的是說，我也看到鍾老那個時候在《中央日報》連載〈望春風〉的時候。大家都知道〈望春風〉是在寫鄧雨賢的故事，那李臨秋就是〈望春風〉這個歌曲的作詞者。李臨秋晚年的時候其實非常的寂寞，都是我在陪他喝酒。那當然從作詞者身上，讓我看到鍾老這部小說作品時，我感觸就更深刻。所以後來我也為鄧雨賢寫了一篇傳記。當然那個傳記算是那個時候的第一篇，因為那個時候鍾老寫的是以小說的方式呈現。當初我是發表在《雄獅雜誌》，這篇文章也被鍾老看到。這篇文章是我整個投入文壇寫作的奇蹟，因為當年我在大同關係企業上班的時候，其實坦白講，我自己覺得

我的文辭也不夠成熟、我也不敢去做寫作這樣的工作，沒想到鍾老看到我發表那篇文章，對我印象非常深刻。

有一次大同雜誌在面臨轉型的時候，那時的雜誌主編想要找幾個寫手來增加他們雜誌的陣容，所以就找上了鍾老，想請鍾老開一個專欄，因為鍾老那個時候有個筆名叫趙震，有個負責寫古典音樂的專欄。沒想到鍾老和當時那位主編說：

「你們裡面就有人才了，何必向外找呢？」

因為這樣子，所以主編就找上我了。那個時候我就想了一個專題叫〈台灣第一〉。沒想到，一聽到這樣的名字，他們就認為不妥，當然也因為那個時候台灣還灰濛濛不明的時代，所以這四個字就相當的敏感了。所以當初他們找上我，將名稱改為〈台灣的第一〉，用一個字，加上個介係詞把〈台灣第一〉隔開，這樣就沒有事情了。

沒有想到這樣一寫，幾乎就把我推上了寫作的不歸路了。所以我就想我會走向寫作的一條不歸路，都是鍾老害的。

那個時候我寫的這個〈台灣的第一〉，當年引起了一些關注，因為大家都可以從裡面看到平常看不到的東西。那個時候我寫這些東西的時候，都是用田調的方式寫，在當時的歷史當然是被忽略的。

當然，當時我寫出來，就受到關注，所以後來幾個副刊都找我寫專欄，所以我那個時候我幾乎每天都至少兩三篇文章出來。沒想到投入這樣一個工作，我自己也覺得滿欣慰的。

今天我有一個機會可以參加鍾老的口述歷史,也看到鍾老出了這麼樣的一個全集,我真的是覺得可恭可賀。我想近年來鍾老是台灣文學史上立下的一個標竿,也真的是我們學習的對象。

我剛剛提到我小時候有機會可以和鍾老做鄰居,其實我們是錯開當鄰居的機緣。但是我和鍾老之間可以用〈望春風〉這首歌來代替,因為鍾老一直推崇這首歌的作曲者,我則一直推崇作詞者。

而且,我自己也覺得能夠將當時的台灣歌謠,從流行歌的框框變成學術界可以重視的,我想是我們兩個參與最多。

當年,台灣流行歌謠創作五十年的時候,鍾老還一直希望我能夠寫一些專欄,沒想到兩大報給我退稿,因為他們覺得這是不值得紀念的。沒想到,今天這些歌謠都是人們認為的經典之作。

所以我也覺得一步步走來,也覺得共同留下了一些痕跡。

鍾肇政(主講人):

各位來賓各位朋友大家好,大家午安。我要先謝謝幫我策劃這個活動的莊華堂導演,還有剛剛幫我開場白的莊永明老師。莊永明老朋友,剛剛到提起了很多很多我的回憶,我幾乎和永明聊一些來來往往的都會提到大稻埕。

我小時候,很小很小我在大稻埕住過。那個地方,就是我父親從教師退下來以後,我們一家搬到那裡,我父親在那裡作事情的那段歲月,我記得我從三、四歲左右住到六、七歲。因為我在當時台北的太平國小就學,所以應該是滿六歲。我們因為緣故搬回桃園住一段時間,然後搬回了龍潭。這件事情可以可告訴我,也可以告訴

各位，我的語言環境是相當複雜的。

我記得華堂老弟給我擬的題目是〈ㄅㄆㄇㄈ是啥麼哇糕？〉，ㄅㄆㄇㄈ是什麼東西啊？在那之前我已經經過了複雜的語言環境。在大稻埕是講閩南話，因為當時雖然我的老家是九座寮，但是沒有多久我就搬離我的老家，搬到大溪的內柵，是一個福佬庄，那裡是講閩南話

的，那時是我牙牙學語的階段，所以閩南語就變成我的母語。除了環境以外，我的父親是純種的客家人，我母親好像，我只能說好像是講閩南話，我受到母親的影響比較大，我就開始講閩南話。

後來到了大稻埕當然也是講閩南話。一直到我七歲搬回故鄉龍潭，那個時候我的客家話一句都不會講，連聽都聽不懂。所以鄰居的小朋友到學校上課，都笑我不會講客家話，小朋友們還會叫我「福佬屎」，這是客家庄成為一種口頭禪一樣的，看到福佬人都會這麼叫。經過一段磨練學習，我變得學會客家話。當然那個時候是以日本語為主的年代，念的課本、課外讀物都是日本語的年代。但是總算回到故鄉，這中間先是我先講閩南話，然後經過日本話到客家話，至少經過三個階段。

因此從我牙牙學語到自由自在的交談，這中間就經過了這三種語言。可是問題就是我回到故鄉龍潭，到學校一概講日本話，回到家裡就是講客家話，我的母親也和我講客家話。

所以我的閩南話，使用的機會就漸漸少了，漸漸的就不流利了。

這是我的語言環境。

當然我們回到正題ㄅㄆㄇㄈ是什麼？

第一次面臨ㄅㄆㄇㄈ，我感到非常的困難、生疏。我該從何說起？就是戰後我們滿口、滿腦子的日本話必須丟掉。當然我們也有一種歡欣鼓舞的狀況，因為我也被日本人欺負。當時日本人走光了，無關回不回到祖國懷抱，無關光復不光復，我們都歡欣鼓舞，純粹就是一種解放感。

不光是我自己，我的親人、鄉人、朋友都開始適應丟掉日語的生活。忽然之間我們也意識到要從頭開始學習。

光復之時，我們把日本書丟掉，但是中文書還沒有來，這段時間我們就開始讀「啟蒙書」。什麼《三字經》啊、《百家姓》啊這些。日本人投降我剛好二十歲，也就是我說已經是一個青年了。要重新學一個東西，心裡有點興奮也有一種惶恐。但是我們一心一意的要用自己的語言來唸書。

在這中間，我的父親是教日本書的老師。不過他念日本書也經歷也一些波折。

日本人來了之後有一個命令，就是你們可以選擇要不要回你們

的老家，老家指的就是中國那裡，如果不回老家，就留在這裡當日本人。於是我的曾祖父帶著全家回到了原鄉廣州，只留了一個孫子在台灣看地。可能因為那裡的環境也很苦，總之，我的祖父還是回來台灣當日本人。

我們這一家就在龍潭鄉下這樣定居下來。然後我的曾祖父就開始擔心沒有人會講日本話很麻煩，於是他就挑了一個最聰明的孫子去讀日本書，就是我的父親。

於是我父親就開始講日本話了。

這是我父親的語言環境。

雖然我父親教的是日文，但是該學的漢文那一套他也學的不少，就一般的三字經、百家姓這些，因為他年輕時候也讀過，也算是背得滾瓜爛熟。所以當我把這些古書拿來念的時候，我父親成了

我漢文的啟蒙老師。

沒多久，我也開始教書了，是用客家話在教。因為那時剛光復，我們把日本書都丟了，但是中國字的新書還沒來。過了好一陣子，新的書來，還記得第一課是〈人有兩手〉，我印象真的很深。

我記得，起碼三、四年以上我才學會念數字。

新的書來沒有多久，那個時候的教育科，也就是現在的教育局，頒佈一個命令，就是學校都要開始教北京話了。

那大家都不會講北京話，那要怎麼辦呢？於是在教育科，辦了一個講習班教ㄅㄆㄇㄈ。

於是，每個學校會派一個老師去教育科參加講習學北京話。因此在那戰後的四年間，我終於知道什麼叫做ㄅㄆㄇㄈ了。

那些去講習的老師，學回來就來教我們這些沒有去參加的老師。什麼拼音啦、四聲啊、輕聲啊。我們今天學，明天就要教小朋友，標準的現學現賣。這個經過了大概一年吧，漸漸的我也摸熟了這二十幾個注音符號。也開始教學生注音符號、什麼記號之類的。

我一直記得以前一個有趣的事情：那個時候代表我們學校去參加教育科講習的老師回來和我們說，今天有一個從南京來的教北京話的「馬先生」，我還記得他講的那個「生」還要輕聲。我到現在還記得我那個老同事嘴巴的形狀和臉部的表情。

現在想起來，從南京來的教北京話，真有點怪。但是那個時候真是有點新鮮，也有點羨慕的，常常在想那個馬先生漂不漂亮呢？

結果後來聽說她五十幾歲，真是「半老徐娘」。

　　每天在放課後，老師都集中在一個教室裡面，由那個參加教育科講習的同事來教我們。

　　那個時候我還有一個同事，我不講他的名字。因為他參加台北的講習回來的，我記得他都拿一本北京話的課本，在教室休息室裡面一直念。念什麼呢？總之，就是念給我們這些同事聽。他很得意，教我們怎麼捲舌什麼的，對我們耳提面命。我心裡想，他也只是桃園農校畢業的，哪有什麼了不起！

　　這個同事現在也過世了不在了。

　　講到過世，我想到一件有點難過的事情。

　　一個星期前接到一位老同事的電話，他就說他是簡某某，問我記不記得他，我就回答他說，當然記得啊！

　　以前我在大溪教過書，在那裡當代用教員，那是我在彰化青年師範學校畢業以前的事情，這位簡老師就是當時我的同事。他告訴我，我們以前一起教書的那堆老同事都過世了，那些同事的年齡都差不多，一個都不剩！就只剩下那位打電話給我的簡老師和我。

　　這個現買現賣的狀況持續了好一陣子，可能一、兩年都有。當然我還是用日文思考。記得那個時候和朋友寫信，大部分我都寫日文，不過有時後我會參著幾句北京話。試著用北京話來表達我的意思，也許是用日文先想好，然後才用中文寫下來。

　　這種情形持續了好一段時間。這段過去其實也很值得我回憶。

　　一直到現在都是這樣，也許很多人不相信，但是我的確是這樣，甚至有人說我的文章寫的還不壞，而且我也寫了不少東西。最近桃園縣文化局幫我出了一套《鍾肇政全集》，編號從一到三十八，我很得意。

　　人說著作等身，我就是著作等身，我也很自豪喔！

楊鏡汀（與談人）：

　　主持人、莊老師和鍾老大家好，很高興今天能夠擔任與談人。在進入正題之前我想提提幾件事，是和主持人還有鍾老都有關的。

　　今天我帶來了幾本書，一本是《丹心耿耿屬斯人─姜紹祖傳》，是鍾老在民國六十六年所寫的，莊永明先生他的第一本《台灣第一》我都有，但是我今天帶來《台灣記事》。

　　首先要談這個《丹心耿耿屬斯人》。在十幾年前辦了一個活動，叫做「姜紹祖成仁百週年紀念」，有請鍾老去作專題研講，編這本書的時候，這個專冊參考了《丹心耿耿屬斯人》這裡頭到後段，我發現了鍾老有兩件非常遺憾的事情，第一件就是姜紹祖墨寶，他沒有辦法在姜家的老夫人跟千金小姐那裡拿到，第二件事情就是姜紹祖的親兵——親兵，身邊的兵，這個護衛跟邱文林一起拍照的照片，今天我把這兩件東西帶來了，我想您一定很高興，因為這本書裡面他就是自嘆：「時不予我」。

　　第一件那個照片啊，是邱文人先生給我的，我編在自己的《被扭曲的台灣史》這本書裡頭，《被扭曲的台灣史》其實是被扭曲的客家歷史，這個圖被扭曲的，都是客家雜誌第八期裡頭的，這十篇論文因為這一本書，得到了客家台灣文化獎第三屆，那時候頒獎人還是女人，現在我把這兩件你所需要的東西收起來可以給你。

　　第二件事情是跟莊永明莊先生有關。姜紹祖究竟留下照片沒有？沒有；姜紹祖究竟留下墨寶沒有？有。我想莊先生還記得，這裡有姜紹祖三個字，還有用毛筆寫的非常非常流暢的工整的，這就是姜紹祖的親筆的墨寶。這兩件我帶來，第一件照片可以給你，但是第二件我不能給你，因為這個有涉著作權的問題，這個應該要請莊永明先生給才對。

　　今天我非常高興在這裡能夠當一個與談人，我非常榮幸，這兩位台灣文化界的前輩在面前，他們會安排我來這裡，我想大概我年紀大了，因為要談一甲子前的事情，六十幾年前的事情，那時候語言轉換，我也從公學校讀了六年，然後在中學讀了三年，這一個過

程大概我都瞭解,所以我是在這裡當與談人。

我非常高興能夠回應一些鍾老的報告,剛剛我們聽到鍾老所報告的過程當中,他是從閩南話開始然後變客家話,啟蒙則是日本話,這麼複雜,我也是一樣,但是我缺了閩南話,我小時候就講客家話,談到這個這個語言轉換期的時候,我想語言轉換期,在下一節還可以談,我想再談其他的問題。

莊永明先生他的著作《台灣第一》,這個《台灣第一》我也有,我翻過來看沒有鍾肇政,其實鍾肇政是台灣第一,有許多台灣第一,你想想看,跟他一樣的從小學老師,幹到文學作家到總統府資政有幾個?沒有,這也是台灣第一吧,對不對?但是,我也因為鍾老的原因變成台灣第一,你不要在這裡吹牛皮,說自己是台灣第一,我確確實實是,因為鍾老讓我成為台灣第一,此話怎麼講?我第一次來這裡的時候,是跟鍾老買了《台灣文藝》第一期到五十三期的合訂本,我想鍾老還記得,在那個時候還是戒嚴時期,戒嚴時期我們談的是什麼,那時候大概是民國七十三年的時候,七十六年解嚴,七十三年的那個時候我來這裡,談到教客家話的時候,我說:「教客家話誰來推行,戒嚴時期政府不動,社會沒有這種環境。」我就舉例說:「你是文學作家,拿文學家的光環來做,這一定可以推行的。」但鍾老反對,他說:「楊校長,你是現任校長,你來作更好。」我被他這樣一講,想想也對啦,從此以後在戒嚴時期,我們就推行客家話。

鍾老八十大壽的時候,我在《台灣文學評論》裡頭寫了一篇文章,題目叫〈戒嚴時期客語教學的醞釀〉,那時還是醞釀期,我為

什麼變台灣第一呢！就是因為他說的那句話，我確確實實在那個時候開始到教師研習會，我是教師，現職校長，到教師研習會提這個事情，那時候的教育部國民教育司的司長，叫林來發林司長，跟我談論這個問題，那個時間還沒到，台南有一位校長班的同學也反對，他說：「老楊你何苦來談這些事情，簡直是天方夜譚。」但是我沒有放棄，就是鍾老在推的，我是跟著他後面走，所以我變成台灣第一，什麼台灣第一，將來莊永明先生要續筆《台灣第一》的時候也可以把我寫上去。

我是戒嚴時期第一個推行客家母語的現職校長，台灣沒有，找不到第二個，我這台灣第一的功勞也是因為他。今天我非常高興能夠談到這些過程，跟兩位主講人跟主持人都有關的事情，我帶來的這些資料，我想還是有一點時間，來回應一下鍾老剛才所報告的，我認為鍾老的家庭是跟我相似的，在日據時候限制台灣人回大陸，他的祖父可以回去，所以我非常羨慕和欽佩，我記得我們漢文教學，日據時代這個漢文教學，這是日本人到台灣來整整推行了三十八年，日本人統治台灣五十年，這五十年當中呢，漢文教學教了三十八年，一直到昭和五年才停止。昭和六年以後，我哥哥比我大五歲，他是六歲入學，他就讀過漢文，我就沒有讀過，請問鍾老有沒有讀過漢文？公學校的時候有沒有讀過漢文？可能沒有（鍾

老：「沒有。」），差一年，差一年就沒有了，剛好在昭和六年取消了，我哥哥昭和五年入學他有讀到漢文科，他這個課程我記得很清楚，這個教學就是延續客家語言的最根本，在學校可以教啊，有漢文老師。

我的堂哥大正三年在分教場裡面，也教這個漢文，所以耳濡目染我們自然也會，但是我那時候還很小，後來什麼時候才開始呢，一直到解嚴以後，民國七十六年解嚴（1987年）解嚴兩、三年以後，1990年新竹縣長范振忠，最先辦理母語教學。母語教學的教師，不是教師研習，就是觀摩會。這個觀摩會最先是從新竹縣開始的，從日本人取消漢文教學，一直到解嚴以後恢復漢文教學，剛好是一甲子，這六十年可以說是我們語言中斷非常厲害的時期，我的補充到這裡，在詳細的我們還有下一節，我報告到此，謝謝大家。

莊永明：

我們在座有幾位來賓，那我們也請一些來賓也發發言，因為大家都是鍾老的老友，那當然對鍾老也有很多的景仰之處，我們也希望你們能表達一些意見。

黃文相（與談人）：

主持人、恩師、各位老朋友，大家可能很驚奇，我一向是叫恩師，對他來講我是年輕人，我現在六十五歲，鍾老師八十三歲，我跟鍾老的結緣非常的早，我的小學啟蒙老師，一、二年級的老師叫鍾肇治老師。鍾肇治老師有一次要請假，他一直跟我賣關子沒有講，結果那一天我到了學校，看到一個很年輕、很英俊、很瀟灑的人坐在那位子上，

開始我們那天的互動。他彈了風琴，彈了好幾首曲子，這點可能鍾老也跟我表示過，他真正的天才不是文是音樂。

　　在場的人可能還有記憶，彈了很多我們聽了很好聽，在黑板上畫了很多的圖，下課休息時間帶我們到高原國小，小人國旁邊那學校，用竹葉、草葉作很多的動物，在我們低年級的來說，真的很有興趣，這是我們的結緣。第二天，鍾肇治老師才跟我們介紹那是他的哥哥鍾肇政老師，之後我的腦筋就「政治、政治、政治」到師範。我猜的沒有錯，鍾肇政是哥哥，鍾肇治是弟弟，我讀師範二年級的時候，在週記的重要記載上就寫了一篇文章，關於我的妹妹雅妹，結果導師說：「這篇文章可以拿去投稿。」我不知天高地厚就寄到《中央日報》，結果就登出來了，那日子我永遠記得，是民國四十九年一月二十四日，一回到家，我爸爸知道這件事──他兒子會寫文章。我爸爸是戶籍課長，他的毛筆字跟鍾老差不多，馬上就把我拉到鍾老寫作的地方，然後鍾老就開始盡他的所有的能耐，一點一滴、毫不保留地教我，是真的老師。

　　後來我念師專，我從師專回到家，我經過龍潭，一定先到鍾老師家，那等於是我第二個家。那時鍾老師住在龍潭國小的木造宿舍，他有一間寫作的教室，每一次看到我來，就把稿件捲起來，是不是退稿？我不知道，他說：「文相，連我都會被退稿呢！」，然後呢，我還是會被退稿，可能又是退稿，可能剛寫完的，因此我念師範，我就準備一輩子教書，然後開始寫文章，我就準備一輩子記述，要寫下我人生的那種，一直很堅持，鍾老也知道，我對寫作的堅持是「硬頸的，不會改」，絕對不改的。

　　本來我身體很壯，李喬、鍾鐵民、鍾老，都說我最有寫作的

本錢，沒想到我是最沒有。我三十七歲就得到心肌梗塞症，差點死掉，醫師不斷的嚇我。這一下幾乎是我寫作的空窗期。有，那個時候我有寫，我用十個筆名發表了一些短小精幹、低空飛過的作品，但這些我都不敢給鍾老看到，我就這麼一直寫、一直堅持。到後來我又得了糖尿病，眼底也因出血開刀，現在呢，你們看的出來，我左眼已經全瞎看不到，右眼也只有0.01不到的視力，剛才我們的莊華堂好友拿這給我看，我怎麼看得到？然後那個時候我就跟鍾老說，我的東西要等到，當時，淪落到這個地步讓我很灰心。後來我一個禮拜洗三天的腎，三個半天，但我還是堅持寫，真的很認真寫，鍾老就勸我出版。我跟鍾老說：「我的東西要等我死後再發表、再整理、再出版。」鍾老說：「不要啦！怎麼可以這樣。」為了證明自己還行，我就為鍾肇政先生八十一歲誕辰寫了一篇〈吾愛吾師〉，因為我們客家人，如果太太還在，伴偶還在，他一定是做出頭。

這篇文章一發表，鍾老便真的要催我出書，以前我的資料給他，他幫我寫了三次序，都被我要回來，他竟然完全不怪我，到這時候不能不出了，就幫我寫序，叫做〈真正的作家〉，因為他字很漂亮，這是台灣第一個不用圓筆字來印的一篇序。這樣一來我就只好出了。我將東西拿給客委會，客委會說給你十萬塊錢獎金，我想這樣還不會賠到，便拿去出版，也許是因為鍾老這樣一位真正作家的序，讓我這本書水漲船高。鍾老在序裡面說我們是忘年之交，我實在是不敢當，他是我的恩師，怎麼算來講都是我的恩師。結果這本書很怪，得在2007年的七月出版，很快的第二年的也就是今年的二月就再版了。另外還有大學教授特別為我這本書寫了黃文相研

究，在海峽兩岸發表，當天發表的時候，鍾老身體不太好，他特別趕到會場來支持我，所以這麼好的老師，我真的終身難忘，是我永遠的恩師。

馮輝岳（與會者）：

我今天到這邊，因為彭瑞金老師通知我，我也不曉得，我就談一談最初跟鍾老結緣的經過。

我小學五、六年級是念升學班，尤其到了六年級，那時後升學班只上國語跟數學，因為升初中只考國語跟數學，我們每天半天國語、半天數學，還有上作文，就是鍾老師教的，所以我五、六年級的作文教學是鍾老師擔任的，但是那時候我還不會寫作，也沒有課外書。我印象很深，大概六年級的時候，鍾老師拿了一本書，上作文的時候講了一段鍾理和先生寫作的故事，我印象很深刻。老師說鍾理和先生身體已經很不好了，好像有肺病，肺很像手術，有割除一部分什麼的，但他還是很認真的坐在屋外的樹下的一張老藤椅上，拿著一塊小木板，就這樣寫作，然後一直寫到吐血而死，我印象中深。我那時候就奇怪，寫作有什麼迷人的地方，怎麼可以寫到吐血？生病這麼重了還這樣寫！所以我最初的印象是，我還不曉得什麼是文學，但覺得寫作一定有很迷人的，那是我念小學的時候，我對鍾老講鍾理和的故事的印象。

後來我又回到龍潭國小，跟鍾老師同事，變成既是學生又是同事的關係，我在龍潭大概教了四年，又到九座寮武漢國小，那時候還是戒嚴時期，民國七十年左右，每個鄉鎮都有警備總部派一個駐在當地的聯絡員什麼的，負責當地，大概是思想方面監督的工作。

那時候龍潭鄉也有一個年輕的，叫什麼名字我忘了，跑到武漢國小來找我，說：「你是鍾老的學生，是不是幫我提供一些有關鍾老的資料給我？」因為他每個月要往上報鍾老寫作方面的事情，我想我是鍾老的學生，總不能出賣他，但是我又他每隔兩個禮拜就來找我，那時候我覺得很惶恐。

那時候我就知道鍾老在編那個《台灣文藝》季刊，他那時候很忙，便找我先看一遍，當最先看稿的初審。警備總部的人來了，總問最近有沒有去鍾老家，我其實很不想去，因為鍾老一直要我寫小說，我後來都沒有寫，覺得很慚愧，只好每次硬著頭皮去找鍾老，隨便談一談並找些資料對那人有交待。有一次他又跑來問我，我就跟他講我最近幫鍾老看《台灣文藝》的初審，他問我說有哪些作者，要我要把它抄下來。很抱歉的，我就把資料提供給那個警備總部的人，但是我也隱藏了很多沒有給，只是給個交待，這工作大概拖了一、兩年的時間，所以有一陣子我常常去找鍾老，其實是有目地的，我覺得比較安慰的是我沒有出賣鍾老。這是我在龍潭念國小，還有後來在九座寮教書時跟鍾老有一點關係，我報告到這裡，謝謝。

∽下半場∾

莊永明：

我剛剛聽鍾老講，他曾經在太平公學校入學過，這樣算起來我們還是校友，因為我讀的就是他對面的那個公學校，叫做永樂，其實永樂跟太平，以前叫做大稻埕公學校，在還沒有開拓延平北路的時候，叫做太平公學校，不過鍾老是蠻幸運的，因為太平公學校，在台北市來講是一個名校，它建校的歷史已經有一百一十年了，在台灣，一百年的老校已經很了不起了，哪有學校有一百一十年？而且鍾老就學的時候可能沒有注意到，學校有一個很重要的紀念碑，就是以前昭和天皇在當太子的時候，曾經來台灣訪問過，而且是唯一造訪台灣人念的小學校。

因為小時候對大稻埕有一段感情，所以我們在結識不久的時候，鍾老居然跟我講，說他希望為大稻埕寫一篇小說，我很樂意當一個導遊，讓他再去回味他兒時對大稻埕的很多記憶。我們曉得鍾老從四歲到七歲，曾經是在大稻埕待過，讓人難以想像的是，二十幾年前我帶他到貴德街，也就是日據時代的港町再走一遍的時候，他居然還可以很清楚的告訴我，從這條街走到街尾穿過去是哪一條街，我們走到「謹記茶行」的時候，前面有一棟很漂亮的洋房，他也都還記得，雖然已經事過境遷半個世紀了，但他對兒時印象中的每一個街景，甚至很多的建築物，都記得很清楚，這是很難得的，我們也不得不佩服鍾老身為一個作家所具有的靈敏度。

當年我帶他走過之後，他留下了《夕暮大稻埕》這本小說，因為我還提供他一些資料，其實自己還感覺滿榮幸的，那一些是我從

當年的台北文獻找到的一篇文章,是整個台灣電影史的資料,因為他一直強調這本小說的佈景,就是要把一個人襯托出來,就是〈望春風〉的作詞人李臨秋。小說中也設定了這麼一個角色,不過蠻可惜的,《夕暮大稻埕》最終只寫成一部中篇小說而已。如果可以寫成長篇,就可以把整個大稻埕架構地更完美。不過他後來又寫了一部小說—《怒濤》,其實《怒濤》也有點到大稻埕的故事,我們曉得二二八事件的引爆點就是在大稻埕,文中點到了事件發生的地點以及當年永樂座的很多地方。

在此我也要強調一點,不是對鍾老有所不敬,當初我很認真地讀他在《自立晚報》連載的這部小說,也因此我看到了一些小缺陷,畢竟事過境遷,他對於整個永樂座的一些街景描述有點搞錯。我也記得當初有寫信幫他修正,好比從這條街走出去,是不可能從這條街再穿出來,因為我覺得雖然小說有時候是虛構的,但還是要能夠去遷就一些歷史,我自己對很多小說都會如此挑剔。

當我看到東方白在《真善美》裡面寫到他的童年回憶的時候,我對於他整個童年的過程跟我一樣感到驚訝,但他寫的永樂市場的故事,不是我自己親身經歷的那個永樂市場,我想他的記憶有所偏失,這些都是實話。每個人對童年成長環境的描述,端看個人對當地的一種感覺。我現在回溯到當年鍾老寫的《夕暮大稻埕》,其實文章的一開頭寫的是對觀音山的描述,那時我看了就覺得,怎麼有這麼好的文筆?能夠把小時候住過的那個地方描述成這樣,往西看的時候可以看到暮色的觀音山,還有在淡水河怡盼的情景,這些敘述到現在還是一直讓我難忘。我自己也感覺蠻遺憾的,沒有成為一個小說家,畢竟我的著作只能擺在非文學類;但是鍾老的著作都是

擺在文學類，真是有點遺憾。

我剛剛也一直強調，鍾老真的是我們的一個指標、楷模，一個人一輩子能夠耕耘這麼多，而且寫了這麼多文字，真的蠻難得的。我自己也曾對很多年輕朋友講過，不要說要你們看我寫的這麼多東西，只說要你們真正的把我的書從頭到尾抄一遍都會叫苦的，我們留下了很多文字資料，也是費了一番苦心，尤其是在做這些台灣文學調查路線研究的時候，我常常強調自己要走一條非學院的路，因為我們也曉得，學院有他們自己訓練的基礎，而且他們可以掌控很多的史料；像我們這種在體制外、學院外的人士，大概就只能做一些田調的工作。

所以我覺得雖然一路走來，這個過程有一點辛苦，但是如果跟鍾老做一個評比，我們還差了一大截，因為鍾老涉及的領域真是廣的不得了，像當年我在大同雜誌看到他寫的古典音樂的文章，剛剛也翻了他寫的電影的故事，我感到訝異並佩服鍾老，還真是每個點都涉及到。我們今天的主角還是鍾老，我們再請他談談，他在整個戰後對語言轉換的過程中，如何用自己的文筆，駕馭這麼好的文學著作，那麼我們就請鍾老來談談自己的故事。

鍾肇政：
永明兄好像信手拈來便將很多正確的記憶從腦中挑出來，很多東西我都忘記了，他提起了我才忽然驚覺有過這麼一回事，特別是他提到《望春風》這本書，有關鄧雨賢的種種故事。我也忽然想起以前經常見面的泰德英，他也不在了。（莊永明：「他是民謠歌手，也是台灣早期第一個男歌手。」）

　　有關ㄅㄆㄇㄈ是啥麼哇糕，我大概已經談完了，剛剛結束的時候，就開始發愁下一節我要講什麼，啥麼哇糕都談掉了。我看莊華堂給我提出來了有幾件事情，跟戰後所發生的種種，說不定還可以一談。前面我提到過，戰後我開始用自己的語言來讀漢書，這一段過程我也提到，我用自己的語言自己的母語來讀漢書，幾乎這是我父親給我啟蒙的，那一段歲月我現在回憶起來，有很多好像被永明兄忽然點醒一般，我也想起了戰後早期的一些種種。

　　我父親是戰爭末期，被派到龍潭鄉那個三合村，三合村、三水村兩個村合起來，本地的地名叫做「三洽水」，三河流匯合在一塊，有三條河流匯在一塊的地方，有三、四處，因為那個地方都是丘陵，丘陵山有起有伏，那麼伏的地方就有山泉，流出來就變成三條河流匯合的，所以地名就叫做「三洽水」，那麼就變成三合、三水兩個村。戰爭結束了以後，我就復員還鄉，我父親被派到那邊大概是半年的樣子，復員回來是八月末或九月初那幾天，日本人投降是八月十五日。大約過了半個月的樣子，部隊解散了，我們就回家了，我父親被派到三和國小，也是那一年的四月份，因為日本的學年開始是四月一號，所以四月一號就到任，來到三和國小，我復員回來，就回到我父親任教的三和國小。那時候還沒有獨立叫做三和分校，戰後不久那個學校獨立了，我父親就變成第一任的校長。

　　我回到那個應該說是山村，開始學習用自己的母語來念漢書的歲月。我剛剛一再的提過，我父親幫我啟蒙，可是我父親差不多都忘光了，差不多忘光了，只有少數我還可以向他求教，他可以回答我，等父親差不多被我問光了，我只好另外找老師。這個老師是日本時代就在教漢書的漢文先生。那時候已經七十好幾，很老很老，

我真的覺得七十幾不算什麼，可是六十幾年前，七十幾真的是老的不得了。從日本時代就教漢書的那個老先生，自日本戰爭打起來，開始所謂的皇民化運動以後，漢文被禁絕，那個老師也就沒有學生可以教，不但沒有學生可以教，而且他如果再教漢書會犯法紀，日本人會抓人，他當然也不敢教。光復以後，便有很多要讀漢書的人來向他求教，我就想到這一位老漢書先生。

那個地方到龍潭，步子跨的大一點、快一點，足足要一個小時；用普通的速度來走，一小時二十分鐘是少不了的。我必須要走完這條路，而且有爬坡、有下坡，爬到坡上可以看到龍潭的市街。那時候看到多半是早上出門，我回來母校教書也一樣要走那麼一段路，一個多小時來回，經常的爬到山頭上，往下一看，看到龍潭的市街旁邊有一個飛機場，那個飛機場變成直昇機的基地，最近屏東那裡直昇機失事，失事的直昇機就是從龍潭飛過去的。不過日本時代的末期，他是日本預科練戰鬥機的基地，就是所謂的神風特攻隊，自殺飛機的基地。

從那山頭看下來，太陽剛剛要升起來，日本的零式戰鬥機閃閃發光，很美、很漂亮、很動人，內心湧起一種感動。這些飛機是當時最新銳的，是可以跟美軍的洛基十八，多少我忘記了，那戰鬥機，在空中打架的日本的新銳飛機，就停在那邊，大概有十幾架的

樣子。我很感動，感動什麼呢？因為這個飛機就要變成我們的了，日本軍通通快要跑了，變成我們的，台灣就自然的就擁有那樣的新銳飛機了，但我那時候沒有想過，台灣有沒有人會駕駛那樣的飛機？我沒有想那麼多，那種感動時間很短，大概多久我忘記了，反正就是時間很短。接著什麼祖國軍隊來接收了，戰後初期，聽說祖國軍隊來了接收了，沒有多久飛機就不見了。

飛機不見，到哪裡去了呢？後來在龍潭街頭、街角擺出了很大、很新的鋁合金鍋子，原來那樣新銳的飛機變成那些鋁鍋，怎麼會變？為什麼為會變？因為聽說接收的人潑一些鹽巴、鹽水在那麼美、那麼好的飛機上，讓它生鏽，生鏽就報銷了，便把它拆解掉，熔成鋁鍋，在街頭、街角賣，這不是奇談，是真的，所以我算是很早就領略到什麼祖國、祖國的軍隊，放臭屁！那些「阿山人」、「清國奴」（用日本話講叫「チャンコロ」），原來是「清國奴」幹的好事，那麼美、那麼好的飛機變成鋁鍋、鋁碗和一些廚房用具？！這又是題外話了。

當然回來第一要件就是要學漢文，因為我父親被我問光了，我只能到街路上找老師唸一下漢書，那時候我漸漸地認識鄰居跟我一般年紀的山村青年，因為大家都知道我唸很多書，他們有小學畢業的水準就很了不起了。不過日治末期，大體都有小學畢業的資格，只不過戰爭結束前，大約兩年多、三年左右，因為空襲的關係全面停課，他們雖然小學畢業了，但說不定國小高年級兩年、三年是完全空白，不上課的；但也不用躲防空壕，因為山裡面到處都可以躲起來、可以藏身，所以山裡面沒有防空壕；不過街路上就到處是防空壕，你遠遠聽見、或看到飛機了，就趕快鑽進去那個防空壕。我

聽說美軍機關槍常常會亂掃射，只要馬路上有人在走動，他就掃了，九龍村我老家附近，有一大片空地，就是剛剛我說的「預科練」日本零戰的基地附近，就有這樣悲慘的事情發生，那一帶日治末期，美軍空襲炸到了我遠房親戚的房子，死了兩、三個人，因為它就在飛機場的旁邊。

把話岔回來，為了用自己的語言來唸漢書、找老師，我就常常走這一條路。鄰居一般年紀的一些朋友，一碰面就會講：「今天你學到什麼字嗎？」、「我有，我今天在路上識了一個字，認了一個字。」用自己的語言發音的、自己的語言念的，學到一個字都當成至寶，彼此間互相傳告，等於是你學到的教我、我學到的教你。雖然我比那個地方一般年輕人受比較多的教育，也看了很多的書，可是用自己的語言來學中文、來唸漢字，可以說是同時起步，所以這方面完全平等，所以我也常常向他們討教「你今天學到什麼？」，他們會告訴我，並在巴掌上寫這一個字要怎麼念。

那時候跑一個多小時的路到街路上找老師，說起來是相當的辛苦，於是我就一直期望有一部字典，我問我父親，他也想不起來有什麼字典，在我朋友交談間聽說過有一部《康熙字典》，他說《康熙字典》有四、五萬字，我嚇了一跳，我們漢文有這麼多字，哪一天才學的完呢？內心裡一方面是惶恐、一方面也好奇。就這麼巧，在我非常嚮往有一部字典的時候，一天我回到我的老家，在父親的老書櫥翻來翻去、翻來翻去，突然翻到一部線裝的《康熙字典》，那時候的情形真的像是發現至寶。

可是當我帶回到三和國小那邊的宿舍，慢慢地翻，才發現他是

有注音的，可是我不懂，因為他不是用現在的注音，是用反切，用兩個字來表達一個字的音，所以我問父親，有這樣的書啊？「哎呀！我忘記了！」我父親忘記了，那很有可能是我叔叔的，因為我叔叔唸的漢文比較多，我前面已經提過，我父親唸的是日本書，因為我曾祖父下令，他就開始代表我們族人學日文、唸日本書，四年級的時候就被日本老師鼓勵，越級考上國語學校。那時候中等學校只此一間，叫總督府國語學校，學校分成兩個部分，一個是師範部，唸四年出來當正牌的老師（那是他的制服？）；另外一個是國語部，不叫中學部，他們叫國語部就等於是中學，國語部念四年，念完可以再考上級學校。

有一個現在一百多歲的老醫生也是總督府國語學校國語部出來，然後去考醫專，然後當醫生的，據我所知很多像我父親那輩的人，都是國語學校國語部出來的，然後考醫專當醫生。我在山村經過這樣一個字一個字，辛辛苦苦去唸書，當然我那時候開始「談戀愛」。大家不要笑，那山村裡面我是常常要跑街路，不過有人天天走的，他是誰呢？她是在高原，文相他們那個高原當老師的，一個女老師，我屋前，我那宿舍是一個半山腰，眼底下就是操場有校舍

操場然後是馬路，那麼馬路上每天在走，她幹嘛呢？後來還我好奇的向前去看，有一次看準時間在路邊等，被我看到了一個非常美麗的女孩，我就開始鬧戀愛了，順便一提，我那時候自己失業，沒有工作也不敢去追她，只是覺得那個女孩好美好漂亮。

那時候當然用日語，好像寫了一首情詩一樣的東西，我在《流雲》那本書裡面就有這麼一首詩。後來我打聽到他的屋子前面有個很大很大的大電柱，從日月潭送電到北部，他家的正對面大概五十公尺左右，就有第三百多少的編號，幾號我忘記了，開始分行寫很像詩的樣子，三百幾十號電柱下的很像女孩的樣子。最近這裡有一位年輕的外省朋友看書看的入迷，就把這首詩好像詩的樣子一樣抄了下來，要我用毛筆寫它，他稍微改動了一下，是所謂的情詩，我現在把那個拿出來給大家看一下（你去拿，華堂，我書房上面那個宣紙寫的。）

十年前，我被邀請到德國，去巡迴演講，大概有五、六場吧，最後一場很像在漢堡，就是靠近北海，因為到處結冰了，我不敢去就取消，那時候柏林還分東、西柏林，圍牆剛剛拆掉，（莊華堂到書房取鍾老毛筆寫的書法，回到會場，問：「是這張嗎？你還把他壓到下面，怕被師母看到喔？」）把他改成淡水河畔事實上三百幾號電柱下的女孩子，「淡水河邊，夢的看守者，可告訴我，昨夜，雲的摘起者。可曾為伊摘取一朵棉絮。」好像情詩喔，「河流為血，橋墩為骨」這個是他改的，「夢的看守者，雲的摘取者，可曾為伊傳達心聲」多浪漫的情詩。這是電柱下的人家的美麗的女孩，還有後話，大概三、四年前，可能三、四年有了，有一天忽然有一個就是我的仰慕者，看我很多書的讀者來看我，他談來談去，我忽

然發現到就是這個女孩，六十幾年前當然他是十八、九歲的妙齡女子，現在是她來看我，大約是三、四年前，四、五年前，大概是七十出頭，變成一個老太婆了，我就覺得，哎呀！當年我沒有去追她，沒去追到手，真是替自己慶幸，很對不起這首浪漫的情詩，不過這是後話。

那我把話講回來，那時候我老早就開始看很多的世界名著，我看世界名著也是有一個很特殊的淵源，我在中學還有在大溪當代用教師的階段，醉心的是日本的古典文學，特別是和歌，當時對和歌的研究，算是鑽研，到今天為止，恐怕在台灣找不到第二個像我對和歌有這麼深入研究的人。不是我自吹自擂，我的日文水準，有人說是台灣少數最高級之一，是嗎？誰告訴我的？李喬，但真假我也不知道，因為我認識這方面的朋友並不多。我對和歌的鑽研到，你隨便拿一首和歌我都可以解出來、詳細的解釋給你聽，不管是現代還是古代的，台灣有這種本事的確實不多。

時間也差不多了，聽說還有第二場是嗎？還有嗎？第二場我啥麼哇糕都講掉了，下一場不知道講什麼好嘍。

莊永明：

我可能還有一點印象，剛剛忘記提到，我記得當初帶他去大稻埕走港町的時候，他告訴我一個小故事，他說小時候拿著老鼠的尾巴去換獎金，當年日據時代黑死病流行，日本人說，拿那個老鼠的尾巴就可以去換獎金，他曾經告訴我這麼一個故事。因為我們走到港町，以前有一個老派出所，他就提起說，他四、五歲的時候就曾經為了一些錢，在家裏抓了幾隻老鼠，就把老鼠拿去換，這些點

點滴滴，當然有一些是值得把他記錄下來，我真的對鍾老的記憶是相當佩服，他剛剛也講他自己年紀大，其實不大，我們還有一個老朋友，就是呂泉生教授，他九十二歲了，前一陣子還回來上國家音樂廳去指揮，昨天不是蔣渭水逝世七十五週年，他的那個大兒子九十五歲了也跑出來，蔣松輝昨天還跑出來，而且他講話的次序都還滿清楚的，我們現在請楊老師再做一些補充。

楊鏡汀：

我剛剛聽到鍾老所報告的，有一部分我心有所感也提出來，因為時間不多那麼我快一點，今年是我教書一甲子，我從民國三十六年開始教書。那個時候，下午學，第二天早上教，這一段的經驗我還是有，我也有過。我退休到現在，每年都還有教書就是了，所以我教書沒有中斷，今年剛好是一甲子，還是到新竹市的客語教師的研習會上八堂課，所以鍾老的教書經驗，我今天提出我個人的看法。

在這個正題裡頭，要提戰前使用日語的情形，那麼說來話長，我不要再談這些了，要談的是，回應的是他的戰爭經驗，你當過兵，不是學徒兵（鍾肇政：是學徒兵），我也是學徒兵，我是中學三年最年輕的學徒兵，那時候只有十六歲，那時候實足年齡十六歲，十五歲的也有，中等學校三年級以上的全部被派去，我在裡面，昭和二十年，我大概是四年級的三月，我是三年級五月入營，入營到八月大概兩三個月的經驗，這個當兵的經驗，可以說是我這個一輩子最難忘的，對自己的人生過程裡頭最有幫助的一年。

這個長官是日本人，其實日本人對於我們中學生，這些年輕的

小孩兵，不會打、不會欺負，當然一等兵、上等兵那些會。軍官們非常好，在那兵荒馬亂的時候，他還是會堅持教育，在那之前我是過著戰爭中最快樂的時期。剛剛鍾老說過沒有上課啊，台北的中學已經停課了，回到鄉下，我的鄉下家在大山背，山那麼高、樹那麼茂，空襲絕對不怕，所以我讀的那個小學，叫做楓香國民學校，楓香國民學校在戰爭時期，學生人數突然增加，為什麼？疏散的人跑來的，最好的避難的地方，我在那個地方我大概度過半年，一個學期的快樂的時光。

那時候我們很安全，吃的東西又很豐富，農家嘛，無愁無慮，但是精神很痛苦，沒有報紙看，也沒有廣播可以聽，有一天B-24飛來了，在那個山上面發宣傳單，這一下來太豐富了，因為有報紙、小報，也有宣傳單，那時候的開羅宣言之類的，我們搶著什麼，搶著是報紙，報紙有名的文學家寫的大野葦平。德國投降的時候那個新聞的大標題，我到現在還記得，把歐洲全境化為修羅場的空前大戰爭，歲到終了，歐洲的山邊海隅響徹了和平鐘聲……這些在年輕時候是可以記起來，現在記不起來了，那一段時期是最痛快的時候，但是當學徒兵的那三、四個月，是人生中最寶貴的經驗。

時間太少了、太短了，不能再拖長，剛剛談到字典的問題，鍾老為我們客家作了不少事情。現在我講個小故事，字典的故事，他的這個書，我到這邊來搬書的時候，搬了五十三本《台灣文藝》，另外還有一本羅惠研的《客方言》，《客方言》那本書你送給我兩本，我拿一本送給我們學校的老師，詹益云，他比我先退休，他編了一本《海陸客家發音字典》，這個是你的功勞，可是這個小故事可以瞭解對於這個社會文化的貢獻是無窮的，這本字典我現在還在

用喔。這個戰爭經驗我剛剛在休息的時候，請鍾老給他一個作業，我拿了一首詩日本的詩，請他給我寫，因為他字太好了，交給他，他也接受了，那首詩，我把他翻譯成漢詩，我是怎麼翻譯呢？那用普通話來講，「切斷五指同血淚，五指山邊五子悲，大坪學堂今何在，獨留五指照餘暉。」我想日本的詩請你寫，這首詩也麻煩你寫，好不好？這個作業交給他的時候，我的話到這裡結束了，謝謝大家。

鍾肇政：

「可以結束了嗎？還有嗎？」（還有邱教授。）

邱垂亮　：

其實我大概是最沒資格講話的，因為我跟鍾老認識大概十年，那麼我們能夠認識變成老友，你叫我老友，其實是因為我們同樣走在台灣的民主道上。我今天必須跟在座參與今天講座的各位說，鍾老對台灣民主的貢獻比我要大上好幾百倍。剛才聽到語言的問題，今天是我第一次聽到鍾老講北京話，但我越聽心裡越不快樂，你客家話講的比我好，我沒話講；你「福佬話」講的比我好，我沒話講；日本話當然更沒話講；但沒想到我比你年輕十、十一、二歲，光復後念的是ㄅㄆㄇㄈ，雖然現在我ㄅㄆㄇㄈ全忘記了，但是你的北京話講的比我好那麼多！這讓我非常自卑啊！所以我在這裡要向鍾老朋友說，你不要講英文喔，你英文講的比我好的話，那我要自殺了。

我今天不講剛剛提到鍾老對民主的貢獻，他語言方面的能力我也不講，最重要的當然就是文學。我是念台大外文系現代文學那一

班的。進去台
大外文系就是
為了要當文學
家，但到現在
一本文學作品
都沒有，所以
說我等一下要
不要去跳這
個龍潭啊？

我要說的是，這十年來，除了一次在電影院裡面跟鍾老很深入的對
談，其他大部分的時間，只能說是我在看鍾老，我的感覺是，鍾老
對整個的人生、整個的人情事故、對世界的看法，為什麼能夠那麼
的優秀、在文學上的創造那麼樣的高深？我發覺鍾老對於人生，看
的廣、看的深、看的很細，我真的看到這些人性最深的那個部分，
這是不得了的，不是任何人可以辦到，是所謂的天才啊！這就是為
什麼我太太把我離婚掉了，因為當初追我太太的時候，我說我要寫
《和平與戰爭》，但是到現在我都沒有寫，所以我回去我太太把我
離婚掉了，鍾老讓我最佩服的一點，就是到頭來連最重要的一點就
是對於人道的理解，這一個深深的愛人道、人道主義，這當然是從
鍾老的為人談起，當我們去吃一碗麵等晚上我們一起吃飯，常常感
覺到這一點，是做為人最珍貴的、最難得的，鍾老真的是一個真正
的人道主義家，謝謝。

莊永明：
今天就到這裡結束了，還有哪一位要發言的？

黃文相：

我補充一點是你們所不知道的，第一點，鍾老剛剛講的「三
洽水」，三洽水是直坑、北坑、南坑，合起來成一條河，然後流經
過吳濁流老先生的家門前，從竹北到那邊出海。我是三洽水的人，
我是真正的三洽水。第二個，剛剛鍾老說的那個戀愛故事，還有跟
陳老師的故事，其實全龍潭的人都知道，只有鍾老不知道全龍潭的
人都知道這個故事。我念師專的時候得到大專小說全國第一名的時
候，他把我的作品轉載到《台灣文藝》發表，我就成為《台灣文
藝》的同仁，那時候我們這些年輕人一年最少有兩次的聚會，包括
鄭清文、李喬、鍾鐵民、吳錦發、還有洪醒夫這些。當時在吳老
（吳濁流）掛名底下領航的就是鍾老，而我是鍾老在台北幫他買上
牯嶺街買舊書，幫他買日文書這些書我都還留下來，我還捨不得給
他還在我這邊。我們經常在鄭清文頂樓的家裡，下圍棋、打乒乓、
打地舖，鍾老記憶力之好，應該都還記得，而我就是要講這一點。
三、四十年前的聚會，可能就是十個人左右，其他人經過介紹之後
正式開會，他可以從頭一位到最後一位，每一個人都清清楚楚的介
紹出來，他的記憶力很驚人，對不對？

這一、二十年來我可以說是鍾老的追隨者、跟屁蟲，在這裡
我只要補充一點點關於鍾老的記憶力。有一次跟鍾老提到人生的一
種心境，他剛提到一首「和歌」，馬上就提筆背出一首，講的是後
嵯峨天皇逃難的時候，在松樹下躲雨，但是怎麼躲，身上還是被淋
濕了。另外，關於鍾老的日文造詣，有一次我在找跟鄧雨賢有關的
資料，資料提到他的筆名是「唐齊夜雨」，在一百多年前畫東海道
五十三景的畫家廣存，他就有寫過一首講唐齊夜雨的詩，我請教很

多日文老師都翻譯不出來，或是翻的自以為是，但是我一聽就知道不對，如果是那個意境，那差很多。最後我還是請教鍾老，把它翻了出來，那一首講唐齊夜雨的古詩，講的是下雨的時候聽不到松風、松樹的聲音；另一個見證，鍾老對我來說是亦父亦師的人，我父親兩年前過世之前有很長一段時間躺在病床上面，那時候我心裡有很多問題要問我爸爸，但他已經沒辦法講話，所以我沒有辦法向他請教，但是鍾老幫我補出很多很多裡面缺失空白的地方，比如說我父親年輕的時候喜歡唱的幾首歌。昨天跟鍾老、亮公談話，鍾老說，他年輕的時候還有歌可以唱，唱日本歌；亮公年輕的時候，是沒有歌可以唱的年代。我父親年輕的時候跟鍾老是同一個時代，唱這個（日文），雖然我後來跟音樂有很深的緣，但是這首歌我也不曉得，但鍾老一聽馬上唱出來，還譜五線譜給我，叫我回去唱，那麼厲害！前幾年我去日本的一個紀念館才找到這首歌，還找的到七十年前這首歌的CD！對我來說，很多以前空白的記憶、我追尋我父親的一些事情，都是鍾老幫我補起來了，我大概就補充這幾點，謝謝。

鍾肇政：

在結束前我要感謝主持人、在場的來賓、等等的朋友們，非常感謝，因為很多溢美之詞真的是不敢當，不過我只回應邱垂亮教授的話，我北京話講的還不錯，因為那是我吃飯的傢伙，我在小學教書教了三十二年，我北京話講不好可能會被砍掉，（邱垂亮：我在昆士蘭大學教政治學三十六年，都用英文教，我現在英文還講不好。我學生都聽不懂我在講什麼。）用別人的語言來教書，你也一樣，我也一樣，我是教過日本書，到現在日語可以即席演說，我隨

時可以上台，因為我記得就是這樣，但自己的語言（客語）上台演講就沒有那麼流暢，雖然可以用客語來演講的機會非常非常少，這是我一方面要感謝小朋友，一方面感謝大家，謝謝。

莊永明：

真的很感謝，我們十二場還有一段路要走，今天第一場還算滿成功的，各位可以認同嗎？非常感謝各位，謝謝大家。

那年秋天　我們跟鍾老的約會

鍾肇政口述歷史

「戰後台灣文學發展史」十二講

台灣文學的秘密結社

文友通訊時期的台灣文學

主講人：鍾肇政　主持人：鄭炯明　與談人：鍾鐵民
列　席：莊華堂、黃文相
文字整理：鍾怡彥　文字校對：一校/劉香君、熊廷笙　二校/江美芬　三校/莊華堂

◎時　間：2007年8月18日　◎地　點：桃園縣龍潭鍾宅

▲ 前者左起黃文相、鍾鐵民、鍾肇政、鄭炯明、莊華堂
攝於龍潭鍾老自宅(蒲公英文教基金會提供)

∞上半場∞

鄭烱明（主持人）：

今天的主題是〈文友通訊時期的台灣文學〉，依主辦單位的提示，共有五個重點：

1、日治後期的台灣作家與作品

2、戰後初期軍中作家與戰鬥文藝

3、請教鍾老文學創作語言的問題

4、創辦《文友通訊》的時空與過程

5、日語思考與中文腦譯的問題

前兩個主題為一組，在上半場說明，後三者較相似，在下半場說明。

鍾肇政（主講人）：

有關日治末期的台灣作家，坦白地說，我應該在日治時期就熟悉台灣作家才對，但事實上並沒有，雖然在日治時期我看了很多文學作品，不過，我主要的興趣在於西洋名著，對於國內作家的作品，大概是機緣的問題，沒有機會去接觸。

　　我所認識日治時代的台灣作家，都是日後因為文學的關係才認識的。譬如當時名聲最響亮的楊逵、龍瑛宗，還有張文環，大概就這三位，他們的名字在日本文壇也佔有一席之地。日治時期的台灣作家，因為是用日本人的語言來創作文學作品，所以其中難免有一層困難存在，也許在他們腦筋裡面，主要還是自己的語言，如楊逵、張文環兩位是閩南籍的，說不定他們的思考是用閩南話；龍瑛宗是客籍的，說不定他在思考作品時，有一部份是客語的，不過表達當然要靠日文，否則沒有發表的機會，事實上，他們幾位都是靠日文作品，在日本國內享有相當不錯的地位。像楊逵，他有一篇寫勞動者的作品〈送報伕〉，在日本一家很有名的雜誌發表，所以他是一炮而紅，在日本文壇馬上就有了名聲，甚至在中國，也有人注意到他，並把他的作品翻譯成中文發表出來。張文環也是靠一家

雜誌徵文比賽得獎，然後才享有他的地位。龍瑛宗也一樣，他得獎作品為〈街〉（植有木瓜樹的小鎮）。另外陳火泉他的作品〈道〉（在日語裡面應該是道路的意思，不過單用一個字「道」），也是比賽得獎作品，很可惜，他差一點就得到日本的「芥川獎」，他的作品被列為候選作品，如果能得到這個獎，那會是轟動日本全國的大事情，不僅僅是文壇的事情，而且是一個全國性的事件。

日治時代的台灣作家，他們的作品，在戰後幾乎全部被翻譯成中文，而有發表的機會，譬如由我和葉石濤掛名主編的一套叢書《光復前台灣文學全集》中，我翻譯了好幾篇作品，我那時很用心、很努力地翻譯了很多日文作品，在這套叢書裡，很多都是由我翻譯的。日本時代的作家，我未能身在其中，因為我比較晚出發，戰後學會了中文，用中文寫作，才得到在文壇冒出頭的機會。

然而這些前輩作家，戰後通通都偃旗息鼓，唯一可能的理由就是語言問題。日文在戰後已經失去了發表的舞台、園地，另外也有可能是他們不屑於學習中文；有的年紀大了，再從頭開始學習中文，有一些困難存在，而這種種原因，促使這些日文作家在戰後差不多都沈默了，從文學的第一線退下場。

不過也有純粹用中文寫作的作家，如鍾理和先生，他在日治時代就已經完成了不少作品，甚至在北京印過單行本。我個人和鍾理和這位老朋友有非常密切的關係，當然是文字上、文學上的關係，因為他過世的比較早，所以沒有機會跟他碰面。我南下到美濃鍾家去訪問時，已經是理和先生過世以後一段時間了，我還記得當時接到鐵民的明信片，告訴我他父親過世了，那時是暑假期間，我在小學教書，可以隨時到南部，可是當我準備南下，搭鄉下的巴士到中

壢搭火車時，火車卻不通了，因為那時發生「八七水災」，交通中斷，所以就延到第二年寒假才去拜望理和先生的故居，也第一次碰到鐵民，這些都是很久以前的事了。

有關日治時代台灣作家情況大概是這樣，也許另外有一些我所不熟的，他們在日治時期參加過徵文比賽，並得到發表的機會，但沒有人提起，這些作家也沒有主動跟我聯絡，我就失去了認識這幾位的機會了。

鄭烱明：

感謝鍾老扼要的把他所知道有關日治末期台灣作家，做了一個簡單的回顧，這些日治末期的作家，其實他們用日文創作很不容易，因為一般語言的使用，應該都要十幾年以上才能運用自如，然

後才能再提升到文學的境界，像楊逵、龍瑛宗等人，在日本得到重要的文學獎，大部分都是經過日文教育的，經過一、二十年熟練使用以後，才能在文壇上引發燦爛的花朵。

那麼第二點，想請鍾老談談戰後初期的軍中作家，或所謂的戰鬥文藝這一方面的問題。

鍾肇政：

所謂的戰鬥文學作家，是從戰後初期，甚至一段好長時間，都是所謂的戰鬥文學的天下。為什麼是戰鬥文學呢？因為中國的蔣家政權在大陸敗退到台灣，除了跟隨而來的一些軍中作家外，當時的軍中還刻意的去培養新進的寫作人才，蔣家為了要宣傳、鼓吹所謂的反共，所謂的抗俄，這樣的政策目標，才刻意的在軍中培養這些作家。當時台灣地區所有的文學發表園地，主要是各報的副刊，還有一些雜誌，通通都被這些軍中作家給霸佔著，因為他們有很好的寫作武器，什麼武器呢？就是喊口號，「我要反共，我要抗俄，我要消滅萬惡的共匪！」諸如此類的口號，把這些口號連綴起來，就很容易成為作品。此外，不妨反過來說，為了要推行當時的政策，而有反共抗俄、光復大陸、解救大陸水深火熱的同胞等口號，這些口號運用起來是很簡單的，甚至我也會喊，當時我在小學教書，教小學生就有很多這樣的口號、這樣的歌曲，一天到晚在唱，唱得整個台灣都被這些反共歌曲所佔據，這也是促使我後來把台灣本土的作曲家鄧雨賢拉出來，彰顯他的作品的原因。

在文學方面，有所謂的《文友通訊》，《文友通訊》是什麼？顧名思義，就是我們這些寫文章的朋友，大家互相通訊的刊物。那

時候有一位台灣作家，叫廖清秀先生，他住台北，是一名在氣象局工作的公務員，因為近水樓台，有機會參加中國作家所辦的很多文學活動，參加時就認識了很多中國作家，這些作家就成為他的朋友。還有一些寫作班、小說創作班等，廖兄也去參加過，他可說是戰後有關單位所培養出來的第一位台灣作家，他的作品《恩仇血淚記》，又流血又流淚的恩仇記，是描寫日本時代一位台灣青年的故事，這是怎麼寫出來的呢？他參加一個寫作班，畢業時需要交畢業作品，可能他一直都有在寫，要畢業了，就把這本書當作他的畢業作業交出去，後來得到賞識，還得到了中華文藝獎委員會的中華文藝獎金。

他的得獎，對後來台灣文學的發展有相當大的影響，因為廖清秀有很多中國作家朋友，他也會想到我們台灣的作家在哪裡呢？剛好那時候我漸漸開始寫東西，我的寫作過程是很辛苦的，因為我從小念日本書，講日本話，滿腦子的日文，戰後開始學習中文，是很艱難的，二十幾歲才開始從ㄅㄆㄇㄈ學起來。所以我就想到，也許我可以做一些服務的工作，服務什麼呢？那時從報紙報導得到消息，文獎會新的一屆有鍾理和〈笠山農場〉得獎，我就要求廖清秀告訴我有關鍾理和的事，我們都發現他是台灣作家，那麼是不是還有其他人呢？我寫信問他，他就提供我一張名單，其中包含廖清秀、陳火泉、施翠峰、李榮春、我、文心等台灣作家，都是講日本話、念日本書，都是戰後開始用中文寫作的一代。有了這份名單，我就想到一個個別通訊的方法，但是七個人個別通訊，比方我要找六個人來通訊，會很複雜、很麻煩的，於是我就想到我來用油印，將大家想說的話，想通訊的內容，刻成鋼版印出來寄給大家，這是

純粹服務性的工作。

　　而廖清秀、鍾理和得獎，給我很大的刺激，這兩位戰後才出來的，也是最早的台灣作家，最有才華，但我沒有。我在1951年，民國四十年試寫作品投稿，得到發表機會，以後呢，就退稿，我成了一個退稿專家，不過漸漸地退稿也不怕了，就繼續投稿，十投九退、八退、七退、六退，退到後來就漸漸少了。1960年《魯冰花》完成並連載，這篇作品是戰後第一部在報紙副刊連載的文學作品，但為什麼前面所提的兩位作家得獎作品沒有先發表出來呢？因為沒有地方發表，甚至我跟鍾理和先生通信以後，他的稿子都寄來給我，由我代為處理，代為投稿。得獎作品〈笠山農場〉一樣由我幫他投稿，我投了好幾個地方，都沒有人要登，甚至投到香港一個屬於台灣範圍的中國作家發表作品的地方；我也找那個地方，比如說《亞洲畫報》，每年有一次大規模的徵文比賽，鍾理和先生的短篇，我也代為投過，然而最重要的〈笠山農場〉投來投去，就是得不到發表的機會，所以我那時候覺得很苦惱，為什麼明明得獎的，這麼優秀的作品，卻沒有機會發表呢！心裡有憤怒，有不平，可是時代就是那個樣子，也沒有辦法。

鄭炯明：

　　謝謝鍾老，他剛才談到一些戰後軍中文藝的經驗，也透露成立《文友通訊》前的情況。我們知道軍中文藝、反共文學，是從50年代開始，這與政治背景有關。戰後國民黨政府為了要維護它的政權，為了要宣導，就需要控制文化這一領域，因此積極培養這些軍中作家。

反共文學或稱國策文學、國防文學，這些當政者所提倡的文學，最後都會走向一個模式：因為它是作為一種工具，一種宣傳，所以它會教條化。它不像一般文學在描寫人性與刻畫人性，所以讀起來就不會被感動。因此，反共文學起源於50年代，但到了70年代以後，就被時代給淘汰。60年代有現代主義文學，70年代有鄉土寫實主義文學，這些文學就將反共文學淘汰了。

剛才所談的這兩方面問題，請鍾鐵民老師談談他所知道的。

鍾鐵民（與談人）：

日治後期的台灣作家，在日據時代文章寫得很好，但戰後卻突然銷聲匿跡，變成戰後第一代比較能接受中文的這些作家，包括鍾理和、鍾肇政、文心等。不過有一件很奇怪的事，就是像鍾理和從小就讀過私塾、漢學堂，又到過中國，曾經接受過中文的學習環境；鍾老在學校當老師，所以學習中文的機會比較多；但廖清秀卻沒有這樣的條件學習中文，然而他的《恩仇血淚記》卻突然冒出來，他是如何辦到的？這問題在我心中想了很久，現在聽到鍾老提到這個秘辛，才知道原來有這麼一段。廖清秀先生在《恩仇血淚記》裡，文字雖然不是非常流暢，但他的中文表達能力已經相當不錯了，也因為這樣，他才能夠把台灣戰後第一代作家給凝聚起來，再跟鍾老結合，我想這貢獻是蠻大的。

另外有些作家可能因國民政府來到台灣，很快的推行中文，並把日文完全壓制，所以這些日文作家沒有辦法進入新一代的文壇裡來。也有人在日治時代雖然受日本教育，但他們堅持使用中文，如賴和，他的創作大部分都是用中文；鍾理和也是如此，他沒有一篇

作品是用日文寫的，他非常堅持用中文。

　　然而在國民政府的教育下，很多學生並不認識戰前或戰後的台灣文學，就我來說，對於賴和這麼偉大的作家，其實非常陌生，一直到念大學時，都還不知道有賴和這個人；並不只我如此，很多台灣新一代的人都不知道，講到這就想到台灣文學處境的問題，真的是非常困難、非常辛苦。

　　在政策上，當時國府提倡一個文藝政策，雖然沒有明顯要求台灣人應該寫什麼作品，但是主題一定要非常正確，所謂主題正確，就是要符合國家政策。因此當時很多從中國來的作家，即使是在台灣成長，但他們曾經過戰亂，他們在創作文學時，就會寫對家鄉的懷念，他們被趕出家園來到台灣，內心所受的痛苦，對共產黨的厭惡，因此他們寫反共文學、戰鬥文學是很正常的，是可以被接納的。但是台灣作家卻完全沒有中國經驗，也沒有被迫離開家園，或者是跟共產黨有任何瓜葛，硬要符合戰鬥文學這個寫作方向，對我們來說就難了，這也難怪鍾理和的作品老是被退稿，原因就是台灣作家寫的作品，一定跟台灣有關，一定是寫台灣的人、事、感情、社會、困難、希望等，然而這些內容和以中國為主、以反共抗俄為主的這些作品，在風格上是完全不同，因此這些編輯不容易接受。

　　還有一點，就是從二二八、白色恐怖之後，在心靈上留有殘酷、殺戮的後遺症，造成對文化的恐慌，所以很多編者並不太願意去錄用可能對他造成某些傷害的作品，這就是台灣作家當時面對反共抗俄文藝所感受的痛苦。在鍾理和寫給鍾老的信裡，有這麼一段文字：「戰鬥文藝滿天飛，我們趕不上時代，但這豈是我們的過

失？何況我們也無須強行趕上，文學是假不出來的，我們但求忠於自己，何必計較其他。」因此他們非常堅持創作台灣文學，這也是《文友通訊》最重要的主張。所以我很佩服鍾老的原因，就是他在那個時代，就曾經強烈的給這些文友們一個訊息，就是：「我們是台灣新文學的開拓者，將來台灣文學能否在世界文壇佔一席之地，是我們不可推卸的責任。」這是《文友通訊》第一期發出來的豪語，也是台灣文學的精神。戰鬥文藝即使風靡當時整個文壇，可是這群台灣作家一點都不假，不寫那些不屬於他們的文學，不去拍馬屁，我還記得吳濁流老先生常常跟我講一句話：「拍馬屁的不是文學。」所以，我非常佩服這些前輩。

鄭炯明：

謝謝鍾鐵民老師。戰鬥文藝、反共文學是在50年代產生的，所以鍾老、鍾理和、廖清秀等這些第一代作家，當然會受到很大的影響。我是在50年代讀小學的，50年代、50年代小學生的作文最後都要寫到「要把台灣建設為三民主義的模範省，然後要反攻大陸，解救大陸同胞。」連小學生的作文都這麼八股，可見當時這方面的滲透、影響有多深。

下面請黃文相先生來補充。

黃文相（與談人）：

1949年蔣政權轉進台灣以後，他們的整個力量籠罩著台灣，包括政治、教育、文學等，他們把軍中作家的作品當成中國的文學名著，當作我們的經典，我們就是在這種教育下長大的。《文友通訊》在那個年代，算是一股清流，是一個承先啟後的作家集合，他們相知、相惜、相輔、相鼓勵，這麼一來，把終戰前的老作家結合

進來，把後面的年輕
作家也集合起來。

　　這裡我有一個
題外話，我們分第一
代、第二代、第三
代，但還有個一點五
代，包括鄭清文、李
喬、黃娟這些作家，
他們有日文的基礎，
後來又有國語的基礎，但他們學習日文是比較困難的。像鍾老是中
文重新學，我跟鐵民一樣，鍾老一直叫我們學第二種語言，但都沒
有學，我們都不能讀原文。

鄭炯明：
因為時間的關係，上半場就到這裡結束。

∽下半場∾

鄭炯明：

現在進行下半場，重點是談《文友通訊》的種種，上半場鍾老及在座各位，已經迫不及待的談了一些。什麼是《文友通

訊》呢？其實過去我對《文友通訊》也不是很瞭解，一直到我們辦《文學界》（1982年在南部創刊的文學雜誌，季刊），在《文學界》第五集1983年一月，才根據鐵民兄家裡所收藏的，過去鍾老寄給鍾理和的那些書信，整理後全部發表出來，所以《文友通訊》第一次公諸於世，到現在已有二十幾年了，鍾老還特別寫一篇文章來介紹。在那樣的年代，為什麼會產生一個既像雜誌，又不是雜誌的東西，我覺得很有趣，也值得探討。

《文友通訊》是1957年四月由鍾先生發起的，經過一年四個月左右，不到一年半就結束了，雖然只有短短的十五次通訊，但是戰後初期的台灣文學史、文獻、其他文學現象，及戰後初期以中文寫作的第一代台灣作家，他們的寫作情形到底是怎麼樣，很多研究者都必須透過《文友通訊》去瞭解，所以它是非常重要的。現在就請鍾老談談他為什麼要辦《文友通訊》？有什麼目的？過程一定非

常辛苦，因為當時沒有複印，也沒有影印機，作品要輪閱也是很麻煩的一件事。最後為什麼不到一年半的時間就結束了？為什麼會結束？以及《文友通訊》所產生的連帶影響到底是什麼？

鍾肇政：

辦《文友通訊》最大的目的，表面上是結合台灣作家，因為那時台灣作家只有寥寥幾位，而且發表機會被嚴重侷限，甚至得獎作品，如剛才介紹的鍾理和先生的〈笠山農場〉，到處被退稿，我心裡非常的憤怒，這麼好的作品為什麼不能發表？為什麼到處被退稿？這是沒有道理的。我認為這是對台灣作家的一種歧視，那些霸佔著台灣，或自由中國文壇所有園地的，是以軍中作家為主的戰鬥的隊伍，台灣作家被排除在外，好作品也照樣被排除，所以我心裡面就很憤怒不平。於是我就想到要弄一個結合台灣作家的東西。

在民國四十幾年，一九五幾年，白色恐怖最嚴厲、最恐怖的年代，我為什麼敢弄這樣的東西？我在裡面花了很多心思，用了一些言詞，甚至說我要「建立屬於中國文學其中一個支流的台灣文學。」這樣的話，台灣文學本來就是台灣文學，為什麼是中國文學的一支流？這是偽裝，我要避免白色恐怖的手段衝我而來。其實，那時我已經碰到一點恐怖的事情了，可是很奇怪，我那時候沒有被約談。我這房子蓋好後，有多餘的房間，於是鄉公所、民眾服務站等機關，經常有人會找我聊天，介紹房客來這裡住，那就是監視我的，我辦得越久，就覺得壓力越大。在恐怖的年代打出台灣文學，台灣的旗號，這是不要命的作法，所以我不得不做一些言不由衷的偽裝。甚至我寫的作品《台灣人三部曲》第一部，我的開場白是後來才加的，裡面寫了一些國民黨願意聽的話，我明明寫台灣人，但

台灣二字是禁忌，台灣人也是禁忌，然而在那樣的年代，我不得不用這樣的方式，這樣的手段，把台灣、台灣人標榜出來。

在辦《文友通訊》期間，我辦了一次聚會，把文友通通叫來聚在台北一個文友家，也就是施翠峰的家，這次聚會是大家第一次見面，所以聊得很高興，有一種得到伙伴的感覺。事實上，這是建立一種伙伴意識，在台灣名下的伙伴意識，這就是我的最大目標，也包含著一種反抗意識，你們排斥台灣作家，那我就用另一種方式來反抗，這是沒有一兵一卒，沒有槍的，文人的一種微弱的反抗。讓我很欣慰的，是因為我辦《文友通訊》，對那寥寥幾位的台灣作家，有一點安慰、一點鼓勵的作用，特別是鍾理和這位老朋友。我跟他因為《文友通訊》而建立起深厚的友誼，結束以後，我就幫他處理稿子，通信很勤。

《文友通訊》的結束，是因為感受到強烈的壓力，第二次我在陳火泉家裡開聚會，到齊時才發現周圍被警察包圍起來，恐怖時代、恐怖事實就赤裸裸的在我眼前搬演，還好陳火泉他很老練的到門口去打個招呼，說明我們這是文人的聚會，絕對不是什麼有關思想的，後來也得到了諒解，不然搞不好那時候我們七、八個人都會被抓起來。最後只有陳火泉在《文學界》還是《台灣文學評論》寫了一篇很長的文章，寫他怎樣被約談。我都看到那些經過，現在回想起來，心裡面還有點畏懼、害怕，不過一方面也是有安慰，對於台灣文學的發展多少有一點貢獻、一點作用，尤其對鍾理和這位從未見過面，到他過世我還沒有機會見面的這樣一位朋友，我給了他一點安慰，一點鼓勵，這是我最大的安慰。

鄭烱明：

我打個岔，因為我看到您跟這些文友說辦不下去，是因為大家的反應好像比較消極一點，作品比較少寄來輪閱，所以只好停止了，表面上是這個理由，然而實際上比較大的理由和壓力，是不是剛才講的，那些背後的、無形的、精神上的，和關於政治方面的不確定因素比較大？

鍾肇政：

不要要求我講政治方面的，我對政治一片空白，我不懂，也不願意去干涉、去理會，我只純粹守在一個小小的文學殿堂裡面。剛剛我一直強調，對於戰後台灣文學的發展，有那麼一點點的積極鼓勵作用，這是我生平最安慰的事了，特別是鍾理和，我急著要去看他，但他很快就過世了，鐵民把他的遺稿寄來給我，血跡斑斑，他在稿紙上吐血，寄到我手上時，血跡已經褪色了，變成一種淡褐色，令人怵目驚心，我的這位朋友，真的是這樣過世的，我很難過。

雖然《文友通訊》很快夭折了，但得到的成果是文友們積極的開始創作活動，而且不再害怕退稿，把退稿當作日常的事情，司空見慣，因為我們註定要被退稿，。我與鍾理和在《文友通訊》停了以後，還積極的以書信往來，現在印成《台灣文學兩鍾書》，這是我跟鍾理和兩人來往的信件，經張良澤整理出來，由前衛出版社印行的，是戰後第一代作家，說是血淚也好，希望也好，所有內心的話，都在那本書裡面。

《文友通訊》會用油墨印製，是因為我在小學教書，那時候考卷都要自己刻鋼板。刻鋼板需要一張鋼板，還有刻鋼板的筆，叫做

鐵筆，紙叫做蠟紙，蠟紙是兩面打蠟的紙，放在鋼板上，用鐵筆來刻，就是寫字，然後用油印機來油印，通常一張蠟紙可以印五十到一百張左右，考試時常常要油印，所以我要印六、七份很容易。學校裡面有現成的鋼板、鐵筆，還有油墨印刷，紙張也有，考試用的紙，所以我很高興的做了這樣的工作。

《文友通訊》夭折當然是因為壓力，所謂的壓力是直接加在我頭上的。剛剛提到陳火泉被約談，但我從來沒有被約談過，是因為我想了一個方法。在《文友通訊》結束後兩三年，我的一篇作品〈魯冰花〉連載，那裡面雖然委婉，不過卻有很強烈的批判，對當時的社會狀況、貧富差距，特別是教育問題，提出了相當嚴厲的批判，所以發表以後，有一段時間，我就感受到有人在查我、跟蹤我。發表後沒有馬上印成書，就是因為出版社有種種考慮，這本書出了會不會馬上被查禁。當時出書要經過警備總部的審查，他們不同意就不能出，而沒有經過審查就發行，馬上就會被查禁，他們會派人馬去書店，甚至出版社的印刷廠，在那邊等著，書一出來馬上抄走，那就是查禁，非常恐怖的。書被查禁只是損失一些金錢而已，比較嚴重的，說不定會被約談，被關起來，最慘的是賞一顆子彈給你，這在白色恐怖時代是司空見慣的事。因為生活在那樣的歲月，所以我想了一個方法，就是我的作品要在國民黨的黨報《中央日報》上發表，所以〈魯冰花〉之後寫的〈濁流〉，《濁流三部曲》的第一部，我就投稿到《中央日報》，他們馬上連載出來。當時林海音寫信向我抱怨：「你書裡面的女主角谷清子怎麼樣了，我很關心呢！」，明明是諷刺我，為什麼〈魯冰花〉給她，但後續的作品不給她，反而給別人，她的信有這樣的含意。

談到林海音，我很感謝她，她對台灣作家都非常關照，特別是鍾理和。不過有一點我現在附帶的抱怨一下，就是理和先生過世以後，她寫信告訴我趕快把〈笠山農場〉找來，她要連載，鍾理和生前投稿，對於他的生活有很大的幫助，可是她偏偏不用，害我到處投稿被退，現在人死了馬上就來信說要連載，我到現在還不解，為什麼林海音不用那篇稿子？也許她認為不滿意，也許副刊連載不方便，那麼人死了連載就沒有不方便嗎？真的很奇怪。林海音就留給我這樣一個小小的不滿，雖然她很照顧我們，但就是有這麼小小的不滿，如果當時她登出來了，那連載的稿費對鍾家的生活應該是有一些幫助的。《文友通訊》大概就談到這裡。

鄭烱明：

剛才我們聽到鍾老談有關《文友通訊》的種種，實在令人非常感動，《文友通訊》這群作家在非常困難的時代裡，個個可以說是相濡以沫，互相鼓勵，一直撐下去，把作品拿出來請大家提供意見，他們堅持要為台灣文學留下一些好的作品，這是他們的抱負、理想，他們有這種精神，是令人感動的。

現在請鍾鐵民老師談一談，在他十幾歲時，看他父親跟這些台灣文壇作家交往的情形。

鍾鐵民：

《文友通訊》發刊時，我剛好念高中。在《文友通訊》之前，還沒認識廖清秀、鍾肇政之前，鍾理和在我們家鄉的生活情境，可說是非常寂寞的，他常常說不曉得自己在幹什麼，寫的文章沒有人看，沒地方發表，到底該不該寫？要不要寫下去？他跟附近種田的

父老聊天時，常會跟他們提起這些問題，提起他的處境。問題是他的健康是在半養病的狀態，所以他不寫，也沒什麼事情可做。他有時無聊到去砍竹子，把竹子剝成一小片一小片，做成畚箕、菜籃、魚簍等，並且做些家事，那種無聊連我都感覺得到。他不能到田裡工作，也沒體力去外面工作，因此不得不勉強寫。

我弟弟去世以後，他寫了一篇〈野茫茫〉，在不斷地投稿退稿之間，居然被《野風雜誌》錄用，這是我所知道他第一篇被採用的稿子。作品發表後，鍾理和相當興奮，因為家裡真的很窮，窮到極點，所以有這篇作品發表，至少可以領到一點稿費來買點東西，就算買一點豬油煮菜也好，結果稿費竟然只有新台幣二十元，而且是高雄的銀行支票，從我家坐車到高雄來回要三十元，因此那張支票就沒去領，一直當作紀念品。

在這種情形下，鍾理和在文學上獨來獨往，沒有朋友，沒有刊物，沒有文會，他的〈笠山農場〉也是在不斷的投稿過程中，得知徵稿消息的，有一次他投到香港的《自由談》，《自由談》退稿時，順便附上一封信，是編者寫給他的，說他的刊物沒有辦法用長篇，但建議他可以投到「中華文藝獎金委員會」去參加徵文比賽，還附了一張不知是從哪個雜誌上撕下來的徵文辦法，鍾理和看到這個，心想反正也沒地方寄，不妨姑且試之。稿子在三月寄出，一直到九月都沒消息，他一直很擔心稿子會丟掉，曾想寫信要回來，後來有一天突然收到退稿，當他接到那疊稿子時，還沒打開就覺得很沮喪，但是打開後發現裡面有一封信，說你的稿子裡面有些文字我們不清楚，用鉛筆做記號的地方請你修訂後寄回，在他的心裡立刻產生了很大的希望，既然人家會叫我修改後再寄回，表示至少還有

期待，還有希望，所以〈笠山農場〉得獎，在他一生中是很重要的關鍵，因為〈笠山農場〉得獎，才能夠跟廖清秀連上線，然後透過廖清秀才能夠認識鍾老。

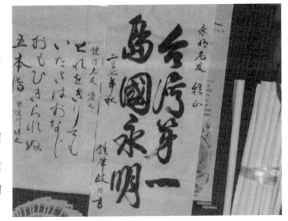

　　因此在他寂寞的心靈上，對《文友通訊》是充滿了期待的，他常說《文友通訊》讓一個對文學慢慢失去信心、對創作慢慢失去熱情的人，有一種鼓勵的功能，所以在發刊期間，只要是作品輪閱或討論議題的時候，他都很用心去參與。例如談到方言文學與文學中的方言問題時，他非常用心的參與討論。作品輪閱他很緊張，怕自己的作品不好，送出去會被取笑；當別人的作品輪到他手中時，他說不懂文學理論，但還是很用心的看，看完以後一一寫評論，所以《文友通訊》對鍾理和來說，是日常生活中很重要的部分。

　　其實辦《文友通訊》的壓力是很大的，第一個壓力是來自政治上的，辦一個類似日本「同人雜誌」一樣的刊物，讓政府高層覺得有點危險，尤其他們不願意讓台灣文學存在，當時的政策只有中國文學，因此《文友通訊》強烈的提出台灣文學，甚至在第一期提到「台灣文學要在世界文學佔一席之地是我們的責任」，在他們看來是非常嚴重的事情。第二個壓力是很現實的，《文友通訊》的文友有兩種情形，一種是他們害怕政治迫害，因為白色恐怖的壓力太

大，例如我的叔叔鍾浩東就是被槍斃的，好幾次刑警到我們家去，翻開蚊帳要父親把動手術的部分給他們看，有種隨時都會被抓去，抓去後很可能會被槍斃的恐懼，因此《文友通訊》的文友害怕政治壓力，不太樂意參與，是造成它那麼快就結束的原因；另一種情形是討論作品時，有些作家的心胸不夠開闊，評論時，讚美的話有人聽；批評的話就會讓人不高興，因文友之間的批評而產生某些不高興的事情，對《文友通訊》造成一種壓力；第三個壓力就是刻鋼板，這是很辛苦的一件事，《文友通訊》的字密密麻麻，刻那個鋼板至少要兩、三天，是很不容易的事情，這全由鍾老一個人刻，後來有一個工友幫他，但後來也走了，這是一項艱鉅的任務。結合這三個壓力，《文友通訊》很快的就壽終正寢了。

《文友通訊》的結束讓鍾理和很傷心，他覺得若有所失，忽然沒有這些朋友的鼓勵了。不過《文友通訊》已經產生一個功能，就是讓這些作家的友情網絡建立起來，這種友情網絡，不只在文學上，甚至在生活、心靈上都已經凝結。我的祖母去世時，這些文友都寄奠儀到我家，我父親並沒有寄訃文給他們，只是說我的母親去世了，而這些文友就寄奠儀來，表示除了文學、心靈的結合外，也變成朋友了。

此外，他們寫《文友通訊》時，我才高中二年級，可是父親給我的印象，就是這些文友就是你的叔叔輩、父執輩，所以我一直把鍾老看做是自己的叔叔，內心有什麼苦悶，就找他訴說，連失戀時都來找他，女朋友也要帶來給他看看，我寫的文章好不好，也要先給這位父執看看，不只對鍾老這樣，對文心、陳火泉、林海音也有這種長輩的感情存在。所以這是延伸到下一代的影響，當時若不

是《文友通訊》凝聚這股力量的話，也不會有這麼親近的感情。後來我到台北時，第一站就是先到龍潭報到，我不知道北部這麼冷，衣服穿不夠，凍得要死，鍾老就把一件非常好的羊毛衣給我穿，到台北後我要還他，他說不必還，台北的天氣比龍潭還冷。那件羊毛衣穿到我大學畢業，這種溫暖讓我永生難忘。到台北後，第一件事情是去找父親當時《文友通訊》的文友廖清秀、文心、陳火泉，然後去拜訪林海音，讓第二代的我可以跟這些文友聚合在一起，所以《文友通訊》對我們父子兩代都有非常大的影響。

鄭烱明：

非常謝謝鐵民兄，說了一些他所知道關於《文友通訊》的事情。現在請黃先生簡單談一下你所知道的《文友通訊》。

黃文相：

《文友通訊》有台灣文學永遠的指標意義，怎麼說呢，我很早就寫作，十七歲時作品就發表在《中央日報》，要不是鍾老認識我，我可能就不再繼續寫作了。《文友通訊》之後，出了一本《紅色的樹木集》，我自己覺得有承繼《文友通訊》的精神。後來吳濁流辦《台灣文藝》，我認為是將《文友通訊》繼續下來，是一脈相傳的文學動作。《文友通訊》

雖然艱苦,但對後代的影響,對台灣文學的貢獻卻是非常大的。

鄭炯明:

謝謝黃文相先生,《文友通訊》在他的寫作上,已經變成一種精神性指標。鍾理和先生在《文友通訊》結束時,曾在信上這樣寫:「第一,它給我留下一粒種子;第二,《文友通訊》在台灣文學上的地位和意義如何,有待將來歷史評論;第三,因為『文友通訊』的影響而燃起寫作熱情的,不只是我一個人。」我對照鍾理和的作品,早年寫比較多,後來因為生病變少了,《文友通訊》結束後,他的作品忽然又增加起來,到他過世以前是一個高峰,由這一點可知,《文友通訊》對這些作家都有很大的影響。我再舉一個例子,像李榮春,他在宜蘭也是相當寂寞的,他說要以我們的熱情與卓越的奮鬥,而使生命具有永恆的意義,在將來的文藝上留下燦爛光彩的一頁。

在那樣艱苦的年代,這些作家雖然不多,《文友通訊》也很短暫,但它不只影響這些成員,也影響後來台灣喜歡寫作的朋友,這些精神慢慢流傳下來,後來鍾老也接辦了《台灣文藝》、《民眾日報副刊》等,在「文壇」出版社編了一集《台灣作家全集》,以《文友通訊》為基礎,而認識更多台灣作家,將他們的作品收集起來。在座來賓有沒有要發問或回應的?

提問者:

我想請教鍾先生,剛才您有提到小時候是學日文長大的,戰後又要轉換另一個寫作語言,不曉得在母語、日語和中文這樣一個語言的轉換過程中,在寫作上有怎樣的心境轉換,還有內心的掙扎?

鍾肇政：

語言的轉換是硬功夫，沒有捷徑。前面提到我是念日本書，講日本話長大的，滿腦子都是日文，戰後才開始學ㄅㄆㄇㄈ，這中間不能討價還價，沒有捷徑，我一定要把中文學好，以便表達我的意思。本來我就喜歡看書，從小就看很多書，戰後我大量的閱讀魯迅、茅盾等五四時代的作家作品，看多之後，很自然的就吸收到中文的表達方式，還學到很多語彙，是日文裡面所沒有的語彙。剛才一直討論發表機會被侷限，是因為在語言的轉換過程中，台灣作家的文章裡面，還有不少日本式的詞彙，這樣的詞彙，對當時的編輯，也就是所謂的外省人來說是看不懂的，造成台灣文學早期有些作品得不到發表機會，這也是一個因素，因為外省作家看不懂台灣作家的文章。

直到現在，像我這一輩的，還是很難擺脫日文的影響。甚至剛剛在想東西時，還是用日文在想，而用日文表達，甚至寫信，都是很自然的，跟用中文寫一樣的自然，一樣的得心應手，一點困難都沒有。在語言轉換的過程中，我是相當用心的在學習，並且努力過來的，所以今天才能有一點成果。還有一個所謂的腦譯問題，就是在腦子裡面做翻譯，例如剛剛我想事情時是用日文在想，想到一個日文句子後，我就馬上把它翻譯成中文，我可以用日文想，但筆下寫出來的卻是中文，這中間是經過譯腦或腦譯，這對我來說很簡單，不過說出來可能很難叫人相信。前幾年我到德國巡迴演講，在旅館留下一些手記，是用日文寫的，我自己都莫名其妙，為什麼會用日文，那就是在不知不覺間，我用日文在思考，筆就隨之用日文寫出來了。

鄭炯明：

今天的座談，鍾老從上半場談台灣日治末期到戰後初期的文學，包括軍中文藝、反共文學，一直到下半場談《文友通訊》的作家，與《文友通訊》的相關事情，可以說是台灣文學發展史上很重要的過程，透過鍾老的口述歷史，以及在座各位專家提供的經驗，相信可以給台灣人知道台灣文學的發展過程，到底是怎樣的面貌，是非常寶貴的資料。

我是台獨三巨頭？

我在白色恐怖的時代

主講人：鍾肇政　主持人：張炎憲　與談人：薛化元、林柏燕

文字整理：王　婕　文字校對：一校/丁世傑　二校/丁世傑　三校/鍾怡彥、莊華堂

◎時　間：2007年9月1日　◎地　點：桃園縣大溪藝文之家

▲ 前排演講席中起為鍾肇政、張炎憲、薛化元
攝於大溪藝文之家(蒲公英文教基金會提供)

⊰上半場⊱

郎亞玲（大溪藝文之家主人）：

今天真的是一個盛會，非常難得。我們都知道我們鍾老師這麼多年來，一直致力於他的創作，以及對台灣客家以及其他在文學研究上，有一個非凡的成就。今天看到老師非常高興，因為兩年前，我們邀他去文化局做鄧雨賢的專題演講，那個時候老師身體上不是很舒服，看到老師今天這麼的健康，非常地開心。其次，我也很感謝國史館，我們的館長，館長待會幫我們做主持，然後我們的文史工作前輩，林老師也在這邊，還有我們政治大學台灣史研究所薛所長來到這邊，在座還有非常多，包含我們鍾老師的好朋友還有我們的親友，以及我們大溪在地好幾位，也是對於文化藝術非常關心的，像我們的廖校長，還有我們大溪美術的巨擘陳老師都在現場，還有其他有些朋友，都非常歡迎大家來藝文之家。今

天真的是我們藝文之家,跟文化藝術相關一個非常難得的活動,希望今天大家度過一個非常豐收的午後,大溪藝文之家祝各位萬事如意,那我們就把主持交給我們的館長。

張炎憲(主持人、國史館館長):

鍾老師,還有薛所長、林老師,以及在座各位貴賓、各位小姐、各位先生。今天是為鍾老師所舉辦的口述歷史第四回,一共有十二回,圍繞在鍾老師每一個主題之下來展開座談,甚至於專題地陳述,之後再結集成為一本書,我想這是非常有創意的一個想法。因為平常口述歷史的話,都是一對一,或兩個對一個受訪人,在探討過程裡面把它記錄下來。鍾老師在台灣文學界相當地有名,而且也是一個領導者,在「北鍾」、「南葉」這兩邊,一直都是被最尊崇的對象,所以用鍾老師這樣的方式,一方面可以讓很多的來賓、貴賓來分享他今天所講的主題,之外又可以集結出版,我想這是相當有意思,也是近年來,在整個口述歷史盛行之後,一個很具創意性的作為。今天鍾老師所要說的是在白色恐怖這個階段的經驗,在鍾老師的小說裡面,像《台灣人三部曲》、《怒濤》等等這些,其中談到有的是1945年之前及二二八事件,幾乎比較少提到白色恐怖的階段,我想首先就請鍾老師來說今天的主題,謝謝。

鍾肇政(主講人):

今天主要是要我談談二二八、白色恐怖的事,有關二二八,我想要談也不知從何談起,可以談的太多太多了,尤其最近電視台也做了一個特別節目,好像就是二二八六十週年的紀念性節目,相信各位也都不陌生,都很熟悉了,我想不必多提。因為大家熟悉的,我談起來無味而且大可不必。不過所謂的「白色恐怖」,設計鍾肇

政口述歷史的莊華堂，在座的莊華堂先生給我提示題綱，什麼是白色恐怖、對台灣作家的影響。白色恐怖我想大家都很熟悉，像法國大革命的時候講出來就是，白色是代表法國王室恐怖，因為法國大革命，整個法國亂起來了，法國王室用恐怖手段，凡是反對它的或是革命的，抓起來就殺頭，那時候就發明斷頭臺，哇！這樣下來就把頭斷掉，那樣子恐怖的手法，所以現在就變成所謂的白色恐怖。

它對台灣作家的影響當然非常嚴重，幾乎在國民黨來台的同時就帶來了白色恐怖，使當時的一些作家——主要是日據時代就在寫作的、創作的、寫小說的作家，大部分都是日文作家，他們每一個都封筆，不敢再寫東西。像你寫的文章或是你說的話，隨便一個字、兩個字，或是一句話、兩句話，就會構成很大的問題，會抓起來，甚至被槍斃掉，這些事情在當時是司空見慣的。所以這些日據時代末期以來的台灣作家，幾乎每一位都封筆，不再寫東西了。

我當然要舉出，最近我有一位寫作的朋友—廖清秀先生，他目前在一個《台灣文學評論雜誌》——好像是那個雜誌，寫了當年台灣作家當中的一位，就是陳火泉。陳火泉他被叫到警總疲勞詢問的情形，那時候陳火泉，我覺得他的作品——廖清秀還健在，身體好像還很不錯的樣子，跟陳火泉要好的朋友們，也受到很大的恐嚇，說不定下一個輪到我，或是叫去問話，那是一個很恐怖的事情。不過好在我個人從來都沒有被問過話，被點名是有的，被人盯上，那是因為我寫的最早的一部長篇作品，也是戰後最早一部在報紙上連載的文學作品，就是《魯冰花》。我在《魯冰花》裡面雖然是用一種非常委婉的方式寫出來，不過，我相信明眼人會看到強烈的批判，對那時候的社會狀況、貧富差距的批判，這樣用很委婉的方

式，得到很大的迴響，也受到很大的共鳴，特別是拍成電影以後，幾乎每個人都知道有這麼一部電影。

　　我個人是不是接到一些無形中的保護，我是不知道。不過我內心在恐怖之餘，就想到我要怎麼來保護自己，東西、作品，我是一定要寫，無論如何我都要寫，那我要怎麼樣讓自己寫出來的東西，免於遭到這樣的恐懼呢？我想到一個也許是很天真的辦法，就是我要在黨報發表。《魯冰花》在《聯合報》副刊連載以後，有一些壓力，有形無形的壓力，我都感受到，特別是剛剛我提的那個老朋友，《文友通訊》的那位陳火泉他被叫去問話，這樣的恐怖輪到自己頭上我也是很害怕的，所以我用這樣的方式來保護自己，就是我的作品要在黨報《中央日報》副刊發表。那個年代當然是黨、國不分，而且黨掌控一切的年代，黨報變成各機關—尤其是部隊裡面非看不可的一份報紙，所以自然地成為當時的第一大報，現在這家報

紙好像老早就垮掉了，黨報沒人看了。但當時就是靠黨的力量，讓你非看不可，所以聽說軍中的單位，還有中等以上的學校都有這一份報紙，我在那邊發表，給我一個安全感，這是國民黨肯定我的作品，所以才在它的報紙上提供這麼大的篇幅，讓我一部一部地把作品連載。

直到最近還有人認為鍾肇政算什麼，他的作品在國民黨的報紙發表，他是黨的打手。說我是打手、黨的打手、國民黨的打手，我聽了內心裡面忍不住地有一點好笑，我是靠這個黨報來給自己一個可能的保護，我是這樣的想法。有沒有這樣的作用是很難說的，至少我以後好像免去了很多的麻煩，被叫去問話這種恐怖沒有輪到我頭上。這是當時所謂的白色恐怖年代，對很多作家，特別是對戰後第一代我們這一批人所形成的影響，就是你說話、你寫文章，句句都要小心，有可能一句話都被當成一種藉口，而被疲勞詢問；甚至被抓起來，賞一顆子彈，把你槍斃掉，這當時真的是司空見慣，所以我們經常地互相警惕，下筆小心。我能夠在黨報找到發表的園地，相信對我是產生一定的保護作用。當時警備總部控制文學的問題，幾乎到了警備總部那隻黑手無所不在這樣的狀況，所以就像剛才我提的，我們時時要告誡自己，不要輕易地把你內心、真心的話吐露出來，要講出來的話，你必須找一種比較委婉的、比較曲折的、或暗示的、不惹事的那種方式來表達，所以後來才會有《插天山之歌》這個作品。

我現在要特別把這本書提出來向大家報告一下。就是有一天，我一位寫作的好朋友，大家也熟悉的李喬，他到我家裡來跟我說：「現在立法院裡面（他說的立法院就是老立委、萬年立委、就是老

賊啦！那個年代。）傳告台灣有台獨三巨頭——李喬告訴我台獨三巨頭是誰呢？第一個是高玉樹，第二個是我，還有一位外省人，中國那邊戰後過來的。說的人是平平淡淡的樣子，可是聽的人忽然地心裡面受到相當強烈的衝擊——我是台獨三巨頭之一嗎？這是開玩笑嗎？在日本、在美國，台獨鬧得轟轟烈烈的，在島內，在我們台灣島上誰敢開這個玩笑？在台灣島搞台獨那是殺頭的，要殺頭的。所以李喬的話給我很大的恐懼，雖然我作品《濁流三部曲》系列在黨報發表，可是我還是想到我只有那麼一個笨方法，我趕快要寫一個作品，再次在《中央日報》發表，就是《插天山之歌》。我記得一個暑假我把它趕出來，二十來萬字，二十三、四萬字，我是直接寫完、趕快寫完、趕快投稿，而且很快就開始刊登、開始連載。我覺得我的作品在黨報這樣發表，可能黨在肯定我吧！那麼你們這些警備總部不會比黨更大，總不會抓我、不會恐嚇我。果然，我想的好像沒錯的樣子，我就從來沒有被叫去問話。

這個題綱裡面，還有一個我的《台灣人三部曲》發表曲折的情形。我現在剛好有一部，這個是台灣文學館的通訊，有一個我的年表，那麼我就靠這個幫我編排的年表，雖然是簡略的，可是我可以看出哪一年我有什麼樣的作品（現在眼睛花花，沒有眼鏡就看不見了，抱歉）。這裡的1973年是《台灣人三部曲》第三部《插天山之歌》寫成，在前面1967年《台灣人三部曲》第一部《沈淪》開始發表於《台灣日報》，這裡主辦的莊華堂老弟他的提示裡面，就是提起《台灣人三部曲》發表曲折的經過，現在我就簡單地來提一下《台灣人三部曲》發表的過程。

那時候有一部相當暢銷的，在文藝界裡面也擁有不少讀者的月

刊雜誌，叫做《文壇》，不用說，是一位戰後從外省過來的作家所辦的，在當時來說，是一本相當流行的、相當有讀者的雜誌，我在那邊發表了我大半的文章。成立的經過，我想也可以向各位稍微提到一些，就是當時流行所謂的現代派，有一批詩人、作家標榜「現代」，而且也有一份雜誌叫做《現代文學》，就是白先勇他們那批人，叫做現代文學，他們標榜現代，所以技巧也是遵循現代，什麼意識流啊……種種名堂很多。那麼我也算是仿效，仿效這種新的技巧，在當時認為是新的技巧來寫一部長篇作品。我早就知道有現代派，有現代主義這種手法，因為我經常看日本雜誌，在我們這一批唸日本書長大的，案頭上日文書比中文書多了好幾倍。

在日本早就有「摩登泥日」（modernism的日文），是日本話，正確的英文怎麼樣發音我不知道，日本式的英文叫做摩登泥日，意思就是現代主義，我怕我英文發音是那種日本式的。所謂現代主義，我對於當時所謂的現代主義至少懂得一些皮毛，就是把傳統的文學作品，有種種手法，主要是編年體，依照事件、故事發展的方式，秩序地展現出他的小說，那現代主義第一個目標就是把這個格局，傳統的格局打破，有時候談目前，有時候談過去，說不定有時候談未來，

有的時候地點在東，有的時候在西，跳來跳去，所以你不小心看，這部小說變成一團迷霧，那現代主義簡單說就是標榜這樣的新的手法。

台灣有這種現代主義的刊物，是白先勇那批人，大概也是民國四十年代末、五十年代初期、早期那段歲月。事實上，我更早從日本書裡面就領略到這種現代主義的發起，所以我就很容易用現代主義的手法，來經營我這部長篇作品叫《大壩》。那是取材於石門水庫的大壩正在建設的那個年代，那種翻來覆去地一下子東、一下子西、一下子前、一下子後，不照編年體、不照年代順序這樣寫出來。當時是有一些人給了相當的好評，讚揚說這是現代主義筆下筆法的新銳作品極致，我覺得我寫的都是騙人的，那種手法真的是只能說是騙人的，亂七八糟的。當然，我也經營一些短篇作品、短篇小說，用現代主義的手法來寫的，後來也集成一本小冊子，大概兩、三百頁的小本子，叫做《中元的構圖》，是早期的作品之一。好像現在時間到了是嗎？容我們暫停一下，謝謝各位。

張炎憲：

我想剛剛從鍾老師的談話裡面，其實表現出在1950年代，他一個作家，從日文轉向中文相當困難，而且在時代的變遷裡面，在當時國民黨的高壓統治下也相當困難，這種心境應該談得很清楚。那我想接下來就請兩位來做回應，首先請薛化元教授，目前在政治大學台灣史研究所擔任所長的職位，專攻就是這一段歷史，戰後台灣的白色恐怖還有台灣民主發展的歷史，我想由他先來回應剛剛鍾老所談到的這些問題。

薛化元（與談人）：

謝謝主持人、鍾老師、各位前輩。說研究，不敢。但是剛剛聽鍾老師的講話，對我來講，我原來心中有一些想法，可能得到部分的驗證。大概除了研究台灣文學的人之外，剛剛鍾老講到陳火泉，陳火泉剛好在過去被視為所謂「皇民派」作家的代表，我曾經聽見葉石濤先生在台灣大學，我們辦的一個研討會裡面這樣說，他說：「沒有皇民文學，全都是抗日文學」，結果那天就掀起一陣……跟大家的常識有一些距離，產生一些論辯。我們現在可以討論，事實上這裡面出現很有趣的問題，因為陳火泉很多作品也在《中央日報》發表，你們仔細看一下，很多作品在《中央日報》發表，那我就在想說這到底是怎麼樣的一件事情？剛剛鍾老師提到說，在《中央日報》發表文章的心路歷程，同樣我也可以瞭解葉石濤先生在講陳火泉先生的歷程。假如他已經被警總約談，大家繼續說他是皇民文學的作家，那不是擺明要他去死嗎？我這樣說得難聽一點，意思就是這樣子嘛，所以，我覺得葉石濤先生也是有一片看待他歷史詮釋的部分。實際上我後來自己——我不是研究文學的，我不太看文學作品，特別去把陳火泉的《道》把它找來讀了一下，我就感覺，是不是皇民文學我不知道，不過留下很多殖民地的傷痕。

但是剛剛鍾老師所提供的口述內容，給我很好的

印象，我現在也慢慢懂，為什麼在我讀書的時候，大家說《中央日報》是很重要的文學發表的園地，因為除了我們所瞭解的所謂反共作家之外，像鍾老師這樣也深具台灣意識的本土作家，一樣要想辦法在這邊發表文章，自然對他整個文學水準的提升有很大的貢獻，這是第一個；第二個，剛好鍾老師剛提到《大壩》這部小說，他剛剛很客氣說這個亂寫的，隨便寫寫，是鍾老師客氣了，他描寫出另外一個重要的台灣文學史脈絡的一個內涵，那內涵是什麼呢？因為大家都認為一定是對傳統西方文學的反動，爾後才有所謂台灣本土文學的建立，這是目前教科書很喜歡寫的一段論述。剛剛鍾老師提供很重要的一件事情，不在於文學的形式或是風格，重要是描述那個內容，文學寫的那個內容是什麼比較重要，也就是說像鍾老師這樣一個深具台灣本土意識的文學家，所寫的作品都是描寫這塊土地、這塊土壤上的人的文學作品，本來就一樣可以是用現代主義的方式來表現。

這個時候就提醒我們，若回頭看台灣文學史的發展脈絡裡面，是不是應該要有重新詮釋的空間？就像人家說現代派一定是什麼什麼說法，《笠》詩刊那怎麼辦？我想這是一個很重要的一件事情，就是它不只是描寫白色恐怖期間，拘於那個外在的形式，文學家所發表園地的內容，尤其是在那個反共文學掛帥的時代裡面，從西方橫的移植進來的新文學表現形式，如何被接到台灣當代文學的歷史脈絡裡面，而且是台灣本土文學的脈絡裡面，我想這是非常有意思的。雖然我本來被安排的角色是來講白色恐怖，那比較像我的專長，因為我這兩年探求這個東西看了一些，所以我外行人講了一些外行的話，等第二場輪到我再換我說，我再針對歷史的部分，跟各

位做簡單的報告，謝謝大家。

張炎憲：

謝謝。接著我們請林老師，他目前是在做新竹縣文化局史料館的籌備工作，他長期以來，我想他桌上有好幾本書，對於白色恐怖、共產主義及白色恐怖時代的政治案件，應該都有很多的涉獵，他也準備了一個很簡單的發言內容，我想就開始，請林老師。

林柏燕（與談人）：

鍾老、張館長、薛教授、各位先進，大家好。首先我要感謝我們藝文之家主人一郎老師，還有莊華堂老師，給我這個機會來講白色恐怖與二二八，這是第一點；第二點，這是講歷史的習慣，今天來講二二八，莊老師你上個禮拜才寄給我這個東西，害我三天沒睡著，你知道給我這個時間很短，十五分鐘講二二八，我可以講三天三夜，十五分鐘講白色恐怖，我也可以講三天三夜，所以為了避免我亂講，所以我寫了這個東西。

二二八的原因：二二八今天已經不是禁忌，也沒有什麼神秘，所以我附帶這個資料，台灣文獻館三本二二八檔案，還有高雄……的文獻全部有，這個還說不完，所以我輕描淡寫，寫了幾個原因。陳儀歧視台灣，看不起台灣，認為這是日本奴化教育，所以他用高壓手段要好好修理一下。陳儀修理台灣人，二二八跟白色恐怖不一樣，這裡要特別強調，二二八是造成族群的分裂，外省、本省的，所以今天一切台獨的問題都從這裡開始，我把它分期，1947年到1950年是我們狂喜到幻滅的時代，我們台灣光復，大家都歡迎祖國，結果突然發生二二八，就是幻滅；白色恐怖是從韓戰才開始，

因為那個時候蔣介石來台灣，要血洗台灣，剛好韓戰爆發，第七艦隊協防台灣，所以才關起門來整肅這些異己。

剛剛鍾老師已經講了很多了，很多作家都不敢寫，我舉例，北埔的龍瑛宗差不多四十年沒有寫作，第一個中文不行，而鍾老師十年之內把他的中文練起來，這是很了不起的，所以他四十年沒有寫，後來他到晚年才寫《杜甫在長安》，用中文寫的，我最近看《龍瑛宗全集》，全部都是用日文寫的，差不多百分之九十。為什麼不敢寫？二二八把他嚇壞了，白色恐怖把他嚇壞了，白色恐怖是外省人比本省人受難還多，因為白色恐怖和二二八是不一樣的，二二八是族群的問題，白色恐怖不是，完全是政治迫害，整肅異己，因為大陸的人大多都跟共產黨有關係，和台灣人沒有關係，但是我們原住民呢？跟大陸人完全沒有關係，但是原住民的菁英也全部被宰掉。第一個，我舉出高一生，還有林瑞昌、湯守仁，這些都是原住民的菁英，我這裡附帶一提，高一生還跟蔣經國夫人蔣方良女士一起喊口號「反共抗俄、驅除倭寇」，結果倭寇就坐在她旁邊，我附了一張圖在這裡。我們經過了歷史的荒謬時代，這個大家回去好好看一下。還有林瑞昌，他是泰雅族的菁英，日文一流的，因為覺得他是高山族一定會造反，所以白色恐怖一樣。

《插天山之歌》剛才鍾老講過了，當初我批評他，說你描寫一個人，一直在深山裡跑，結果把一個女孩子肚子弄大了以後，什麼事也沒做，對不對？（鍾肇政：你在龍潭那次鍾肇政研討會上講。）其實他是影射那個時候逃難的情形，我說他寫的是呂赫若。呂赫若是白色恐怖，不是二二八，所以這一方面鍾老講得非常好，他自己的現身說法，講得非常好，對台灣作家的影響當然很大。因

為當時只有戰鬥文藝、反共文學、懷鄉文學才可以寫，在50年代到60年代，台灣作家幾乎是沒有下筆的餘地，一定要寫反共必勝，你寫反共無望那你就完蛋了，像雷震案，還有孫立人案，孫立人牽連了兩百多人，所以那個時候我在南部軍區寫了一本《南方夜車》，完全是經營白色恐怖那個氣氛。

　　我今天帶來一本書，胡子丹寫的《跨世紀的糾葛》，他是外省人，他這裡寫：「我在綠島3212天」，3212等於是領款的密碼，他這本書給我，請我給他指教一下，我想等一下傳閱下去，好不好？然後我終於寫了《風飛沙》這本書，就是評論的，然後我帶來一本書《共產青年李登輝》，因為他跟吳克泰很有關係。所以在二二八的時候，中共一再講台灣起義，光輝的二二八，我們要知道他一直罵國民黨欺壓台灣，如果現在是共產黨會比較好嗎？但是當你講台獨的時候，他的砲火又一致了，他不讓你台獨。那這是藍博洲寫的，他當初有一個成名作《幌馬車之歌》，寫的就是關於鍾鐵民他叔父的故事。我們台灣人有很多統派的，我不知道這樣分對不對，像藍博洲、陳映真都是統派的，但是我們今天就很荒謬，歷史的荒謬，我深深的感觸，尤其我們今天在大溪蔣介石行館開這個會，這本身也是荒謬之一，謝謝各位，因為時間到了。

張炎憲：

　　時間都控制得很嚴，我們再來應該請各位來賓來自由發言，不知道哪一位要先發言？

郎亞玲：

　　我其實並沒有特別要講，但是因為大家不講，我是地主，我的功能就是讓這個節目比較緊湊。我來呼應一下林老師，因為我本身

是外省人，我就這樣不小心又跟蔣公一
樣，我常常到年紀比較長的時候，在跟
很多朋友聊起來，像我們劇團經常討論
到台灣的一些歷史文化的素材，那很好
玩，就是大家看到外省籍的人，都會認
為說⋯⋯我本身也是白色恐怖的，我爸
爸也是白色恐怖的受難者，他也關了十
年，可是呢？每次一跟人家談，像藍博
洲，有時候我也會跟他聊這個事情。我
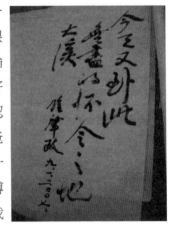
們現在這個時代真的很荒謬，大家看我是外省籍，我說我是白色恐
怖的，大家就會認為怎麼可能？外省籍怎麼會有白色恐怖？

　　林老師這邊講得很清楚，白色恐怖的受害者其實外省籍的才
是最多的，這一點我覺得，以前我也講不清，看到老師這個文章，
我真的是感同身受。我父親在那十年當中，我們整個家庭完全被破
壞，我的成長過程非常地坎坷。所以並不因為我是外省籍的人，我
在經營蔣公行館，其實我是最早去蔣化的人，因為我們叫「大溪藝
文之家」，一開始就去蔣化，其實這也蠻有趣的。我不管歷史政治
是怎麼樣進行，我覺得最後都會回歸到人性的這個部分，這是最可
貴的，如果大家沒有這種察覺，在台灣政治這種氣氛之下，族群的
問題似乎一直都沒有辦法獲得釐清。我也很高興終於今天在這個場
合，我可以很大聲地說我是外省籍的，因為長久以來感受到被壓抑
的狀況。像我們那個陳正科陳老師，他剛來到大溪的時候，他從頭
到尾都跟我講閩南語，後來我跟他講，我其實閩南語不是很好，後
來老師就很配合我，然後他就講國語，他說他國語講得不是很好，

我說，對我來說講閩南語這件事，他的國語比我講閩南語真的還好很多，這個也是我們要學習的，謝謝。

廖明進（現場來賓，退休校長）：

鍾老師，我是這邊百吉國小，以前來講就是八結國小畢業的，鍾老師的父親鍾會可先生，是我一年級的級任老師，所以我對於鍾老師一向都很崇拜，因為你在八結這個地方住過，而且能夠成為全世界有名的一個作家，我覺得我們八結的人，也常常會提起鍾老師，我記得鍾老師有一本《濁流三部曲》，裡面好像有一個人的名字，用的是我們八結一個憨仔伯，這個名字好像出現在《濁流三部曲》的小說裡面，我在《中央日報》讀到鍾老師《濁流三部曲》的時候，我一直就想買這個單行本，後來到現在我還沒有買到這本書。林老師林柏燕先生，我是很早就讀過您的文章，好像在哪個報紙，那個時候林老師常常有發表，我都有讀過，所以今天能夠在這裡碰到各位，得到很多的啟示，謝謝各位，謝謝。

陳振科（現場來賓，大溪籍畫家）：

鍾先生，我姓陳，我今年八十一歲，我是鍾會可（ツョウカィカ）教的班級，所以鍾會可（ツョウカィカ）都在這裡，那個時候我可能對鍾老師比較沒有印象，因為那個時候我已經畢業了，如果要談到白色恐怖，受害者才知道白色恐怖的恐怖，我的感覺是，我比較沒有受到什麼白色恐怖，但是我感覺到，我剛要當兵的時候，志願兵日本人會把我們調去，日本白色恐怖，舊的白色恐怖，我跑去日本，光復的時候我才回來，回來的時候經歷台灣光復終戰，我們大溪很平靜、沒有受到什麼二二八的影響，也沒有什麼白色恐怖直接的感覺，很平靜，大溪這個地方，很平靜，所以我沒有什麼可以

談的，現在聽到館長，談到歷史的問題、文學上的問題，但是和我的領域不一樣，我的領域、我的研究是畫圖的部分，和這個文學不一樣，所以很抱歉，沒有什麼可以談的。

張炎憲：

時間到，我們留第二場再討論，非常感謝我們剛剛談到起頭，慢慢步入白色恐怖、作家的心靈，我想我們就先休息一下，謝謝大家。

❀下半場❧

鍾肇政：

大家好，我們就繼續來向各位報告前面我提到的《插天山之歌》，還有，我想今天盡量講一些比較有趣的話題，以免太枯燥。我首先要談《插天山之歌》這部作品，剛才已經稍微報告過了，這部作品發表當初，被很多朋友當笑話，他們說：「老鍾，你在寫什麼東西啊？這個男孩要回來做一些抗日的工作，結果什麼都沒做，跑到山裡面，跑、跑、跑，就把山裡面一個女孩子肚子弄大了，什麼也沒做。」

沒錯，這部作品寫的就是這樣簡單的故事，事實上可以用一個字來代表，就是「逃」，當然表面上逃，日本人要來抓他，確實有幾位朋友告訴我，你在寫什麼日本人抓男主角，不是吧！是寫國民黨要抓你吧！把我內心的話點出來了。確實的，就是寫我內心裡面在掙扎，要怎麼逃？怎麼逃，逃過國民黨的警備總部的毒手？這是那樣的心態下經營出來的作品。我順便地向大家報告，這部作品在我自己心目中是簡單的、沒啥了不起的，但事實上好像得到比較多、比較多的關心，電影也已經拍出來了，製作兼導演的一位姓黃的小姐，他告訴我，目前在南部戲院上映，漸漸地會到北部來，不曉得真實的情況怎麼樣，我們都不太清楚，不過電影確實已經拍出來了。這部作品是1973年，我看這本簡單編出來的年表看出來《插天山之歌》是1973年，也超過三十年了。

現在在這個題綱裡面，主要是要我談談《台灣人三部曲》，確實的，我這部作品也有一些曲折的，不管寫也好、發表也好，有這

樣的經過。首先，我想報告的就是，為什麼是「台灣人」呢？為什麼取這樣的題目呢？我的原意最早要寫這樣的東西，動機是要把台灣人的歷史，或者是集中在日本人統治台灣的五十年間，作為時代背景分成三個部分，第一部是日本人剛來台灣，所謂的乙未戰爭為背景；第二部就是台灣的一種文化抵抗，文化協會這樣的，比較高文化水準的一群人的抵抗；第三部《插天山之歌》，本來我的原意只是像前面我報告過的，要逃避警總的追補，這樣寫出來的，不過結果就變成，年輕的台灣人什麼也沒做，變成這樣的結果。

這都是題外話，這裡題綱要我向各位報告，台灣人發表的經過。「台灣人」這三個字，我當時因為在編副刊、編《台灣文藝》，有很多寫作的年輕一輩的，我常常向他們提醒，要做一個台灣作家，應該而且必須把台灣人過去所受的苦難寫下來，在你的觀察範圍，你所知道的範圍內，把這樣的主題表露出來，就是凝結而成為「台灣人」這三個字。我也是在這樣的立意下，要把台灣人在日據時代所受到的痛苦，分成三個階段，把它寫下來。第一部的書名就是「台灣人」，年代上來講，1967年，民國五十六年，這是繼《濁流三部曲》寫完而且發表完，書也印出來了，然後我立意要寫的就是台灣人的歷史，特別是集中在日據時代，我就在這樣的思考下，開始漸漸地寫這部作品，從田野調查開始，還有很多文獻資料的涉獵等等，當然免不得花了好一些功夫。當時，我剛剛已經提到有一份《文壇》雜誌，好像對台灣作家蠻有好感的，我說蠻有好感，因為當時台灣作家，好像是受到一種無形的排斥，無形中的排斥，造成台灣作家發表的園地，非常地、非常地有限，是非常地困難的狀況。在這樣困難的狀況下，怎麼樣來寫你的作品，怎麼樣

來發表你的作品呢？都必須有一種跟一般小說創作不同的思考的方式，就是說你把你想要表達的東西，不要太直接地，或者像前面我說到《魯冰花》的時候，用到了「委婉」兩個字，「委婉地」就是不是很顯露地、很明顯地把你的主題放在裡面，《台灣人》就在這樣的思考下開始執筆。

我剛剛提到的《文壇》，主編對台灣作家蠻同情的、蠻有好感，剛剛好碰上一份日刊的報紙《公論報》，早期的《公論報》，像館長這一類研究台灣歷史的人一定是很熟悉的，《公論報》就是戰後早期的報刊，沒有多久這個《公論報》就被國民黨弄垮掉了。當時有所謂報禁、黨禁，你不能有新的報紙，不能有新的政黨，禁忌很多很多，其中報禁就是不能有新的報紙出來，變成報紙的登記證就奇貨可居，聽說一張報紙的登記證就值一千萬元，大概是現在的一億元都不止，一千萬元。那麼《公論報》被弄垮掉以後，那個登記證就在官方，官方哪個單位我也不知道，也許警總、也許調查

局，也許是國民黨裡面的文工會，在哪裡我不太清楚，反正這一張登記證不但是很值錢，而

且國民黨可以控制。《公論報》垮了，這個登記證就由掌握它的人，交給當時的我記得是台北市的市議長，姓張，弓長張什麼的，我記不太清楚，張議長，交給他來復刊，再一次開始發行這一份報紙《公論報》，那《公論報》的副刊就交給當時在文壇上相當有名氣的，而且辦《文壇》的作家，叫做穆中南，要他找人來編副刊，副刊是這個姓穆的人編，要他來找一些作家來寫稿子，這個姓穆的他就想到，要設一個每天見報的小副刊，專門要給台灣作家寫的，專門提供給台灣作家發表，大概是報紙的5K的樣子，總共大概五千字左右。

這樣的園地對當時台灣作家，非常地可貴，這位主編就找我，要我找一些台灣作家，首先是聚聚吃個飯什麼的，商量要怎麼樣來把這個園地撐起來，內容要怎麼樣，由誰來寫？輪流執筆這一類的，我就被委託當成聯絡人，就找了好幾位本省作家，真的跟他吃飯，吃過飯又成了問題了，警備總部就要來干涉，你們為什麼專找台灣作家請吃飯呢？那個主編姓穆的，好像是腦筋很靈活的，說我們先請台灣作家，下一步外省作家也要請，這樣的回答，我就記得很清楚，怎麼會有這麼一回事呢？那時候覺得很奇怪，不過仔細一想，原來這是在警備總部控制之下，這些言論的東西，報紙、雜誌也好，通通在他們一手掌控之中，你是動彈不得，你一定要聽他的話，否則是動彈不得。在這樣的情形下，那個園地，要我找一些台灣作家，並且要我寫一個長篇連載，我就想到《台灣人》這部作品應該開始寫了，前面我已經稍微提過，我很早就有這樣的想法，就是把台灣的歷史文學化，寫成文學作品。

我的初步的構想，就是日本人統治台灣五十年間的事，剛好成

為一個很好的，符合當時官方也好、警備總部也好，所喜好的，反正就是國民黨方面一定會很歡迎的東西，那麼我就算是投其所好，講起來是不好聽，不過除非我放棄這個機會，那我一定要利用這個機會，像《魯冰花》，我得到初步的成功，我把一些批判、強烈的批判，用很委婉的方式表達出來，小心翼翼地放在書裡面，我就得到一個成功的機會，成功的機會就是說，我希望提出來的一些批判性的東西，用一個含蓄的方法放在我的作品裡面。我在《魯冰花》成功的一種心態下，繼續地寫《濁流三部曲》，然後我就要面對台灣歷史，這就是《台灣人三部曲》的原始構想。

終於這份報紙開始試刊，試刊就是正式發行以前。大概有一個禮拜左右的試刊。試刊頭一天，「台灣人」三個字就登在副刊上面很醒目的地位，那麼，大概也是不出我所料，當天試版頭一天，還沒有發行出去，警備總部的人就來了，說你們這個東西不能發表，必須要經過我們的審查以後。把發行的報紙通通抄走還不算，把我的稿子也通通拿走，那時候我記得《台灣人》已經寫到大約有四萬字左右，這是我交給報社的第一批原稿，《台灣人》的第一批原稿。這樣一來，等於這一家報紙岌岌可危，能不能發刊還是一個問題，特別是我的《台灣人三部曲》，預料到大概是凶多吉少，那我就不管，好吧！你們要拿就拿去，我另外來寫東西，我會寫另外的東西，另外，我說的另外是，我寫的是什麼我現在想不起來。《台灣人》這部最初的稿件四萬字左右被沒收了，是1967年，民國五十六年，《濁流三部曲》已經完成了，我還記得頭一天刊出來，「台灣人」三個字就是用我的筆跡製版刊出來的，下面是我的名字，那時候我的筆名，本來的筆名通通廢掉了，我就用我的本名發

表。

　　經過這樣的曲折，《台灣人》好像胎死腹中，可是事實不然，過了好像兩年或者兩年多的樣子，那時候有一家是新的報紙，是什麼我忘記了，剛剛我報告過，報紙的登記證是奇貨可居，好像有一個財主，我記得就是國泰為背景的財主，把這一紙登記證買下來，另外成立一個《台灣日報》。《台灣日報》的副刊主編就是原來《文壇》雜誌的編輯，他離開文壇，就變成《台灣日報》的副刊主編，他來跟我邀稿，剛好被警備總部沒收的，事實上沒有沒收，他們有把它保存下來，被我要回來了，怎麼樣、用什麼樣的方式要回來？我現在也想不起來，反正那個東西被我要回來了。要回來，如果我再以原樣的「台灣人」打出來可不可以呢？我擔心歷史重演，萬一「台灣人」三個字打出來，又被沒收了那就不好玩了、那就沒戲唱了，所以我就動了一個腦筋，把題目改掉，「台灣人」三個字還是保留，但我另外取個名字，就變成第一部是《沈淪》，有副題是《台灣人三部曲—第一部沈淪》這樣，居然通過了，很順利地一直連載到完，這是《台灣人》發表的經過。

　　1967年現在說起來剛好三十年的樣子，真的是不堪回首。以前，我算是受到迫害嗎？事實上我也沒有，只是我的稿子被人家弄來弄去，還好沒有丟掉，如果當初警備總部沒有把它保管下來，那我的《台灣人三部曲》可能又是另外一種面目，說不定胎死腹中就沒了。

　　華堂還為我準備了一些題綱，剛剛《台灣人三部曲》的經過，大約就是這個樣子，現在時間差不多了是嗎？超過了？還可

以講嗎？我要提到的就是吳濁流，這裡題綱裡面寫吳濁流的《無花果》、《台灣連翹》都是我翻譯的，我幫他翻譯的，從日文翻譯成中文，因為吳濁流作品，這兩部作品都是寫二二八的，在當時來講是最大的禁忌，你什麼都可以碰，就是不能碰二二八。不能碰二二八，那吳濁流這兩部寫二二八的東西要怎麼辦呢？翻譯在我是輕而易舉的事情，很容易地把它翻譯出來，那翻譯出來就需要找出路，在哪裡找出路？在台灣島內、在國內是不可能發表的，因為有前車之鑑，說不定吳濁流名字出來就被抄走了。當時我有一個日本朋友，他是在文化大學，當時叫做文化學院，好像是教日文的日本老師，叫做塚本照和，這位日本老師，因為有一段時間我在東吳大學講課，一些日本文學那一類的，還有教一些翻譯之類的，東吳跟文化就經常有來往。

這位塚本教授跟我熟了，我就動了一個腦筋，因為不久他就回日本，他任滿回去了，他要回去的時候，我就把好像《台灣連翹》這本書的翻譯稿拿去跟他商量，是不是請他幫我帶到日本，然後寄到美國，美國那時候有一個《台灣文庫》，就是一個醫生，那個醫生叫什麼？（莊華堂：是林衡哲。）林衡哲，對對！他發行了《台灣文庫》，最早出版了彭明敏的第一本書，那麼他當然願意出《台灣連翹》，可是我要寄出去必須花一點心思，剛好那個塚本老師要回日本，我就交付給他，希望他帶回日本，然後寄到美國給那個《台灣文庫》的發行人。果然這個塚本老師也很巧妙的想到一個方法，就是他帶著一群大概十個左右的學生，把稿子分成十份或者多少，本來是一大疊、一大堆的，分成一小本、一小本的，每個學生帶一小部分，這樣過關的時候就沒有被……很安全的過關，幫我帶

到日本，然後從日本寄到美國，順利地出版，這是《台灣連翹》這本書出版的經過，經過一些波折，身世坎坷，象徵我們所有台灣人的命運。

今天我要談的，這裡打出來的題綱大約就是這樣了，我好像要講的話也講完了，我就到現在這裡結束，謝謝各位。

薛化元：

接著鍾老師的話，我再做一點簡單的補充。報禁就是包括「限張」，限制多少張，以前我們都看兩頁半，這叫限張；「限印」，不可以胡亂印，台北印好再拿到高雄，所以高雄的報紙都要中午以後才看得到，因為要從台北帶到高雄去，我這理解是一下；「限證」，不發行新的報紙的證書，所以李萬居的《公論報》，他把它搶過來以後，你就不能自己在辦一個，這是限證。大概就是這三個東西，然後，實際上關於整個白色恐怖的意涵，歷史上，鍾老師有

提到法國大革命這樣歷史的發展，白色就是後來引申為國家機關對人權的迫害跟壓制，都叫做白色恐怖，雖然台灣的白

色恐怖都被認為是1950年代，實際上那是狹義的白色恐怖，台灣的白色恐怖最大的特色就是講話會被抓去關，言論獲罪，用李敖的話說就是「等於我就叛亂了」、就是「我沒有、說我有，所以我就有了」。所以為什麼鍾老說文章被搜走，這是那個時代的特色，台灣不在有人因為講話就被認為是叛亂要等到1992年，所以那個時代開始就不再有言論叛亂罪。

白色恐怖的時間蠻長的，這個時間有一個特色就是「強人體制」，我們一般都寫「威權體制」，我就越寫越不甘願，不對！威權太多國家有，我們很special，叫做「強人」，強人體制的特色就是強人他講了算，不要以為只有政治案件。我舉個例子好了，在座有的是當老師的，有的是當學生的，請問你，為什麼1950、1960年代末期以後就沒有私立的小學？因為他們不准設立，一直沒有為什麼，你找不到法律依據，就像我們為什麼只讀國立編譯館的教科書？你找不到法律依據，因為蔣公在立法院所立的。做一個背景的補充，這都是一些很重要的，這是我要講的這個部分

再來就是剛剛鍾老師提到，《台灣連翹》這本書的稿件外送的問題，如果說看仔細一點，那些都會出現問題，我想很多台籍作家在林海音早年主持的《聯合報》副刊發表很多文章，為什麼後來副刊會沒有辦法再發表呢？那是因為林海音發表了一篇詩，叫做《船長》，船長本來沒有什麼關係，但是那個作者把自己的名字音譯「風慈」，「風慈」聽起來跟「諷刺」差不多，故事很簡單，有一個船長在海上迷航，到了一個島嶼待了十年，碰到一位漂亮的女郎，提供他很多好的、吃的、住的，結果船長老了、水手老了、船舊了，船長忘記回家的路。那是1960年代初期，剛好離蔣來台灣十

年,林海音就因為這樣去職了。所以聯合報系的老闆就說他幫《聯合報》頂了一頂,不然《聯合報》不知道要怎麼辦,《聯合報》跟黨的關係非常好。像公論報,台灣早期的報紙停刊以後,有一些認證就被轉賣給《聯合報》拿到,大概就是這樣,做一個補充性的解釋。

　　台色恐怖的受難者跟二二八不太一樣,二二八大部分的受難者是台籍菁英,台籍菁英裡面的族群問題跟今天族群的問題又不太一樣,當時族群的問題是,來台灣統治的那些所謂外省籍的菁英,這些統治階級的,跟被統治階級的台籍人士的衝突與摩擦,那個時候是外來的狀況。現在台灣族群問題的族群,是在台灣島內的族群問題,這有點不一樣,雖然看起來都是本省、外省的,但意涵真的不同。第二個是白色恐怖,相對於二二八,有很多外省菁英受害自是不在話下。不過我要說明一件事,案件不見得是外省籍的比較多,以台灣工委會為主的受害者就是本省籍的,只是外省籍的菁英受害者在裡面也不少,簡單的講,應該這樣說是國民黨統治族群嗎?這是最大的問題,國民黨表示外省人統治台灣人,不是,是一小撮外省籍的菁英統治全台灣,其實他們都在他的統治之下,所以受害的對象自然也包括所謂廣泛的外省族群在內,怎麼可能不受害?這一點要這樣解釋才對,這一點我做說明,謝謝大家。

張炎憲:

謝謝,我們請林老師。

林柏燕:

我來補充幾點,剛剛聽鍾老出版是這麼坎坷,鍾老很聰明,他

的作品多半都會化妝，對啊，剛才薛所長講的《聯合報》林海音的事情，因為一些漫畫，大力水手，我想這一篇漫畫也出問題，我現在要補充一下，我這本書裡面講的一個木匠被抓去關，木匠不認識字，他騎腳踏車去做工的時候，他背後的箱子被人家貼了「打倒蔣介石」這個廣告，他不曉得，就被抓去關十年，他每天對著大海用三字經罵，他到出獄為止不曉得為什麼。ＸＸ就是一張合照，開南工商的一張合照，我跟你的合照，這個人也被槍斃，這個人是不是你？是啊，我們畢業照到新公園照相，判十五年。所以楊逵被日本抓了十次，總共合起來不到幾年，但是國民黨一下子就十年。這胡子丹是因為一封信被抓起來，他是二十歲來台灣，大陸的一個海軍寫信給你，順便問胡子丹好不好，這封信被人家抓到了，所以他憑封信被關了十年，所以蠻可憐的。

　　剛才郎老師講的外省人，剛剛也補充，是不分外省、本省，白色恐怖之下全部極權統治，二二八到底有多少人受害，我在這裡報告一下，大概是，國史館館長在這裡，他知道，因為賠償六百萬嘛！照這六百萬的人數統計是一萬九千人，怎樣賠償不曉得，我們要看二二八不管多少人，他牽涉的家族太大，一個人受害等於有十個人，他的子子孫孫總共沒有辦法計，白色恐怖有多少？這個可能莊華堂兄他可以瞭解，總共有八千人，被槍決的有三千人，被槍決的有三千人，坐牢的有八千人，這並不是只有八千人而已，他牽涉的家族，五十年來的仇怨大概很難化解，那我這裡又寫了很多案子，像黃炳勛還有很多很多他們寫的案子，張七郎，蠻可憐、蠻感傷的，當然現在已經過去了，歷史不要再重演了。我在這裡簡單的寫，我把白色恐怖定在1960到1980年開放觀光為止，因為一個國家

如果讓他的人民出國觀光，我認為是比較自由的，但實際上，白色恐怖，剛才薛教授也講，不是到1986年解嚴為止，因為有很多黑名單。

我要補充一下，就是鍾老的《濁流三部曲》這本書，我請問各位，第一版單行本誰有？在座的？現在是出全集了嘛，單行本第一本誰有？有的請舉手，你有？他自己也沒有（指鍾老），我有第一版，有一個肥肥胖胖的日本人是不是？我本來有，被人借去了，他不還，有一天黃瑜露（？）打電話來，他問我鍾老的《濁流三部曲》版本第一本，我說真的啊，我馬上去跟你拿回來，他說鍾老他也沒有，我用一瓶三千多塊的XO，因為他酒鬼，我說我馬上帶酒給你，你這個書一定不能給別人，所以《濁流三部曲》的第一版，你大概自己沒有了吧！鍾老，你也沒有了，因為那一本是《中央日報》登的，而且每一個都有插圖，那個插圖我不曉得誰畫的，畫的真好，現在的全集沒有了，已經沒有了，這是我順便剛才回應那個老師，他說他讀過鍾老的《濁流三部曲》，裡面有你熟的名字，請問你有這本書嗎？沒有，我有，但是我可以借你看封面而已，謝謝各位，謝謝各位。

陳柄臣（頑石劇團團長）：

我在去年的時候有參加黃玉珊，剛才鍾老師提到的那位黃玉珊導演的《插天山之歌》的製作，我是演凌雲老人，就是在插天山收留那個男主角，也擔任這部戲的美術指導，這部戲預計在今年的九月會全省上映，我希望在座的各位嘉賓，如果《插天山之歌》在播放的時候，可以盡量去捧場。我是頑石劇團的團長，其實我們劇團這幾年都盡量在做有關於台灣民俗的一些戲，像我們演過《楊達與

葉陶》，我們演過台中的蔡阿信醫生，但其實這些主角都是受過白色恐怖的受害者，很感謝在座的每一個人關心我們台灣的本土、台灣文學的發展，謝謝大家。

蕭淯宏（楊逵先生的孫子，文史導覽老師）：

我跟鍾老師有三面之緣，兩次是我祖父帶我去的，一次是我爸爸帶我去的。感謝我們鍾老師今天到大溪來，對大溪的文藝有一點帶動的作用，不好意思，突然間不知道要說什麼，說我阿公，我阿公本來在大溪，我很少提我祖父的名字，我是楊逵的長孫，我和他不同姓，所以大家都不知道。那現在我在大溪是做社區工作，我剛剛是從林口趕回來，我去做防災社區的一個教學的活動。我對鍾老師也是感覺蠻親切的，因為鍾老師的姪子我也很熟大概是這樣子，謝謝。

張炎憲：

我想我簡單做幾個結論好了，我想是這樣，其實台灣文學作家是相當富有時代精神的，不管是哪個時代，在日本統治時代，當時的賴和也好，及台灣新文學運動產生之後的一些作家，到了國民黨統治時代的作家也一樣，跨越兩個時代的作家，像鍾老跨越兩個時代的作家，很多有這樣的時代意義。

每個時代有它時代的精神的傳承，那鍾老師我想很重要就是說，從日本統治時代到國民黨時代，到底什麼傳承下來？從日文一直到中文，在創作裡面他要怎麼展現他的風格？有人常常說在白色恐怖時代，很多敢批判國民黨的人都被抓去槍斃、槍決，留下來的人怎麼去生活呢？因為能夠批判的人早就被槍決了，到底槍決以後

對台灣到底是好還是壞呢？或者說沒有被槍決的而留下來的，如何能在這樣恐怖的時代生存下去，這意義在哪裡？

　　從很早的這些第一代的文學作家裡面，都會找到這樣的影子，他們可能沒有被抓去關，可能也是在白色恐怖的陰影之下來生活，但是為了生活，但是要保存他自己的興趣，保持他自己的追求，而且保持他對台灣人，或台灣這塊土地的愛跟感情的時候，他到底要怎麼做？可能比被抓去槍決的，更不容易。被抓去槍決的可能有英雄氣概，可能一下子就付出他的生命，可能留下來的東西很燦爛也不一定，但是非常短促，可能影響不是很深，但是（鍾老）留下來的影響很深，雖然他活得非常地艱難、活得相當地痛苦，但是他的作品，或他的一生所留下來的事業，也許對台灣有更大的貢獻，我想鍾老是這樣的人，所以他在坎坷的台灣歷史歲月裡面走過來，留下很多的作品，而且用他自己的經驗，寫出自己的自傳性小說，寫台灣歷史的小說，這裡面反映出來的，其實反映了文學作家對台灣這塊土地的感情和執著，以及迫切感受到台灣人，應該在歷史上要怎樣，用這樣的感受來寫出歷史小說。我想鍾老師應該有這樣的精神，所以會長期在小學當老師，不願意去轉行，或他也不願意說去高等考試也好、普考也好，轉到公家機關，也不願意去轉業，堅守著一個小學，但是他堅守文學這個本行。

　　他受到很多的文學影響，不管是西方的影響，或是日本的影響，那這些都化成他的愛情小說、他的思想裡面，去創作他的文學，而且他也跟這塊台灣土地結合，最難得的是這樣，跟台灣土地結合的作家跟作品才會留存在台灣這塊土地上，我想鍾老師是這樣，結合了以後才可以寫出《濁流三部曲》、《台灣

人三部曲》，寫出《怒濤》等等這些。這些小說所展現出來，是歷史和文學之間結合的時候，文學作家應該怎樣展現他的風格，我想鍾老師是在這方面有他的貢獻，他對台灣留下這樣的紀錄，留下文學作品，我想會歷久長青在台灣這塊土地上。我想我們今天所看到的他還是這樣，在白色恐怖時代裡鍾老的一個經驗，而經驗怎樣形成他的文學作品，反映台灣這塊大地以及刻畫出台灣人民在吞忍、無奈之中，怎樣奮發而且留下那樣的堅持跟努力。

　　我想最後還是感謝大家今天的蒞臨，九月五日就換台師大，那希望大家都到師大去，可以共襄盛舉，完成十二場，每場每場都非常精彩的鍾老師的主講，以及有各位與談人，還有各位貴賓，這樣的盛會，謝謝大家。

那年秋天　我們跟鍾老的約會

鍾肇政口述歷史

「戰後台灣文學發展史」十二講

南北兩鍾與文壇四將

與同輩作家的交誼

主講人：鍾肇政　主持人：張良澤　與談人：鄭清文、鍾怡彥
文字整理：鍾怡彥　文字校對：一校/劉香軍、熊廷笙　二校/江美芬　三校/莊華堂

◎時　間：2007年9月8日　◎地　點：桃園縣龍潭國小

▲ 前排左起黃文相、張良澤、鍾肇政、鄭清文、莊華堂
　中排中間者為鍾怡彥
　攝於桃園縣龍潭國小大禮堂(蒲公英文教基金會提供)

❧上半場❧

張良澤（主持人）：

今天帶來一份珍貴資料，這次的主題〈與同輩作家的交誼〉，我就從他們的書信來介紹。

請看第一封信，是鄭煥寫的，戰後第一期作家中，最早跟鍾老通信的大概就是鄭煥。（開頭）「九龍兄大鑒」「九龍」是這個時期鍾老的筆名，鍾老筆名後來改成鍾正。「〈黎明〉篇章已拜讀了，我很欽佩，兄的文章寫得很少毛病而流利，但現在就請我故挑毛病……」〈黎明〉是鍾老的第一部長篇小說，寫好後先寄給鄭煥看，請他提供意見，這封信就是鄭煥所提供的意見。《迎向黎明的人們》這篇長篇小說在第二年，1953年投到中華文藝委員會，應該是參加徵文比賽的長篇小說，結果沒登出來，也沒得

獎，兩年後才要回原稿。這封信提示我們那個年代1951年，由日文轉為中文的這一代，包括鄭煥、廖清秀等第一代的寫作經驗，信本身寫的就不通順，因為開始學習ㄅㄆㄇㄈ不過六、七年，雖然學習時間很短，但鍾老卻野心很大，開始寫長篇，用中文寫長篇小說，而鄭煥也用很長的信來回覆，提供參考意見，可見這一代老前輩的辛苦。

第二封信是廖清秀寫給鍾老的，信的第一行寫道：「文藝創作社轉送來的你的信，昨天才收到了。」由此可證，這是鍾老與廖清秀的第一次通信。當時鍾老還不知道廖清秀的地址，就寄到文藝創作社，因為廖清秀的得獎作品《恩仇血淚記》就是在文藝創作刊物發表的，是由張道藩中華文藝委員會發行的，半官方性質，在當時可說是稿費最高、最有權威的一份月刊。鍾老讀了這篇作品後，把他的感想寫給廖清秀，所以廖清秀就回了這封信。第三段：「現在我們寫作上最困難的是：表現的所謂文字問題。因文學是由文字的媒介才能表現出來的創作，文字寫得不通順，那就無法寫作的了。」這也就是他們這一代的苦惱，基本的文字都沒辦法寫得很通順，信裡還提到不管怎樣寫還是趕不上外省作家，當時文壇百分之九十九都是外省作家，只有少數幾位台灣作家，像鍾老，在努力奮鬥。在這個階段最成功的應該是廖清秀，也因為他是第一個得到中華文藝委員會長篇小說徵文第一名的，因為他的得獎，而且作品在文藝創作連載，對鍾老產生很大的刺激作用，才寫了剛剛講的《迎向黎明的人們》，第二年參加徵文，結果沒有得獎，是鍾老文學歷程上第一次的挫折。

再看鄭清文的信，鄭清文從初中開始學中文，是接受中文教

育的第一代作家，第二代應該是我，從小學開始學。鄭清文的信就比鄭煥的信流暢許多，他寫道：「肇政兄：昨天在家裡收到了來信，又感激又興奮，您在百忙中，抽空為我寫了那麼長，那麼真切的信！」簡短有力又順暢，這是受中文教育的成果。鄭清文很早就跟鍾老聯絡上了，1959年他發表了一篇作品〈漁家〉，鍾老寫信鼓勵他並給予意見，「您說寫作不是一朝一夕的事，我也有同感，我也很願意再試一下。如果會有一點成就，也都是您的鼓勵。」所以鄭清文在文壇上的成就，完全要歸功於鍾老，因為有鍾老的鼓勵。他是一個很懶的人，他說他愛看書，但不愛寫，一直到今天都沒變，就是很懶散，叫他寫都不寫，一天寫一點點，一年的作品沒有幾篇，《鄭清文全集》編出來，大概不到鍾老全集的十分之一（觀眾笑聲），是一個少產作家。信裡還提到：「您說，《文星》所介紹的，和自己較滿意的有點出入。」《文星雜誌》是當時知識界愛看的一本高級雜誌，在1959年十二月第五卷第二期，有兩篇很重要的文章，一篇是王鼎鈞寫的〈作品充滿鄉土色彩的台灣作家〉，第一次把台灣作家介紹出來，王鼎鈞是外省人，當年在文壇掌握相當大的資源。文章的開頭寫：「今年六月，一位省議員在大會中要求政府注意、鼓勵本省作家，呼籲報刊雜誌對本省作家的作品多多採用。」從這句話可以知道當年的文壇，都是中國作家的天下，一位省議員對著省主席開砲，認為報章雜誌不能清一色都是中國作家，台灣作家也要多多採用，因此王鼎鈞才會寫這篇文章，介紹台灣作家。第一個介紹的是鍾理和，可見當時鍾理和有多重要；第二個是施翠峰，再來廖清秀、許炳成、鍾肇政，他把鍾肇政排在第五位，之後是陳火泉，到這裡是單獨介紹，也就是比較重要的。接著是次要的，鄭清文、鄭清茂、何明亮三人簡單一兩句話帶過去，林文

月、李榮春、何瑞雄、林鍾隆四人，也是一兩句話。最後綜合評價與對台灣本省作家的期待。第二篇是林海音寫的〈台灣作家的寫作生活〉，她寫的是生活面，王鼎鈞的較偏重作品。林海音第一個提到的是鍾理和把生命交付寫作，第二個施翠峰，第三個許炳成，第四才輪到鍾肇政，寫道：「想從事創作，卻搞了翻譯，鍾肇政教學相長進步快。」鍾肇政看了介紹之後，心裡有點不舒服，才會寫這封信給鄭清文。

接著是文心的信，就是剛剛提到的許炳成。「鍾正兄，聖誕前夕，你給了我最珍貴的情愛，這些年來，你一直鼓勵著我，做了我文學上的嚮導。」然後開始討論作品，他先恭維鍾老的〈阿樣麻〉寫得非常成功，他那時發表了一篇〈石像〉，廖清秀批評「言之無物」，文心有點不高興，所以寫這封信向鍾老訴苦。他繼續寫道：「鍾正兄，盼你坦白告訴我你對〈石像〉的高見，好讓我有所借鏡，知道詬病所在，力求改正，就是接近完美的捷徑。我十二分虛誠地向你求教。請回信，我會感恩不盡的。」從這裡可以證明，第二個要感恩的是文心，第一個是鄭清文。

再來是鍾理和寫給鍾肇政的信，這封信一直被遺漏，我編的《鍾理和書信集》裡沒收錄到，幾年前彭瑞金再編一次《全集》也沒收進去，兩套《全集》都沒有。他寫道：「肇政兄：信及〈登大武山記〉剪報均已收下，謝謝！我時時這樣麻煩你，心中著實不安，連賤內昨天見到剪報時，也為你對朋友的熱誠和忠心而感嘆呢！但我又沒有辦法不麻煩你，而且此後還有一段長時間必然要繼續麻煩呢。」鍾理和麻煩鍾老的地方太多了，作品發表了連報紙都找不到，還要麻煩鍾老去找報紙剪下來寄給他。「這十年來我即在

病中度過，說未蹉跎是說不過去的，除非我用捏造。」鍾理和不敢講太多的痛苦，因為他怕鍾老會擔心。「寫長篇〈大武山之歌〉是我放在本年內的希望，不過我不敢說一定要寫多少？」鍾理和最後的希望，就是寫出六十萬字的〈大武山之歌〉，但他的這部長篇小說只寫下人物表、故事大綱，不久他就去世了。這封信提供幾個線索，最大的線索是在寫〈大武山之歌〉之前，先有一篇〈登大武山記〉，是〈大武山之歌〉的一個前奏。信最後講了一些生活、內心的話。

再看施翠峰的信，這位作家跟鍾老的關係應該是在鄭清文之前，因為他是《文友通訊》七個成員之一。他跟鍾老的共通之點，就是在戰後初期翻譯日文作品最多的兩位，他翻譯的較多屬於兒童文學方面，而鍾老則是偏向純文學方面。這封信是施翠峰為了翻譯「舟橋聖一」的長篇小說〈黑色的花粉〉而寫的，因為《徵信新聞》（現在的《中國時報》）的《人間副刊》急著要連載，請施翠峰翻譯，他臨時到書店買了這本熱門小說，翻譯是沒什麼問題，可是他沒有作者介紹的資料，所以趕快寫信給鍾老，說他沒有「舟橋聖一」的傳記或作品資料，請鍾老提供一些給他。這是一封求救信，可見在日本文學方面，施翠峰還是要求教鍾老，鍾老可說是台灣第一把交椅。順便一提，《文友通訊》的文友第一次聚會，就是在施翠峰家，時間是1957年八月三十一日。

下一封是林衡道寫的，他是鍾老的前輩，在台灣文人裡面，他在國民黨裡是最得意的，他當了國民黨的文官。「承蒙介紹作家多人，感激莫名。弟在中國文藝協會擔任民俗文藝委員會副主委。」當年的中國文藝協會，就是把持文壇的最高機構，林衡道能在那裡

擔任民俗文藝副主委，在黨官裡面是相當高的，鍾老為了能提拔一些台灣年輕作家，請他多多用台灣作家的作品，不得不向他低頭，所以林衡道才回了這封明信片。「如有機會，自當建議該會設法，務使年輕本省作家多有發表作品之機會。」在這短短的明信片裡，可以讀出當時台灣文壇的情況，還可以看到鍾老是多麼疼愛這些年青的台灣作家，想盡辦法替他們開拓發表園地。

　　再來是林海音的信，我們在談戰後初期台灣文學作家時，不得不感謝林海音，包括我在內，都受過林海音的恩惠，她在《聯合副刊》偶爾會採用台灣作家的作品，最常出現的就是鍾老與鍾理和的作品。這封信提到她在《聯副》的一些內幕，大家都爭著要上報連載，結果她採用了鍾老的中篇小說《魯冰花》。她寫道：「你的大作來了，我就連夜拜讀，剛一開始似覺沉悶，但後來漸看漸好，體裁別致，所以就決定用了，而且急急上場，也為好拒絕其他陸續來的專稿。」接下來「你這篇寫的實在不錯，連載剛開始也許差些，過過就好了，希望全省的教師都讀到它。」當時我是國小老師，每天一定要看這篇《魯冰花》的連載。信裡還提到鄭清茂，他出身貧農，怎樣辛苦考上台大中文研究所，所以林海音很疼愛他，常常叫他翻譯，給他稿費，讓他讀完研究所。信的後面她透露了一些內幕，今天要向本人求證，就是她有點不高興。文心結婚時，台灣當時多多少少受過林海音恩惠的台灣作家，如鍾老、鄭清茂、廖清秀等都去了，照理說林海音應該相當高興，但她心裡卻不高興，她在信裡向鍾老透露：「但是那天並不如我理想的能暢談，我從來沒有那樣拘束過，因為我的能談，是人所共知的。那天是因為只有我是女性？是因為我是『半山』？還是因為身旁我的外省丈夫？」他的

丈夫何凡是北京人，她又自稱「半山」，是不是因為這樣大家把她冷落，讓她很傷心，照理講大家該把她捧上來才對，結果卻是被冷落，這是當年文壇的小插曲。

再下面一封是鄭清文的，因為我知道他今天要來，所以特別發表他兩封信。「那天看了你的《魯冰花》刊登出來，我非常興奮，想寫信向你道賀，你那十萬多字的東西，終於和我們見面了。通常，我是不看連載的。這一次卻是例外。」證實《魯冰花》對當時文壇影響很大。

再來是李榮春的信，這是一位大家很陌生的作家，在我看來，是第二個鍾理和，他跟鍾理和一樣窮，還好身體沒有鍾理和那麼差。他

說：「理和兄死了」，鍾理和在八月四日過世，八月十三日他就寫了這封信給鍾老，表達他內心的痛苦：「覺得我有很多地方對不起他，我恨我不曾多寫信給他，他是那麼熱情地常常來信鼓勵我，從此我永遠沒有對他補償友愛的機會，懊悔和內疚，更加深我一層內心的悲痛。」他寄一份奠儀給鐵民：「我這次經濟很困難，欠了房租還未繳清，特地對朋友借了四十元，我很慚愧不能對他遺族多做一點幫忙。」李榮春窮到這個地步，連房租都付不起，還要向朋友

借四十塊寄給鐵民，從這裡面就可看出台灣文人之間的感情。李榮春是一位默默無聞、默默苦幹，僅次於鍾理和的一位悲苦作家。

再來看鍾鐵民的信，這封信的信封只寫了桃園龍潭就能寄到，可見1960年郵差都知道鍾肇政。這封信提到鍾理和過世後，鍾老到處奔走，叫了幾個文友大家出錢，印了一本鍾理和的小說集《雨》，在鍾理和逝世一週年時，就印出來了，在當年可說是相當漂亮，相當高水準的一本小說集，也是他在台灣的第一本小說集。這裡提到鍾老要鍾鐵民寫年表什麼的，但他不太會寫，還請鍾老修改或重新寫過。最後寫到家庭狀況，「海音先生寄來的錢，我已收到了，已經還了一部份的欠債了，以後省點，日子也就可以過下去了，我的腳已經多些了。」，「多些了？」是多一隻腳嗎？高三學生寫這樣真是有點糟糕（觀眾笑）。

最後一封是黃娟寫的，黃娟本名黃瑞娟，她可以說是戰後台灣第一位女作家（林海音是半山不算），她的處女作〈蓓蕾〉在還沒發表前，就先請鍾老修改，鍾老修改後寄回給她，她回了這封信，「〈蓓蕾〉一篇，我將著手整理，我真感激你提供了這許多意見，不消說我得到的實在太多了。」因為鍾老提供了意見，讓她改寫〈蓓蕾〉這篇作品，並在這年1961年六月十二日的《聯副》發表出來，這篇作品就成為黃娟的處女作，影響她一直到今天。黃娟的作品源源不斷，雖然她到美國空白了一、二十年，可是她這幾年來為了彌補過去，拚命在寫，是今天台灣女作家中，作品最多的。

以上我介紹的這些人，跟今天大會預定的人有點出入，我不管了，不夠的地方，等一下請他們補充。

　　最後，請看封面，這張照片就是在這個學校校門口拍的，後面這排榕樹現在都還在，1961年六月四日台灣作家第二次聚會，這張照片我想問的是，為什麼鄭清茂來參加，鄭清文你卻沒有來？你比我早認識鍾老，竟然缺席。還有這張相片有三個人我一直認不出來是誰，等一下請兩位提供答案。最後一頁的相片，是過了幾十年後，1975年一月二十日，剛好是鍾老五十歲的生日，我們藉慶生會舉辦比較大型的聚會，這個聚會中，70年代的作家該來的都來了。

　　以上我是是提供的資料，下半場會有很多補充訂正的地方。

∽下半場∾

張良澤：

我佔用了上半場，現在趕緊請鍾老講話，時間不限。

鍾肇政（主講人）：

我想講的都被他講完了，我有準備一些話要聊一聊，看樣子沒有多少可講了。這裡一些我的信件，好像都變成他的，還好他說要還給我，這是我的傳家之寶，我有很多信件，勞動這位老朋友整理，以後要成為鍾肇政紀念館的鎮館之寶。剛剛主持人有些沒提到的部分，我就簡單補充一下。

我跟鍾理和的交往是從《文友通訊》時代開始，其實在《文友通訊》結束後，才開始正式一對一信件的來往，這些信都整理出來，印成《台灣文學兩鍾書》，書裡有我跟鍾理和來往的信件，完整記錄了我跟他的交往，不管是行動上的、心靈上的，都完整的呈現出來。我很驕傲的向各位報告，因為他住在美濃山腳下，沒有報紙、刊物，作品不知道要投到哪裡，我們一對一通信後，他的每一篇文章差不多都是我代寄的，代寄的登出來，當然就要把剪報寄給他。從前沒有影印這麼方便的事，都是把原稿寄過去，現在這些原稿都沒辦法看到，留下來的只有一點點，是他去世後，鐵民寄給我的血跡斑斑的原稿，怵目驚心，看得我眼淚都止不住，他吐血而死，陳火泉說他是「倒在血泊裡的筆耕者」，是鍾理和最後一段歲月的寫實說法。

跟文心、廖清秀的交往，是限於《文友通訊》期間，有關《文友通訊》的種種上次已經講過，現在要談跟文心、廖清秀的一些信

件來往。比較特別的是文心，當年台灣電視剛成立，電視公司邀請我提供一些台灣作家，請他們提供劇本，文心寫了幾次，後來我曾三番兩次請他不要寫太多，可是

他想專心的成為一位電視作家，小說就不再創作了，到現在我都覺得非常可惜。

　　跟吳濁流、龍瑛宗的交往。吳濁流，他是我的《濁流》在報紙上連載的時候，看到「濁流」兩個字就寫信來，由報社轉給我，那個報紙是《中央副刊》。本來我的作品都在《聯副》發表，後來轉到《中央副刊》是有原因的，因為《魯冰花》連載後，我感覺到一些壓力，《魯冰花》雖然寫得很委婉，但對當時的社會、選舉、教育等問題，特別是貧富的問題，提出了相當強烈的批判，所以我就漸漸的感覺到危險。後來我想到一個方法，就是把作品投到國民黨中央黨部的黨報發表，於是把《濁流》寄到《中央副刊》，結果很快就開始連載了，也許真的對我產生保護作用，我從來沒有被約談過。那時我在小學教書大概有一、二十年，學生遍佈整個龍潭鄉，在學校、鄉公所，甚至國民黨黨部都有，郵局也有，他們跟我說我的每封信件都是經過檢查的，甚至留有照相本，當然我會有恐懼感，危險刻刻向我逼近，所以我的作品，從《濁流》以後就轉到

《中央日報》。《濁流》連載時，報社轉來的明信片，就是吳濁流寫的，他說報紙上怎麼會有我的名字呢？我的作品和他的名字正好一樣，所以他很好奇，而且他一看就看出這是台灣人寫的，我們就這樣開始通信並且見面來往。

他的老家在新竹縣新埔鎮，要回家一定要經過龍潭，他每次回老家的時候就會來看我，他說他有糖尿病，絕對不讓我請客，而且他吃的東西就是客家粄條，他說這個對糖尿病影響比較小，那時候，我跟他一起吃粄條吃了好多次。我跟他的交往情形，從《台灣文藝》的創刊，還有他作品的翻譯，都是由我擔任的，除了《亞細亞的孤兒》早已有人幫他翻譯以外，其他的《台灣連翹》、《無花果》等作品，都是我幫他翻的，我們變成忘年之交，非常要好，甚至他的《台灣文藝》，我也出過一點力氣。

與龍瑛宗的交往是在《文友通訊》之後，我跟文心已經變成好朋友，每次有機會上台北開會時，我就先去看文心。文心在合作金庫有一個小辦公室，去看他時，剛好碰到龍瑛宗，龍瑛宗是那個小單位的主管，所以就這樣跟龍瑛宗認識。龍瑛宗他很少講話，有一點口吃，不過我知道他是新竹縣北埔的客家人，他的作品〈植有木瓜的小鎮〉曾經轟動一時，我對他有一份非同小可的崇敬，這是大前輩。

接下來與葉石濤的交往，為什麼很多我編的東西裡面沒有葉石濤呢？因為我還不認識他，而且看到這個名字覺得不像台灣人。那時候我正拚命的找台灣作家，我很認真的看各種副刊，看到文字與描寫情境，讓我感受到這是台灣人，就會想辦法寫信跟他聯絡，我

想建立台灣作家的社團，這是自《文友通訊》以來就有的對抗國民黨、對抗蔣家的心態。

剛剛看到第一張照片時，我忽然想到那是到我家來聚餐的，《文友通訊》的聚會前後有三、四次，第一次是《文友通訊》開始不久，在施翠峰家裡；第二次在陳火泉住的日式宿舍，我們開會當中，突然發現周圍被七、八個警察包圍，我們開始覺得很害怕，不過陳火泉很老到，他把玄關的門打開，問他們有什麼事，並對他們說我們裡面是做文學的，不談政治，不必擔心，就將他們打發走了。第三次聚會在我家，就是這張照片，剛剛問為什麼沒有鄭清文而有鄭清茂，我想不起那時有沒有跟鄭清文聯絡上，鄭清茂是因為翻譯一本日本暢銷書《輓歌》，並在《聯副》連載，所以我知道他是台灣人，於是我就急著把他拉攏過來，不管是翻譯也好，當然如果可以走創作之路更好，他的文字相當老練，足夠從事文學創作，可是他最後好像到美國留學並住在那裡，離開了我們的圈子，也許他感受到我們這個聚會是很危險的。這次聚會招待大家到石門水庫遊覽，我們爬到大壩的土堆上面，剛好下雨，大家抱在一塊，良澤還留下很鮮明的記憶，請你說明一下那個場面。

張良澤：

那時候是吃過飯、照過相以後，忽然大風大雨，本來想到此為止，早一點解散，可是鍾老無論如何都要帶我們去看正在動工的石門水庫，他叫了兩部車子，借了很多雨傘雨衣，我們就衝到山上。那裡有一座瞭望台，準備給客人參觀的，工程在下面很深的地方進行，不過那天工程休息。山上只有我們這一群人，我們想看看下面，於是大家就抱在一起往下看，我站在後面，突然想到如果我

們不緊緊的抱在一起，很容易被風吹落，就像台灣文學的命運，台灣作家的命運，如果大家一個一個各自作戰的話，馬上就會被吹下去，唯有我們緊靠在一起，團結在一起，才會有希望。這觀念一直在我腦海，這要感謝你那天硬拉著我們去石門水庫。

鍾肇政：

剛剛說過，我不斷的看副刊要拉攏台灣作家，你（張良澤）就是被我找到的，還有誰我都忘記了。我印象特別鮮明的是李喬，他自己寫信給我，要向我報到，因為他已經知道我們有這麼一個小小的社團，他跟我報到兩次，這是李喬特殊的語言，才會有這種說法。後來李喬、鄭清文在創作方面成為頂尖級的作家。張良澤好像剛剛當兵回來（張：那時還沒當兵，在教書，要教三年，如果沒有考上大學就要當兵，所以我無論如何都要考上大學，可是你卻反對），他考試的時候，我就告訴他：「你不要考中文系，你的創作才華讀了中文系就會泡湯。」果然被我說中。我還寫信告訴他念英文系，以後想辦法出國，不然歷史系也很好，可是他堅持要念中文系，開始念沒多久，他寫給我的信就充滿了「之、乎、者、也」，我內心既難過又失望，我抓到的一隻大魚讓他溜走了，還好他雖然離開了創作，不過後來變成整理、保存與研究台灣文學最強有力的守護者。

回到剛剛與葉石濤的交往，他後來寫了一本《台灣文學史綱》，他是漏網之魚，特別大條的魚。我跟他怎麼認識的呢？他師範畢業剛擔任教員，被派到宜蘭當老師，也許是要回家，路途中就到龍潭來看我，我正在上課，我們通過信知道他要來，我看到窗外有一個人走過，就感到那就是葉石濤，比《文友通訊》、鍾理和過

世的時代又晚了好幾年。我很高興認識一個非常優秀的作家，知道他也寫小說，而且在日據末期就有小說〈給林君的信〉發表，後來還是我翻譯的，所以我印象很深，他刻意的要我幫他翻譯。

接下來是鄭煥、林鍾隆兩位。鄭煥是我的妹夫，他的文筆是一等一的，為什麼沒有參加我們這幾場會議呢？因為他是左派的。他在楊梅中學當教員，那邊有一群人讀一些當時列為禁忌的左派書籍，結果通通被抓起來，我的妹夫鄭煥，要被抓進牢前就尿遁，他藉口上廁所，就爬窗跑掉了，所以他很幸運沒有坐牢，當然跟我妹妹的婚期一延再延。後來國民黨公佈了「自首條例」，不管左派或獨派，只要自首，就可以免罪。鄭煥就是那個時候出面自首，果然免罪，沒有坐牢。到現在我們還經常來往，為什麼他不寫了呢？我也沒問過他，他不寫就不寫，他辦了一些《養雞雜誌》、《畜殖雜誌》等刊物，經營得不錯，現在也退休了，他跟我同年，1925年出生的。

至於林鍾隆，他比我更早開始發表文章，他跟我一樣，師範畢業在小學教書，我很希望他能夠參加我們的聚會，可是他不太願意，當然我也不能勉強。他的文學創作並沒有持續很久，他改行寫童話作品或是童詩，在這方面有傑出的成就。

剛剛廖清秀沒說到，他在《文友通訊》以前就跟我認識了，我羨慕他寫有戰後台灣第一部的長篇小說，並得到第一獎，那是參加寫作班的畢業作品。另外我們所知道鍾理和的〈笠山農場〉也得獎，所以這兩位在我出道之前就知道他們的大名，兩位都很有成就。他們的成就刺激我，我自認是沒有才華的，所以我要替有才華

的作家做一些服務，《文友通訊》就是在這樣的心情下做起來的。我要聯絡台灣作家，台灣作家要結合起來，因為我們要得到一個發表的園地非常不容易，所以要互相勉勵，不要批評，才能使我們更進步，並且建立台灣文學。

張良澤：
接下來請與談人，先請鍾怡彥。

鍾怡彥（鍾理和先生孫女，現任國立海洋科技大學、實踐大學講師）：

我會知道鍾老跟我們家的關係，是透過父親知道的，鍾老在我們家的地位很崇高，全家都非常感謝他。父親說，祖父過世前曾交代他，把所有的原稿整理之後，寄給鍾老，因為祖父非常重視與鍾老的這段感情，把他視作家人一般，所以祖父認為把手稿交給他是最妥當的，由鍾老代為發落。也因此在祖父百日忌時，《雨》那本小說才能出版，一年後的忌日《笠山農場》能夠發行，全是鍾老大力推動的。

祖父過世時，父親說他什麼人都不認識，只認識廖清秀，因為廖清秀有到過我們家。不過他還是硬著頭皮寫第一封信給鍾老，跟他報告祖父過世的事情，順便要把手稿寄過去，因為鍾老是父親

最信任的長輩，所以我們家跟鍾老一直有在接觸。我也聽說祖父過世之後，鍾老才第一次來我們家，奶奶為了要迎接鍾老，特別殺了一隻雞，並且要父親去接他進來，因為我們住處交通非常不便，沒有報章雜誌，如果郵差不送信進來，根本收不到信，是一個非常破落的家庭。鍾老不斷地提拔我父親，他到台北唸書，受到很大的照顧，他會寫作也是鍾老的鼓勵，可見鍾老對文友的照顧是無微不至的。

看鍾老與祖父之間的通信可發現，祖父有什麼苦惱都會寫信跟鍾老說，包括他的養雞計畫，也要問問鍾老的意見，鍾老變成他心靈上很重要的寄託，祖父要跟外界接觸，必須透過鍾老，要投稿也是是拜託鍾老，他覺得這樣很容易有發表機會，所以他有作品就先寄給鍾老看，鍾老有意見他會修改，然後再投出去。他們從來沒有見過面，但是兩人的感情可以維持這麼久，令我相當佩服，現在電話這麼方便，都未必能維持這麼久，何況是用書信，所以他們那一輩作家的感情是非常特殊的。

另外剛剛提到的李榮春先生，他跟祖父同樣的落魄，但不同的是他的身體比較健康，祖父常常寫信鼓勵他，他們都受到鍾老的照顧，作品在文壇上才能有發表的機會。

張良澤：

妳第一次看到鍾老是什麼時候？

鍾怡彥：

很小，我有印象是國小左右吧！我們一直「叔公、叔公」（客語）的叫，因此在幼小的心靈上，總以為他是我們家的親戚，同樣

又姓鍾,每次叔公來拜訪,我們全家都很高興。長大後才知道不是親戚,只是姓氏相同,但是感覺真的像親人,非常的親近,我父親有什麼煩惱,都會跟鍾老說,是一個相當值得信任與尊敬的長輩。

鍾肇政:

剛剛良澤說到一封林海音的信,她說在文心的結婚婚宴上好像稍微受到委屈的樣子,根據我的記憶,酒過三巡之後,陳火泉開始發脾氣,很生氣的罵人,連假牙都噴出來,不過罵誰我就記不起來了,變成公案。現在輪到鄭清文先生。

鄭清文(資深小說家、短篇小說之王,前台灣筆會會長):

我先說說怎麼跟鍾老認識的。1958年,我第一篇作品在《聯合副刊》發表,那時候文心已經出名了,我就寫信給林先生說想認識這個人,之後才知道他在新竹合作金庫上班。後來由文心介紹認識鍾老。第一次見面是我在桃園當兵的時候,我到龍潭來找他,他正在看電影,電影院打了一行字「鍾肇政先生外找」,他出來看到一個軍官,嚇了一跳,以為是警備司令部的人,我跟他說我是鄭清文,他就很高興的握住我的手。

鍾先生對文壇的貢獻是他很熱心,而且有很多方法可以幫助別人,鼓勵人寫稿,幫助人發表。後來又出書,當時出書很辛苦,因為要加「台灣省」,還要加一堆外省籍的編輯委員來背書。

我想就張良澤講的補充一下,那張照片應該是第三次的聚會,第二次我有參加,在現在的金山街,師大附近,陳火泉林務局的宿舍。那時候外面很多人,我們去的時候沒感覺,但文心這個人很小心,他就有感覺,這些人怎麼站在外面,所以他就沒進來。那時陳

映真也有參加，他就說這不是來做戶口調查的，而是來調查這個聚會的。後來陳火泉去應付他們，危機就解除了。

廖清秀成名比較早，是因為他參加一個文藝寫作班，而跟王鼎鈞他們認識，所以後來廖清秀的文章，王鼎鈞有幫他看過。

通常年紀越大日文越好，相反的中文越不好，但鍾老是例外。鍾老跟葉老屬於初期的作家，但鍾老初期的文章跟葉老的比就差很多，表示鍾老這方面走得很快，他還改過我的文章，還教我英文。除了熱心幫助文友外，他對文字相當敏感，所以當時作品寄來寄去，他都會幫我們看。

剛才提到文心結婚的事，那時我有參加，陳火泉不曉得為什麼發飆，一個原因，但更重要的原因是語言不通，當時我們要講北京話不是那麼流暢，自然不會去跟他們講話；還有一個原因是他們是編輯，而我們是作家，作家跟編輯之間好像有某種距離，就像老師和學生一樣。

至於鄭清茂，他翻譯了《輓歌》，後來有回來台灣，在台大教書，並從東華大學退休。在文心婚宴的當晚，發生了一件事，都是陳火泉惹的禍。他喝了酒，當面詰問鄭清茂日文不好還要翻譯，這件事情鄭清茂一直記在心裡。他是台大中文碩士，然後去日本讀日文，再到美國讀英文，並在那裡用英文教書。不過他現在碰到人就說他日文最好，好像在回答陳火泉。

還有黃娟，她的文章很早發表出來，不一定是鍾老寄的，那是林海音的編輯方式。林海音的選稿分成三種：要用的馬上用；不用的馬上退；留在那邊有機會就發表。所以我第一篇文章沒有鍾老介

紹，四天就發表出來，這是她的作法，她有快刀斬亂麻的性格。

文心為什麼後來去寫電視劇，是因為他膽子很小。他是龍瑛宗那個單位的下屬，龍瑛宗是人事室主任，兩人的地位差很多，有人警告文心寫文章要小心，那個人可能是林衡道。文心本來膽子就很小，剛才說的第二次開會，大家都進去了，可是他看外面有很多人，他就不進去，所以他就去寫連續劇。後來他有想回來再寫小說，他跟我講他很想寫小說，可惜不久就過世了。

鍾理和的部分，我本來在東港當兵，然後在岡山，這兩個地方都有機會去看他，可惜沒有認識，我回來桃園才和鍾老認識。

施翠峰是我的老師，教美術的，會寫小說，但寫得非常不好。

《文友通訊》這些文友後來有繼續開吃飯的會，前面鍾老有參加，後來可能比較遠就沒有參加了，那時候有陳火泉、李榮春、廖清秀、我、和幾位文友參加，後來文心、李榮春過世，陳火泉年紀大了又有糖尿病，就慢慢比較少聚會了。當時最熱心的是廖清秀，都是他在通知大家來參加。李榮春也有來，他從宜蘭過來，他不太講話，如果講話會很大聲，我們說台灣有一天要獨立，他就馬上說：「不可能」，因為他的心目中只有祖國與同胞。陳火泉九十多歲過世，他八十幾歲時我們還在聚會，文心常常說他那麼老，陳火泉講一句話：「棺材是放死人，不是放老人」，結果文心先走。

鍾肇政：

剛剛想起來《文友通訊》有三次聚會，施翠峰家一次，陳火泉家一次，我家一次，另外我還召開過一次，算第四次。我的目標是把過去沒有參加我們聚會的寫作的人，通通集合起來，見見面聊一

聊，其中重要的一員是陳映真，另外我也找了好多位小學教師。陳映真因為他以前沒有參加我們的聚會，不過我是怎麼認識他的，我想不起來，可能是看到他的文章，然後寫信給他的。有一次他來看我，他大學畢業在當兵，穿著少尉軍官的軍服，那時我溜班去看電影，電影螢幕旁打出一行字幕：「鍾肇政先生外找」，出去就看到一個穿著筆挺軍服的人，跟鄭清文一樣。另外有好多位小學教師，我們一起談談，這些老師們寫童話、童詩，但我希望能把他們轉到文學創作的方向，結果完全失敗。陳映真對這次的聚會下了一個斷語，他說這些老師都是「snop」，俗不可耐。

鄭清文：

我還要補充重要的事，鍾老寫《魯冰花》，我也有寫一篇文章給林海音先生，結果鍾老的登了，我寫得很好卻沒有登。還有更重要的，《魯冰花》是我幫他出版的，稿費還是我付的，為什麼呢？因為出版社的人為了要付稿費向我借錢，開了一張支票給我，結果那張支票退票，所以他的稿費是我付的，一千五百元，那支票我到現在還留著。

張良澤：

剛剛我提到70年代作家，在這些作家裡面，還繼續寫，但中間已經空很久的，就是黃文相，現在輪到他發言。

黃文相：

我認為台灣文學史不要分一代、二代、三代、四代，應該是一脈相傳的，如果要分代，鄭清文、張良澤、黃娟還有李喬，他們應該算一點五代，他們是小時候講日本話，後來講漢語，所以他們在寫作與看原文，應該是最好的世代。

吳濁流先生一年有兩次聚會，一次是辦活動，他最喜歡辦活動的地方有金龍寺（內湖）、福興國小、鍾老家以及他家。我們前一天都會聚會，因為李喬好像不能搭公車。鍾老每次都讓我在台北當聯絡人，當天晚上就住在鄭清文家，他家樓頂是乒乓球室，我們就睡在那裡，在那裡聊天，那是我們的黃金歲月。

剛才提過鍾老提攜很多人，我知道的還有他同學的女兒，他的姪女鍾英妹、鍾瑞元，還有馮桂月，都是他提拔的。

張良澤他是一個很率性的人，有兩件事我要講，第一件就是要到鄭清文家，我們一起走，他問我幾歲，我說三十六歲，他問幾歲教書，我說十八歲，他就說：「喔！十八年囉！你真偉大！」我不知道他是什麼意思；第二件事，他上次到我家跟我談了很久，談到最後，突然拿出一張大宣紙，比我的茶几還大，又拿了一支大筆，叫我寫大楷，我一時之間不知道要寫什麼，想了很久，終於想到薪火相傳的人，所以我就寫了「香火」兩個字，聽說目前掛在台灣文學資料館的牆壁上。

另外，怡彥沒講到的，由於鍾鐵民的關係，我對鍾理和老先生非常的敬佩。在台北的日子，我幾乎每天都跟鐵民廝磨在一起，曾經一天趕三場電影，曾經有一段時間兩人共用同一種信紙寫信，這

是我們兩人的堅持。鐵民在台北唸書，到《純文學》做編輯工作，還做了很多事情，他妹妹要考師範還是我當家教，結果沒考上。另外，他有一個女朋友一直追鐵民，她叫黃富娣，但鍾鐵民後來不理她。鐵民畢業的時候跟鍾老商量，要在龍潭教書，還是回美濃，鍾老已經跟當時龍潭農工的校長談好了，但鐵民還是回美濃去。

　　現在我要切入以鍾老為主，受到鍾老照顧的這幾代。首先是我，1960年一月二十四日我在《中央日報》發表第一篇作品，那時候我沒看過小說、沒看過電影，只在教科書上學了一點東西，寫在週記上的作文，老師叫我投稿就登出來了。我父親一看到就非常高興，他說要當作家就要像鍾肇政，於是馬上帶我到學校找鍾老，他在教室寫文章，看到外面有兩個人，他就把紙捲成圓筒觀望，當時沒說什麼，後來我父親說我也要寫作，他就說連我都還被退稿。當天他送我送到龍潭大池塘，他說：「龍潭雖然大，但還有個邊，然而寫作無涯，誰能堅持到底，誰就是冠軍。」這是鍾老對我最大的勉勵。在這之前我真的不懂事，寫了很多不知天高地厚的東西，後來鍾老借我他家裡的世界文學名著，那時我才開始懂得文學，後來他拿《文友通訊》給我看，我才知道什麼是我們的文學，那是跟外省的像司馬中原、朱西甯他們不一樣的文學，讓我認識了台灣文學。

　　鍾老一輩子最遺憾的事，就是把鍾理和的〈笠山農場〉寄給《聯合副刊》，結果林海音沒有登，他回到家裡很生氣的拍桌子，說：「怎麼可以這樣？怎麼可以不用這篇文章？」後來鍾理和老先生過世了，林海音重新要回這篇稿，並且馬上刊登，這時候登有什麼意思？人家已經沒有錢買藥吃，倒在血泊之中了才登。後來林海

音對鐵民的照顧，除了這個原因外，還有因為鍾老的關係，所以她一直照顧鐵民兄，讓他順利的先住在李教授家，之後住在《純文學》出版社，直到唸完書回美濃。

第一代的文友之間，有幾件事我要講。他們有四個同年，分別是鍾老、葉石濤、鄭煥，還有大家沒提到的張彥勳。張彥勳他一直很客氣，鍾老對他也很關心。有一次張彥勳不擺前輩作家的架子，去參加兒童文學的寫作班當學生，鍾老跟他說：「你要去當老師，怎麼去當學生？」還有他很重視練功，後來練得身體某些部位都發硬了，鍾老很擔心「怎麼練身體練成這樣子？」張彥勳還想好好寫作，但是很早就過世了，這是我們很遺憾的事情。他認真的程度到哪裡呢？閩南人寫文章會有閩南人的口語成分在裡面，客家人寫文

章也是，可以看出很多屬於客家的成分，張彥勳那時出一本台灣短篇翻成日文的書，他寫一封信給我，要我把〈笑容〉裡，他不懂的五十三個地方告訴他是什麼意思，他真的非常認真。

葉石濤也很熱心，那時候我得結石，並且鬧了很久都沒好，鍾老先寫信給葉石濤，我跟葉石濤還沒見過面，我順著鍾老給我的信，寫信給他，結果葉石濤為了我這個病，繞遍大半個高雄，買南部的化石草給我，連續寄了二十包左右。我吃完後，在一次的五項公職選舉中，我當唱票的，我忍尿忍了大概有一個半小時，換人後趕快去上廁所，結果尿出像花生米那麼大的化石，我以為我好了，但我的石頭經過台大開刀，右邊拿出一顆六公分大的石頭，左邊三公分大，過了六、七年又去震石，石頭停在膀胱裡，用膀胱鏡做了十幾次才取出。葉老真的很熱心。

鄭煥是鍾老的妹婿，他寫了兩篇很出名的小說〈茅武督的故事〉和〈長崗嶺的怪石〉。

另外，每次在台北碰到文心、廖清秀，尤其是廖清秀，他一碰到我就問最近有沒有回去？有沒有見到鍾老？那時我在唸書，每個星期天都會回去，並且一定先到龍潭鍾老家，鍾師母把我當兒子一樣，煮她最拿手的客家菜給我吃，如酸菜、客家小炒、南瓜湯等，我吃完後，再回家吃我媽媽煮的。要回台北時又先到鍾老家，然後才北上。所以我跟廖清秀說「有」，也說鍾老常常要我代問候台北的朋友。

有一次，吳老夫人病得很嚴重，鍾老得到消息，馬上寫信給我叫我跟鄭清文聯絡，並且去看吳老，給吳老一些支持，結果去的時

候，鍾老已經坐在那邊了，他說他本來有事，可是他把那些事都擺在一邊，所以鍾老真的是仁至義盡，在所有的台灣文學作家當中，份量是很重的。

最後有一點我要解疑，我是逃兵，然而我並不是逃，而是有原因的。1979年我得到心肌梗塞症，醫師警告我不准熬夜、不准苦思、不准苦寫，連大、小便都不能用力，否則最多只有半年可活，那時我太太剛過門一年，孩子剛出生一個月，我怎麼可以死。所以我就去搞作文教學，寫低空飛過並且不用太花腦筋的短稿，也有幾十萬字，但我一直躲著這些朋友們，我相信他們都很不諒解，怎麼黃文相得了文學獎以後就不寫了，事實上是生病了，讓我不得不那麼做。上次我跟鍾老說，那時候如果我冒著生命危險繼續寫，可能會寫出很好的作品，但鍾老說那時候可能你就死了，骨頭都可以打鼓了，所以我生病時，鍾老說什麼都不用想、不要寫、不要做，安心養病，然而我想寫作的意志永不終止，我要寫我的《黑暗來臨以前》跟《病中札記》，《病中札記》已經寫了一百三十九篇，《黑暗來臨以前》寫了五篇，登了一篇。以上是我補充的部分。

張良澤：
這場講談會到此結束，主持人任務完成。

大主編與小作家

台灣文藝與民眾日報副刊

主講人：鍾肇政　主持人：林雪星　與談人：吳佩珍、賴錦雀
文字整理：黃月如　文字校對：一校/劉香君　二校/蔡金蓉　三校/莊華堂

◎時　間：2007年9月26日　◎地　點：東吳大學國際會議廳

▲ 左起吳佩珍、莊華堂、鍾肇政、林雪星、賴錦雀
攝於東吳大學國際會議廳（蒲公英文教基金會提供）

᨝上半場᨞

莊華堂（計畫主持人）：

今天非常高興能夠完成鍾老的願望，回到他幾十年前執教的母校；能夠促成今天這樣的盛會，是學校前、後任系主任的幫忙，特別是我的老師的學生—賴教授，她私底下所給我的協助，讓我們今天這個盛會可以順利召開。

首先跟大家說明一下，鍾肇政口述歷史的計劃，是我們大概七、八個月前開始籌備的。老師原來是希望在他的故居—桃園龍潭，以不是公開的方式講十場；因為我除了追隨老師寫小說之外，也拍記錄片，他希望我透過我的專業把他錄起來，將來可能成為文壇上重要的資料。這個計劃其實不只是十二場的座談會，包括現場有看到兩部專業的攝影機在運作，這些影像會留下來，將來這十二場的內容要出一部專書，明年

三月會出版發行，最後還有一個，主辦單位蒲公英文教基金會，要替這十二場鍾老演講設一個專屬網站，這是文建會的計劃，所以這是一個綜合性的計劃，目前我們只是在做熱身的工作。接下來就把今天的時間交給我們場地的主人，東吳大學的林雪星主任，謝謝！主任請！

林雪星（主持人）：

接著我們就為同學們介紹鍾老師；年輕的同學可能比較不認識鍾老師，鍾老師是我們台灣很有名的小說家，同時他在1974年的時候是我們日文系還是東方語文系的時候，就來教我們同學們日本的翻譯課等等的課程。老師他出生於1925年，桃園縣龍潭鄉九座寮這個地方，中學唸的是淡江中學，並從彰化青年師範學校畢業，在日治時期，也就是我們講的日據時代，服役期間因為發高燒，造成聽力的障礙。戰後就讀台大中文系，因為聽力的障礙只好輟學。老師曾經擔任國民小學教師，同時也是我們東吳大學東語系的講師，也曾擔任台灣客家公共事務協會理事長，目前是總統府的資政。

老師在1951年的時候就發表第一篇文章〈婚後〉，刊登於《自由談》雜誌，從那時候燃起寫作的興趣，此後勤奮地筆耕。1961年，第一部長篇小說《魯冰花》發表於〈聯合報〉，而《魯冰花》我們都看過電影版。同年又發表了大河小說《濁流三部曲》（《濁流》、《江山萬里》、《流雲》），開啟了台灣大河小說創作的第一人。1964年撰寫另一部大河小說《台灣人三部曲》（《沉淪》、《滄溟行》、《插天山之歌》），歷時十年。其他作品有「高山組曲」，例如說以霧社事件為主的《馬黑坡風雲》、《川中島》、《戰火》等長篇小說二十三部。2000年的時候李登輝總統頒贈「二

等景星勳章」，2003年及2004年陳水扁總統先後頒給「第二屆總統文化獎百合獎」、「二等青雲勳章」等。今天可算是賴老師所講四代同堂，老師教的學生，以及老師又教的學生，全部都集合在這個地方，所以是四代同堂。我們待會兒就請鍾老師來為我們演講，老師請。

鍾肇政（主講人）：

主持人，還有兩位與談人、計劃主持人，還有各位老師、各位同學，大家午安，大家好。這幾天講到要來東吳，心頭就在跳跳跳，好像年輕時代要會情人的那種感覺，也有一點回娘家的感覺。這麼說起來，好像有點輕鬆的樣子，事實不然，我一進校門就被嚇住了，而且目瞪口呆。因為我記憶裡面的東吳大學不是這個樣子，以前那些我曾經熟悉的房子，通通不見了，在我眼前展現的是一棟棟巍峨大樓，而且很美觀的，現在流行的豪宅，都是那種豪壯的建築。想起從前，忍不住覺得從前的東吳大學有點寒酸，我就在那個寒酸的東吳大學，開了幾堂課，教了幾年書，幾年書什麼意思呢？我忽然想起來，五十歲的時候，五十歲，多美好的歲月！因為我現在八十好幾了，整整三十年以上，美好的歲月我應該很留戀，我真的很留戀，到現在內心深處，還有那種留戀的感覺。

也許有的同學會問，問我為何要離開東吳呢？我離開東吳，有一個深入我心裡頭的一句話，因為我記得東吳第三年，第三年結束的時候，老師們有個小聚。為什麼我把這麼小的細節記得這麼久這麼清楚呢？因為在那個小聚上面，老闆告訴我，我教翻譯日翻中，他說讓學生試著翻譯一下「出て來ないじゃないか」，我向那個老闆說，弄不出來呀！翻不出來啊！當頭棒喝！我就忽然地感到，東

吳東語系不要我了，我應該離開了，我不能再待下去了，就這麼一句話，「出て來ないじやないか」！弄不出來不是嗎？我說這是沉重的打擊，

有點誇大，有點言過其實，不過我深深記得，記得那句話，「全然」！我回到家，我就把我的辭呈寄出去了，就這樣離開東吳。

三十，可能是三十幾年前，年份我記不太清楚，那是我記得我初來東吳，是創系那一段歲月，本來是有一位叫○○的老師，也許老的同學還記得那個老師，他說要到日本留學，就把我抓來這裡。那個○○老師，到日本留學好像沒有很久，他有氣喘病，好像受不住東京的風雪，匆匆離開了人間，這我記得很清楚的。我被抓來以後就乖乖地開了幾堂課，這是我到東吳來的原因。要不然，說起來我真的很羞愧，這個沒有文憑的大學教員！

在日本時代，我念了五年制的中學，然後再念了一年的青年師範，那時候戰爭末期，日本人用心培養、訓練青年。訓練什麼？就是要打仗的！軍事教練那樣的老師！我就在那樣的青年師範學校，念一年，只有一年的講習課，最起碼的老師。念本科要念三年，我只念一年制的講習課，所以我說沒有文憑，這一點也沒有誇大，沒有文憑。但是呢！如果說翻譯，我倒好像有兩下子的樣子，因為我

是唸日文長大的。二十歲，像各位同學這樣年紀的時候，日本人才無條件投降，台灣就所謂的光復，那時二十歲。還要過幾年，才有什麼ㄅㄆㄇㄈ傳來。我乖乖到小學當老師，我在小學教了三十年的書，我是如假包換的小學老師。我當小學老師，還算有資格的，可是到東吳來，就是變成冒牌的大學教員了，冒牌的，沒有文憑的。不過還好，那幾年間和同學們，現在在座的幾位，難怪老師說我們是四代同堂，我被說得我自己都嚇了一跳。進到校門看到那麼多、那麼大的校舍，第一個嚇了一跳；聽到什麼四代同堂，又再次嚇了一跳，我真的有這麼老了嗎？八十幾歲了，不言老，父母在不言老，我是老了不言老。這些都是閒話！

在東吳的歲月，我剛剛稍微提了一下，是冒牌的。而且我要大老遠地從鄉下趕到外雙溪，一路要搭幾種交通工具，不像現在，人人都有一部車子，來往相當方便。從前我從鄉下搭客運車到中壢搭火車，再搭火車到台北，到台北哪個地方我忘記了，要等東吳交通車的地方，在那裡呆呆的等，等到東吳的交通車，把我載到學校。不過並不覺得辛苦，我覺得在這是我最美好的歲月，五十左右到六十左右。當然，一般來講這是老人了，半百老人或者花甲老人。老是老了，是沒錯，可是我自己覺得充滿活力。我跑了大老遠的路來開幾堂課，我覺得非常地高興，一個小學教書的人，忽然來到大學當老師，無形中就給我一種鼓舞。那是我東吳，我記得在東吳是三年間，時間不長，而且覺得很快樂，不辭遠路的勞頓，是我人生裡面一段快活的歲月，現在回憶起來，我仍然覺得非常高興，有那麼美好的一段短暫的歲月。

東吳的歲月，剛剛我已經報告過，「全然翻不出來！」這樣一

句很嚴厲的，算是指責，這句話我就茫茫然地離開。然後呢，我那時候小學教師也退休了，有一點退休金，悠遊歲月，事實上，三十幾年前的小學退休金非常有限，我記得沒幾年就被我花光了。沒錢怎麼過日子呢？我在文筆上是多產作家，我的小孩，我太太生小孩，也是多產作家，因為我有二男三女，有五個小孩。每個都要吃飯、要念書，在我小學退休的時候；現在長大了，念大學了，念專科了，絕對成為一個很沉重的負擔，所以我必須多賺一點稿費。因為我別的什麼都不會，不會做生意，也不會做什麼，只好拚命地寫東西、翻譯東西。

主辦單位印一個小冊子，念出我的著作、翻譯的東西。這裡面所載的我的著作，真的是非常的不少，有人說台灣大概是我寫得最多，二千萬字的樣子，我不知道二千萬字是怎麼算出來的，說不定有他的根據；那麼翻譯的呢？也有幾十本書。翻譯是我一輩子的，跟創作一樣，我一輩子的成績，沒錯！同時也是我離開我的職務，還有吃光了我的退休金之後，一家的生活依據。我小孩唸書也是從一支筆來的，我非拚命地寫、拚命地譯不可，我是面臨這樣艱辛的歲月，幸好被我熬過來了，所以我變成一個著作多、翻譯也多，大概是全國最多的一位。現在我老了，內心微微地驕傲一下。

這是有關東吳大學，好像也沒什麼可以特別向大家報告。我在那樣帶點心酸味道下離開東吳，然後過起剛剛向各位所說的那樣的歲月。直到我動筆動不了，筆都擱下來，完全地變成一個無為的老人，大概是四、五年間這麼久，不過在末尾，在我要停筆的最後一段歲月，我留下來一個很特別的作品，歌德……歌德……什麼書名我記不太清楚，歌德什麼？前衛出版社—《歌德激情書》，

情色小說。我記得日本幾位很熟悉的作家，到晚年的時候，搞一些什麼情色的東西。谷崎潤一郎，這位老作家，末尾寫了一部書叫做《鍵》，鍵的意思，這部書就是所謂情色小說，一個老大家筆下流露出一個情色的世界。還有一個川端康成，他最後也是一本情色小說，我現在忽然忘記了那本什麼什麼……川端的最後一本書，他寫一個特殊營業的人，弄了一個特別的點子，他讓一個小女孩赤裸裸的躺在一個房間裡面，讓客人進來，進來的客人一定是老人，一定是性無能，他只能欣賞，只能用手摸一摸，不能進一步有什麼動作。這個點子，在川端筆下就變成一部很精彩的作品，而且在他筆下，這筆生意做得相當好，而且賺了很多的錢，這是川端康成，當然是虛構的一個文學世界，我當年唸起來也是津津有味的。

　　我回到正題是大主編與小作家，我在不知不覺間亂跑野馬，這好像是老人的通病，囉哩叭嗦的，自己都不知道野馬跑到哪裡。他要我談談《台灣文藝》的創辦，我記得是民國五十三、四年那段時間，有一個非常有名的日本時代的台灣作家，叫作吳濁流，這位老先生，民國五十三年左右那段時間，他忽然說要辦一個雜誌，我跟這位吳先生認識，是因為我有一部作品，叫《濁流》，那個吳先生在報紙上看到，有連載用他的名字作題目—《濁流》，他就開始好奇地看連載，讀連載。他說從來不曾讀過連載，不過那個題目把他吸引住，所以他就開始讀。沒讀幾篇他就發現到題目《濁流》的小說，根本不是寫吳濁流的，不是寫他的，而且他發現寫的是台灣的故事。那時候佔據台灣的文壇的，幾乎都是從中國那邊渡海過來的外省作家、詩人，他發現到不一樣的，他斷定這個是台灣作家，所以開始寫信，經過報社轉來給我，我們就這樣認識了。

　　認識以後忽然發現到，我住的地方跟他的老家是很近的，他雖然是新竹縣，我是桃園縣，不過正在交界的地方。他每次回老家都要經過龍潭，經過我的故鄉，我住的地方叫龍潭。所以他在龍潭下車，跟我碰面，跟我建立起深厚的友誼。不久他開始動了一個念頭，他說台灣作家很不容易找到發表的園地；這要從台灣戰後，我們台灣文學的狀況簡單作一個綜合報告，就是說台灣作家在日據末期，有相當的地位，有相當多的作品被寫出來，也不必擔心沒有發表的地方。譬如當時有個刊物叫作《台灣文藝》，還有報紙上也有副刊的，《台灣日日新報》，幾種報紙都有類似的副刊的東西，可供這些台灣作家發表作品。戰後正式開始有副刊，篇幅很大，當然是中文的，這些日據時代的作家，他們寫的日文跟日本作家差不多一樣的優美，那麼好，甚至也不輸日本作家。空有好的、美好的文章，可是在戰後已經失去了用武之地，沒有地方發表。那麼台灣文學在戰後期間就產生一個斷層，然後就被稱為戰後第一代的台灣作家，就像我這一輩，戰後才開始學中文，正式的寫東西，逐漸成熟，這樣的戰後作家，人數是不多的，當時我也弄了一個《文友通訊》，把這些台灣作家聚合起來，表面上是要學中文的，這樣一代的聚合，事實上我們內心有一種反抗，反抗我們得不到正當的待遇，我們得不到發表的園地，一種抵抗的色彩，這些都有記錄可以參考的。以前在口述歷史，我記得也報告過了，今天我就沒辦法詳細的向各位報告。那麼在那樣的當口，吳濁流老先生，我剛提到的日據時代就成名，有一部非常有名的作品，就是殖民地的代表文學作品，《亞細亞的孤兒》這本書，到目前仍然是台灣文學的經典之作，各位同學如果有機會，雖然都是用日文寫的，但是有幾種中

文翻譯本可以找到，各位不妨找來看一看，看看殖民文學是什麼樣子，日本時代的作家寫的又是什麼。

　　吳先生他深感台灣作家發表的困頓，所以說他要辦一份純文學的雜誌，他跟我商量。在民國五十年代開始那一段歲月，台灣的出版品非常疲乏的年代，特別是文學的東西，不管是單行本也好，雜誌也好，銷路都是很慘的、非常少的。如果你要搞雜誌或者弄出版，註定要賠本；非要有一筆相當可觀的資本，否則註定是沒辦法維持很久，準備的資金夠多，也許可以多支撐一段歲月，不過還是免不得要歸於失敗。出版是那樣狀況的年代。那麼吳先生他說我他準備一筆錢，那裡來的錢呢？退休金，那時候他已經六十好幾快七十歲了，他從公職退休下來，當然也有一筆退休金，他希望用這些退休金來辦幾期他心目中的一份雜誌，於是我跟他開始了有些爭執，這份刊物，它名要怎麼取呢？吳老先生說，青年文學，什麼什麼文學，我說你不要講了，就「台灣文學」。他說台灣文學怎麼可以？「台灣」兩字是不能用的，各位也許覺得很奇怪台灣兩字為什麼不能用？我們台灣就有過這樣的年代，你是台灣人可是你不能講台灣兩個字，不是台灣是什麼呢？是中華民國就可以講的，一定要講你是中華民國。所以台灣兩字不能用，變成一個禁忌，

　　我也有一部作品《台灣人》，這個《台灣人》呢？他發表的經過，好像我已經講過了，有點曲折離奇的經過，第一篇發表《台灣人》三個字，馬上有警備總部來，現在警備總部沒有了，從前是監視台灣人的一個國民黨的特務機構，警備總部就來了，把稿子拿走，出版的報紙也不能發行，他說這稿子要經過我們審查通過了才可以，才可以連載發行，稿子被拿走，報紙也被壓下來。我的《台

灣人三部曲》第一部，本來就叫作「台灣人」三個字，現在在報紙上出現的，可是在頭一天就被禁止了，有過這樣的慘澹的經過，現在先到這裡為止，謝謝各位。

吳佩珍（與談人）：

非常榮幸可以擔任鍾肇政老師的與談人，剛剛賴錦雀老師已介紹過，今天四代同堂，鍾老師算是我的師公哦！我有點忌妒，不能像賴老師一樣親聆鍾老師的指導，坦白說來，我對於日本文學興趣的啟蒙也是間接來自鍾老師，我在高中時期讀過許多日本名著，也都是來自鍾老師的手筆，我印象最深刻的是三島由紀夫的《金閣寺》，例如說像一些大眾小說松本清張、安部公房等等。就像老師剛才自己介紹的，非常非常多產。

回到老師剛才提到，在戰後二十歲開始，重新用以一個完全不熟悉的語言，這個語言就是我們現在的公用語，就是所謂的北京話，對我來講實在無法想像，學日文有一段時期了，我不敢相信說這麼短的時間中，可以用日文

從事文學的創作，老師屬於戰後第一個世代，要用一個不一樣的語言，之前是日語，之後要用中文來創作，居然可以這麼多產。我還是只能說佩服，我自己理解，我是無法達到這個境界。

　　接下來我想老師剛剛提到，他如何跟吳濁流先生開始創《台灣文藝》，還有他在《民眾日報》怎麼樣擔任主編工作的過程，我在這裡做一個補充，這個工作真的非常非常重要，因為1945年日本戰敗，造成台灣文學傳承的斷層，最重要是語言媒介的改變，戰前的作家找不到可以發表的園地，而老師跟吳濁流先生開始接手《台灣文藝》，然後在《民眾日報》開闢副刊，培育新世代的作家，對鄉土文學的傳承，替我們留下許多珍貴的遺產，也做了許多台灣文學的累積。

　　接下來老師可能會談到所謂鄉土文學論戰，關於這部份會再提到的話，我們會再做補充。老師們在《台灣文藝》及《民眾日報》培育出來的這塊累積，為70年代的鄉土文學論戰，培育了非常非常多的人才，以及台灣文學資產的累積。關於老師在東吳大學歲月的部份，就交給賴老師來為我們做詳細的介紹。賴老師為我們準備了非常多精彩的，所謂的剪報的資料，我剛才請教賴老師資料怎麼保存得這麼好，他說特別到宜蘭，邱若山老師的故鄉，去把這些資料找來，現在就交給賴老師。

賴錦雀（與談人）：
　　首先歡迎鍾老師回來，我並不知道老師離開東吳的原因，原來老師是在這樣心酸的情形下離開，現在請老師跟我們一起搭乘時光機器一起回到三十年前，我也沒想到，我同學還存有三十年前的老師的東西，老師可以把過去的忘記，因為日文翻譯課程現在是大二才開始學習，我們現在從年表來看老師跟東吳的關係，再看看系報上老師跟東吳的關係，還有老師的教材，老師還是會回來跟我們一起參加這樣的聚會，現在就讓我們回顧歷史，創造歷史。

　　請各位看到這裡，當時我們叫做東吳大學外國語文學系東語組，老師當時是系上講師，1974年這一年，我們看到今年井上靖剛好滿一百歲了，井上靖的著作《冰壁》，老師翻譯的那本著作出版了；那是1975年，那年我們成為東吳大學東方語文學系，1975年老師除了自己的《台灣人三部曲》，也在這一年出版了《西洋文學欣賞》、《愛的西洋史》、《歌德自傳》等，1976年老師擔任「台灣文藝雜誌社」社長，剛好那年吳濁流先生仙逝。然後他的文藝社長的工作就由老師來接任，剛好那年老師也發表了論文。大家想想看，一個兼任老師要文學創作，雜誌業務繁忙之餘，老師竟然還發表論文。老師應該感到驕傲，因為當時不是每個人都有辦法來發表，可是老師在1975年就發表了台灣文學相關，以吳濁流文學為主的一個學術論文；1977年，在1976年在發表論文那一年後，老師也在報章雜誌上發表小說《望春風》，那之前呢，有我們提到的《魯

冰花》，到了1977年老師出版了鄧雨賢相關的小說《望春風》，又翻譯了《史懷哲傳》、《非洲故事》、《希臘神話》等等的譯作。

　　鍾老師在這個地方，這是鍾老師，50年代的鍾老師，這是伊藤六夫老師，這個是當時的系報，這裡提到鍾老接掌《台灣文藝》，我們學報老師的論文，十月底老師的學報論文，這裡有一段我一定要唸出來，老師是兼任的老師，請看在中間的這一段：「各位同學如果有任何寶貴的意見和建議，請於每星期三中午到系辦公室和鍾老師談談。」。現在一個專任老師你要找他談還很難，而鍾老師是一位兼任的老師，他從遙遠的龍潭換車來到東吳，還要把中午的時間留給學生，這是當時在東吳留下的一個典範。老師除了中午和學生談談以外，請再看看這個地方，當時在東勢有個陳全榮學長，很敬仰老師，當時都跟著老師，當時陳全榮學長就做了一篇〈西城夜月〉的文章給老師，老師也給他登上去，各位想想大四的學生，跟其他的作家比起來，可見老師栽培學生的心意，跟大家報告一下陳XX學長，後來畢業後就長期在電視台翻譯卡通，不過翻名字時被說不合時宜，只好把卡通裡日本人的名字變成中國人的名字。那麼這也是東語系報第四號，當時創刊號有老師的創作，如果有興趣的同學，可以到圖書館去找。

　　老師在工作繁忙之餘，老師的文筆與翻譯並沒有停止，這是1974年到1978年，老師如果在東吳只有三年的話，我們就把1978年去掉，剛才已出現的一百歲的井上靖的小說翻譯，小說的出版，譯作的出版，如果不是有非常的毅力決心，和強的活動力，是不可能做到的。

我們再一次看看老師在東吳大學的活動裡，老師在繁忙的雜誌社社務，繁忙的教學活動中，仍然認真地指導同學，仍然頻繁地從事文筆活動，不是任何人，至少不是我能做到的，所以在這裡我要再一次感謝莊老師的策劃，鍾老師及其他老師回到東吳來，一起來回顧歷史，創造歷史，我的談話就到這裡為止，謝謝。

莊華堂：

我忍不住要利用這個時間講幾句話，之前，我打電話給東吳賴老師，賴老師一直協助我們跟基金會籌辦這件事。直到前幾天她還在推辭，結果事實證明好酒沈甕底，她準備了那麼好的資料，如果她不上台，那對今天的講談是一種損失。我替鍾老跟主辦單位感謝她。賴老師相當用心。

林雪星：

我們本來要放開給現場的同學提問題，但因為時間的關係，我想請鍾老師繼續下半場：運用兩大媒體培育台灣兩代新作家跟鄉土文學，老師講完後，就與談人討論，那現在請鍾老師繼續下半場的演講。

∽下半場∾

鍾肇政：

大家好，我們現在就進行下半場的討論，這份資料大綱是主辦單位為我準備的，要我談談《台灣文藝》的創辦，我剛才已談過了，吳濁流先生他鑑於台灣作家缺乏發表的園地，一心要創辦一份刊物，剛剛我提過刊物名稱的問題，我堅持要有台灣兩個字，吳先生認為有台灣兩字不可能通過，當時還是在白色恐怖時期，發行刊物要經過警備總部的審查，表面上是內政部發出來的，所謂的登記證，事實上是警總在掌控一切，這是白色恐怖的年代。但我堅持要用「台灣」兩個字，那麼吳先生就說那就試試看吧，結果台灣兩個字就僥倖地通過，台灣唯一在白色恐怖年代，那個文學都很貧瘠的年代，居然成為可能？《台灣文藝》就得到登記證，就開始發行，但銷路平平，印了一千份，賣不到幾百本，都有一半會退回來，不是台灣文學多差勁，而是因為台灣當時列為禁忌，消費者也避之惟恐不及，就這樣半死不活的存活下來。

不知過了多久，我忽然記憶混亂了，是民國還是西元多少年，

吳先生過世了（編按：1976年），這工作就交到我手上，那樣困難的年代我怎麼敢接？因為有好幾個文友大家商量，共同來承接台文，我發行沒有幾期後就得到後援，遠景出版社剛剛賣出第一部，成為暢銷出版社，有能力支持資金，七十到八十頁薄薄的，得到遠景的支持就二百頁，我記得初時是雙月刊。說起來，連封面都很困難，連稿源、稿費也有困難，如果隨便來就隨便登，那就沒有品質，所以凡來稿，我都很仔細地看，把這雙月刊維持了一段時間，差不多五、六年的樣子，然後交辦給下一任經辦人，現在當然沒有看到了，但當時是不適合台灣文學成長的地方。《台灣文藝》那麼掙扎地發行了一段並不短的歲月，而且我為了培養新作家，花了不少心血，看稿改稿，特別是我經常看各報的副刊，我發現到這個作家是可造之材，這個作家是有本土色彩的，我會慎重地寫信給他，透過報紙寫給他，邀他參與台灣文學小小的陣容，這樣辛勤的歲月，我只有一個目標，就是讓他們文學壯大，更多寫作、文學的人才，更多的寫作園地，這是我所圖的，我所想的目標。

後來我得到一個機會，就是《民眾日報》，我記得本來是基隆地方的小報，不知為何搬到高雄？版面的改組，在這當頭

我就被拉進去當副刊的主任,一整頁的副刊下面有四段、五段的副刊,像報紙當時是要給外省人寫懷鄉的悲情,另外別的版就寫家庭的、婦女的,我找了一個女生,結果登出來是寫男女交往的、性技巧的,我被嚇了一跳,所有的同仁也被嚇了一跳,但這樣的方向也迎合了某些讀者的口味,這樣雖然是地方小報,不過小報副刊,大報編制,這副刊我主編之外,我主編可以自理,各有四版小主編,忽然間小報有大報的編制,在當時轟轟烈烈地邁出來第一步。

我的副刊幾乎讓當時副刊讀者耳目一新,本來傳統的副刊都保持一樣的特色,文學園地為主的副刊,那麼我接《民眾》副刊時,傳統的副刊變質了,我記得當時有個大報的副刊,有一個海外的專欄,寫見聞遊記,文學為主的副刊變成一個小小的角落,變成沒有文學,可是傳統的副刊主角還是文學,在這些兩大報副刊,文學失去了他的地位,在這當口我當然要恢復文學的地位,所以我每天都有萬字的小說分成兩天連載,不想分太多天,讀者讀起來零零碎碎的,所以當時這樣的作風是別處看不到的,我準備要培養作家,讓文學基於主流的地位,我現在想起來,當時有沒有造成回應?我沒有統計,但相信喜愛文學的人一定會在一些角落支持我,我就照這樣的想法一直支持下去。

後來,問題就出現了,要我支持的文學作家,要有若干文學價值,要有可看性,我主要的眼光就停在有文學價值的,我就讓他有發表的機會,對於我個人來說符合我的理想,我有《台灣文藝》、《民眾日報》兩大園地,我非常自傲的說,這樣的園地是相當了不起,在這樣狀況下,我培養出不少的新進作家,我在自誇自己的理想得到相當成就之際,新的作家帶有台灣特色的台灣味,這變成有

關單位的禁忌，在白色恐怖的年代，引起有關方面的注意。當時國民黨有「文工會」，是監視人民思想的，思想怎麼監視呢？以文字來講，即是看你的思想是否有符合國家需要，即是國民黨的需要。當時黨國不分，有戒嚴令在頭上，這樣的年代，「台灣」兩字列為禁忌，有台灣色彩的作家更是不准的，我這樣的副刊歲月差不多一年多的時間，就像我在東吳教書，第三年結束時，我不得不離開東吳，同樣一年多期間培養出若干新進優秀的作家，報社在高雄，副刊設在台北，一道命令下來，說副刊要搬到高雄，我到南部沒法生活，我只好離開，跟我離開東吳一樣的心情，不捨的，就這樣我的副刊生涯一年多就結束了。

我相信背後有一個黑手在掌控我做副刊的意願，就像我在東吳當老師，也就離開了，這是我在《台灣文藝》與副刊的經過，當時文壇上（無聲）一句話鄉土文學，工農兵文學在中國變成一個很嚴重的問題，在台灣呢，也響應中國那邊的對象，當時有一家某大報的副刊，突然出現一篇〈狼來了〉，什麼是狼來了，就是工農兵文學來了，在那邊是列為打擊對象，在這邊有人響應這樣的題材，寫什麼都無所禁忌。有人響應了，台灣掀起了鄉土文學的運動，我的副刊也要保持純粹的文學園地，我完全拒絕那樣的文章，所有的論戰文字我一概不取，我讓我的副刊保持純文學，很快地我被列入黑名單，我不得不離開《民眾副刊》編輯的崗位，對於鄉土論戰，我也保持一個距離，跟我無關，這是我在副刊任職期間的事。以上是我簡短的報告，謝謝各位。

林雪星：

謝謝鍾老師為我們說明當時文壇的情形，現在我們就請與談人

吳佩珍老師，對剛剛老師的內容提出有什麼補充的。

吳佩珍（與談人）：

非常感謝鍾老師做了這麼精采的鄉土文學論戰。對於一個文學的研究者，我們可能在年紀上的關係，還未得參與，今天得聆其詳，覺得非常的榮幸。

今天我在老師談話後，對鄉土文學的歷史再做一點補充，其實鄉土文學的論戰，如果我們從這個台灣割據給日本之後，所謂1920年代，台灣文學正式啟蒙發芽那個時代來看，其實到70年代總共有三次，第一次是在1930年代，跟老師講到的70年代有點類似的部份就是，第一次鄉土文學論戰也是來自大陸的衝擊，首先就是1919年的五四運動原為一致，當然台灣文學要怎麼描繪？面對殖民者要用強大的日語的支配力，台灣人要用什麼樣的語言來寫出台灣？我想這是第一次論戰主要的爭奪點。70年代的這個部份老師剛也提到了，也是來自大陸文化革命的衝擊，再加上台灣比較特殊的政權結構下，掀起了大家對於台灣文學發言主導權的爭奪。

我覺得鄉土文學論戰當中非常意外的，就是原來我們所熟知的一些戰前作家，他們在運動裡有一個很重要的發現，對於戰前台灣作家的再發掘，為了這次的講座，我拜讀了老師的《台灣文學史》，老師大概重新把例如說像楊睦，或者是龍瑛宗等這些作家，在戰前已經開始怎麼樣描繪台灣，在台灣文學當中怎樣凝聚這個力量，試圖在70年代當中，把這個斷層連結起來，我在想這是非常非常重要的一個部份。後來戰後第二代作家像黃春明，你再去對照戰前第一代的，你會發現鍾老師扮演非常重要的角色，他怎麼樣把兩邊斷層連結起來，這是我的一點感想。

林雪星：

我們還有幾分鐘時間，開放給現場的老師、同學提一些問題。

提問者：

我想請問，老師接掌《台灣文藝》雜誌之後，我知道老師還有成立一個「台灣文藝出版社」，還有一個「泛台書局」，是他的門市部，可不可以請老師談談這一段？謝謝。

鍾肇政：

「台灣文藝雜誌社」是吳濁流先生創的，我另外成立「台灣文藝社」是專門出版書的，那時我的兒子在台北唸書，他幫我做出版社一些雜務，跑印刷廠、郵局等。我兒子另外也成立了一個「泛台書局」，我那個兒子他本身也剛開始寫小說，讓我這個做老爸的嚇了一跳，他第一篇小說也得到若干成功，兩大報的小說文學比賽得獎。他除了寫作外，幫忙我非常多。「泛台書局」是他學校畢業後開始做起來的，他是我兩個兒子中的老大，不久他因為車禍過世了，我失去了我的大兒子，他所做的出版的工作，書局的工作也做一個結束，附帶給我財務上沈重的負擔，人說父債子還，但我反其道而行之，困頓了一段歲月。不過這是題外話，剛才同學問的「台灣文藝出版社」及「泛台書局」大概就是這樣，謝謝！

林雪星：

現場還有沒有，再開放一個問題。

莊華堂：

我有兩個補充，一個是補充鍾老的部份，延豪是第三代作家裡面相當優秀的，那個年代，很不幸的台灣失去了兩個很好很好的台

灣本土作家，一個是鍾延豪，一個是洪醒夫，兩個都是那個年代最好的作家。延豪過世的時候，台灣文藝有很多篇悼念他的文章，其中有一篇寫得很好，是吳錦發寫的，他是現任的文建會副主委，他小說也寫得很好，他跟延豪是生死之交，還有個王幼華，當時在搞出版社時，這幾個人都在台北，都是二、三十歲的新銳作家。

另一個補充，鍾老談到了〈狼來了〉，那就是余光中寫的，現在在西子灣當文學院院長，喊抓賊抓頭的是朱西甯老師，他們都教過我，很難想像那個年代是大集團吃小集團的年代，後來我跟朱老師很熟，我是他的入室弟子，基本上就是意識形態、是想法不同，所以引起了很多歧見，譬如東年先生，他年輕時跟吳錦發、王幼華在一起，但他也不是統派，他一向獨來獨往，以上是我提出的說明。

吳佩珍（東吳大學日本語文學系助理教授）：

鍾老師是開大河系列的小說作家，就我們所知客系作家偏好長篇，這樣的一個特色在我們台灣，尤其是鄉土文學上，你覺得給他找個定位的話，老師您會怎麼樣來給？請老師就這個給幾點意見。

林雪星：

老師已經很累了，那麼我們今天的口述歷史就到此為止，我們系上有小禮物要準備要送給老師。

那年秋天　我們跟鍾老的約會

鍾肇政口述歷史

「戰後台灣文學發展史」十二講

橫看成嶺側成峰

與戰後第二代作家的交誼

主講人：鍾肇政　　主持人：張維安　　與談人：陳萬益、許素蘭
文字整理：黃月如　　文字校對：一校/劉香君、熊廷笙　　二校/蔡金蓉　　三校/莊華堂

◎時　　間：2007年9月27日　　◎地　　點：清華大學人社院A202室

▲ 前排左起莊華堂、陳萬益、鍾肇政、張維安、許素蘭、蔡金蓉、葉珈伶
攝於清華大學人文社會學院會場（蒲公英文教基金會提供）

○3上半場80

莊華堂（計畫主持人）：

各位老師，各位同學，大家午安，大家好。很榮幸，我第一次來到清大的校園，過去我在學術界的好朋友—潘英海，在貴校貴院教過，這次他也是我們的合作單位—蒲公英文教基金會的董事長，主要工作人員呢！現在在座的蔡金蓉是我們研究所博士班的，我們執行秘書劉香君是我們碩士班的，在這邊跟大家報告一下鍾肇政的口述歷史的計劃，除了十二堂的講堂課之外，還包括影音的記錄，請大家協助，因為這十二場的講談還要做成專屬的網站，所以請大家配合。

明年三月時，還有請彭瑞金主編，配合專書的出版，這是鍾肇政口述歷史的系列活動，原來鍾老是希望在他家裡舉辦，讓我們錄影起來，可是我想說這二、三年鍾老相當少出來演講，所以我們經過一番籌畫之後，很多台灣文學系所的學校及主管，特別是我們的陳所長，大家都相當地幫忙，很順利地推動這個活動，今天是第八場，現在我們將時間交給會議的主持人，我們來請張院長。

張維安（主持人）：

鍾老，計劃主持人莊先生，台文所的陳所長，還有許老師，今天非常高興有機會來主持這個「鍾肇政口述歷史戰後台灣文學發展

史」的座談會,也是一個非常重要的場合。幾年前我在中央大學客家學院當院長的時候,也曾經跟台文所,還有當時的桃園縣政府,一起在渴望園區辦過一次「鍾肇政國際文學研討會」,今天這樣口述歷史的現場,他把這麼重要的場合搬到清華來,搬到我們人社院來,我代表整個人社院的同仁,跟蒲公英基金會感謝,有這樣的一個機會,特別到清華來,特別剛才提到有二位工作人員是我們清大人類所的同學,非常地不容易。

今天我們大概的情形是,我們先有一個小時左右的時間做為第一場,中間會有一段休息時間,再進行第二場。剛才主辦單位告訴我說,等一下你們提問的話,他們會有神秘的小禮物,所以如果等一下有些想法或問題要提出來,現在可以先記錄下來。現在先請鍾老做二十五分鐘左右的演講,然後我再請其他人提問,交叉地討論,最後我們再開放一點時間給現場的朋友來提問,我們現在就熱

烈歡迎鍾肇政先生的演講。

鍾肇政：

兩位主持人、與談人，各位同學，大家午安、大家好！很高興今天又來到清華，我記憶裡面，我曾經來過不下很多次，今天我一進門幾乎就嚇住了，到處都是亭亭巨木，樹木長得這麼高，好像模糊記得，以前來沒有這樣的樹木，樹木會長大，人也會老，我現在八十幾歲，垂垂老矣。隔了這麼久來到清華，有一種莫名的興奮，我剛才跟陳萬益陳教授他們講，我記得以前在招待所住過一、兩次，陳教授也沒有記得很清楚，只是說一切都改變了，不一樣了，真的是不一樣了，完全不一樣了，我記憶中的清華跟現在的清華是完全不一樣的，剛剛我所說的，不止是樹木表現出不同的樣子，如果我再年輕幾十歲的話，我也希望在清華唸唸書，想想東西之類的，當然今天已經變成開玩笑的樣子，算是閒話表過。

今天我要向各位報告的是〈戰後第二代作家交誼〉，我是第一代，戰後才在台灣文壇上出現的作家，我大概是屬於這一類，光復前，我是唸日本書、講日本話、看日本書長大的一代，戰後漸漸轉換到中文，我也記得學習ㄅㄆㄇㄈ的那個年代。我學會ㄅㄆㄇㄈ的注音符號，我記得是經過四、五年的樣子，在那以前我是用自己的母語來唸漢書，所以戰後我就開始唸一些所謂的童蒙書、三字經那一類，還有……我一時想不起來（笑），從前小孩唸的那些書，我都還記得，剛接觸那些書，覺得很驚奇，內心有一份說不出來的興奮和感慨，就是說我到二十幾歲忽然地接觸到自己的東西，原來這才是自己的東西，而我們一直在使用的語言，說日本話、看日本書，完全不是自己的，是人家的。話又說回來，戰後四、五年開

155

始，接觸ㄅㄆㄇㄈ
又是人家的，不是
我們自己的，我一
直在小學裡教書，
所以學會ㄅㄆㄇㄈ
在當時是非常急
切、迫切的需要，
因為我要教小朋友
ㄅㄆㄇㄈ，幾乎常

常是我學幾個注音符號，明天就教小朋友，現買現賣，有這樣的歲月，然後漸漸熟悉滿口北京話，後來才知這叫做北京話，我想這是台灣的人民命運中注定要去學習別人的語言，靠它來看書啦、學東西啦，彼此交通、交往等等。

　　或者換一個說法，我們這語言常常在公開的場合用不上的，我不知道這應該高興還是悲哀，人家的語言變成共通的語言。我跟張教授本來講客家話，還有莊華堂先生。陳萬益和許素蘭兩位教授講閩南話，客家話與閩南話無法交通，必須要另外一種。像我的生平有點特別，從小我父親講客家話，母親講閩南話，從小就是雙聲帶，然後開始唸書了，日本話變成第三種語言，戰後，就是我二十歲以後，就是有第四種語言，變成平常使用的語言，也算是母語的樣子，這樣一來，我的母語有好多種，變成一種很複雜的語言環境，但現在已習慣了，每一種語言說起來也是可以自由地表達。不過其中有個關鍵性，因為我是寫文章、寫小說的，那小說呢，我會講客語，我會講閩南話，可以用客語來表達嗎？可以用閩南語來表

達嗎？目前還是有困難，未來會不會有這樣的日子？我現在都不太清楚，我目前只好用所謂的白話文，就是北京話為主的來寫我的小說，說起來就是台灣人注定的命運吧。

　　現在來談我交往的朋友，今天就談幾個我生平交往的朋友，這節目表裡寫著第二代的作家，我怎會被當成第一代？大概是年紀比較大的關係，這裡提到的李喬、鄭清文，比我小十歲左右的樣子，剛好十歲為一代，這樣的說法如果成立，這裡舉的李喬、鄭清文、鍾鐵民、東方白…好多位作家，剛好都是第二代，我有特別的記憶。這裡提到的鄭清文、陳映真給我很特別的印象，他們第一次來看我，可能我以前有跟他們通過信。第一次見面時，鄭清文、陳映真他們都穿很筆挺的軍服，官拜陸軍中尉或上尉，我忘記了。當時好像大學畢業就有軍官，你們這一代有嗎？陳教授你們有嗎？他們到龍潭來看我時，就穿筆挺的軍官制服，我現在彷彿眼前都可以看到的樣子，這是我跟鄭清文、陳映真他們第一次碰面的印象。照這裡的順序，我跟各位依次報告我跟他們交往的過程。

　　第一位舉出來的是李喬，那麼以前這裡有60年代崛起的現代派本土作家，現代派是什麼呢？當時有一份雜誌叫《現代文學》，標榜現代主義，現在回想起來，那時的現代主義有點標新立異的樣子，學西洋的文學技巧，當時他們標榜新的寫作技巧，譬如意識流的手法。事實上意識流的手法，我在更年輕的時候，就從日本人的作品當中看得很多、很熟悉了，他們標出來所謂新的、現代的，我覺得並不是很新的、很現在的，說不定可以歸結到一個小小的結論，我們比別人走得慢了好幾拍，譬如說我剛才提到是從日本文學作品中看到，老早就有所謂現代派的東西，就是運用喬哀斯意識流

157

的作品。我內心中覺得現在標榜現代派的,其實是步人家的後塵,我有這樣的感覺。所以我回顧自己的作品,我很早的時候就有引用所謂意識流這種新的技巧,那樣的手法、筆法的作品,我嘗試過了,當時現代主義文學,就是那本就叫作《現代文學》,陳映真就屬於這一類,另外還有幾位,好比白先勇,其他想不起來了。跟現代派比,本土作家就我們這一類,規規矩矩地寫鄉土性的東西,我記得當時的本土作家,像我們這類的本土作家,被說成是傳統的、台灣的、老式的作家,跟現代派比起來,寫起來是截然有異的,這裡提到李喬、鄭清文、鍾鐵民、東方白,甚至後面的施明正、林柏燕、黃娟,除了陳映真之外,其他都是傳統手法的,只有陳映真是屬於現代派的,所以我跟李喬他們交往起來一拍即合、交往起來特別熱絡。我現在講起來,又不禁想到這種說法,是不是彼此矛盾的,我剛剛提到軍服的陳映真,事實上他跟我很有來往,書信上魚雁往返,經常有機會碰面。

剛才是談陳映真,現在談李喬。有關我跟李喬交往的狀況,很多細節想不起來,但在我記憶裡有個強烈的印象,好像是第一封信他寫說向我「報到」。他用「報到」,好像從來沒有人跟我用「報到」,而他信裡說他要向我「報到」,讓我覺得很特別。當時是50年代初期,在40年代開始的文學活動,就越來越熱鬧了,我有戰後第一部長篇連載作品在報章出現,就是《魯冰花》,後來有拍成電影,1960年,民國四十九年,這一年對我來說,不但是戰後第一部純文學小說在報章出現,同時也是鍾理和,大家也許聽過這個名字,就是屬於戰後第一代作家鍾理和過世的一年,甚至我也記得八月四日,這天就是他的忌日,他的兒子就是後面所提的鍾鐵民,

鍾鐵民第一次跟我通信是用明信片，說他的爸爸在八月四日過世了。我還記得接過這一封信，那時候我跟鍾理和通了很多信，甚至有一本《台灣文學兩鍾書》，這是前衛出版社的。《台灣文學兩地書》，兩地是指台灣和加拿大兩地的書，是我跟加拿大的東方白來往的信件；而《台灣文學兩鍾書》，則是兩個姓鍾的，是我跟鍾理和來往的信件集成一本書。

　　現在講回來，李喬在這封信說跟我報到後，我就想說這年輕的作家有特別的地方，用字遣詞很新奇、很特別，就像「報到」兩個字，通常我相信一般人不會這樣講，而李喬這樣講。後來他開始有作品給我看，例如我還記得《飄然曠野》這篇短篇小說，這篇小說，我一看到就忽然感受到心中一種壓力，他的文章，他的用詞遣字，因為他的文章充滿了新奇的詞彙，一連的有這種新奇的詞彙，

不是我不認識的詞彙，而是他用的詞彙產生一種很特別的力量，我那時就覺得李喬是很有力的投手，比王建民還強有力，他的球一直往我臉上投過來，他的文章裡的詞就有這樣的力量，我當時就覺得他是非凡的作家。後來果然他嶄露頭角，有短篇小說、長篇小說，就像大家熟悉的《寒夜三部曲》，三本書合在一塊，有寒夜呀、孤燈呀，有些我一時唸不出來這三本書，而李喬的代表作就是《寒夜三部曲》，我相信在目前台灣文學是一座巍巍的高峰，很難企及的很高很高的山峰，因為他成就了台灣歷史，從開墾時代寫起，一直寫到第二次世界大戰結束，好像幾百年的歲月，台灣的歷史，被壓縮成三本書，這是寒夜，這是李喬過人的地方。一直到目前我們都保持很好的友誼，他是我所欽佩的作家，欽佩的年輕一代。

　　鄭清文，我剛提到他是穿軍服來看我的，好像他畢業去當兵，大概有三、四十年那麼久，不過我清楚的記得他筆挺的軍服，像我這輩人戰後是沒有當兵的，我當的是日本兵，從帝國陸軍二等兵當起，從二等兵當到上等兵，加一個小星星，是拜日本投降之賜，如果日本沒有投降，我可能會從二等兵升到一等兵，加一顆小星星。當時在台灣人中是很不容易的，當時我看到他一身筆挺的軍服，很驚奇。他自我介紹，我現在提到陳映真、鄭清文的軍服，其中有一個我忘記是那一個，我在小學教書常常蹺班去看電影，我們鄉下的電影院，那個年代銀幕旁有個小銀幕，就是打字幕的、幻燈片的，而不是把劇情的大概打出來的。有一天我蹺班去看電影，突然看到上面出現「鍾肇政外找」，我就嚇了一跳，我是蹺班的，怕別人知道，你把我名字打出來，那還了得！大概是四十年前，我一出來就看到筆挺的軍服，我忘了是那位，是陳映真來還是鄭清文，就是他

們兩個之一。後來另外一位有到學校來找我，我在上課，教一群小朋友，在窗外廊上教室後面，有一個人經過，除了筆挺的軍服來看我的，還有另外一位是葉石濤，時間到了，我暫時休息一下，有關葉石濤的等等再報告，謝謝各位。

張維安：

有關葉石濤的部份等一下再談，鍾老這一段的訴說對我有很多啟發，這些年來我們在做台灣研究的時候，有時很寂寞，有時很熱鬧，我今天就想到這個口述歷史的方式可以做為未來的方式，例如我們可以在新竹，或者是桃園作為口述歷史的典藏及民間故事的研究發展，我覺得非常地受益。接下來我就是先請陳萬益或許素蘭來發問。

陳萬益（與談人）：

今天本來是李喬先生做為戰後第二代作家與鍾老做親密的對談，這樣會更加深入，至少可以把我們帶到戰後第二代他們初登文壇的階段，以及鍾老在那個階段所扮演角色的問題，會更加真實。但因為李喬先生跟鍾老一樣，這些年來的成就使得在很多場合，他必須面對很多讀者及聽眾，事情非常忙碌，今天沒有辦法來，臨時由我來與鍾老請益。

現在就先以時空背景，就我個人所

理解的做一點補充，戰後第一代、第二代這個說法，我記得大概是在90年代初期，鍾老主編前衛出版社的《台灣作家全集》，而且鍾老在前面寫了一個很長的序，這套書在編輯中很清楚區隔出來，日據時代的作家，戰後第一代，戰後第二代、第三代這樣的分法，所以現在的學術界文學界還是延續這樣的講法。那麼如果從鍾老剛才的 述來看，所謂戰後第一代，一般的講法，譬如說林亨泰，他們是戰後所謂跨越語言的一代，用鍾老的說法，他戰後寫作需要「譯腦」，把腦筋裡的日文再翻譯成中文，是需要譯腦的世代。也就是說他們從日據時代成長，然後在戰後成為我們所謂的戰後第一代的作家，所謂戰後第二代作家，像李喬先生，除了在年齡上比較晚之外，他們基本上是在60年代以後開展他們的文學事業、文學版圖的世代。

戰後第一個世代像鍾老，剛剛他也敘述了包括鍾理和，他的兒子鍾鐵民，就是戰後第二代，戰後第一代是鍾理和，這二個世代說是父子的傳承關係。戰後第一代像鍾老，他必須從事「譯腦」這樣的一個過程，在那個時候台灣本省籍的作家─當時的講法─本省籍的作家，基本上是沒有他們的文學空間，所以以鍾老在那個時候，所聯繫起來的，透過私人的通信，就是文友的通信所串連起來的就是戰後第一代。鍾老在那個時候、那個世代，算是比較早公開的發表作品，包括剛剛提到那個連載的《魯冰花》，鍾老能夠成為戰後第一代作家的先行者，或者是剛才李喬第一封信說要向鍾老報到，因為第一世代的鍾老，做為第一世代的作家前輩，他的成就以及他所開展出來的版圖，當然就是戰後第二世代可以起步的舞台。

這個舞台，我現在簡單的講一下，1964年、1965年，台灣代表

本土的雜誌就是《台灣文藝》及《笠詩刊》，是在60年代中期才開始的；而鍾老出版他主編的兩套叢書——一本是《本省籍作家作品選集》，另外是《台灣省青年叢書》，這兩套簡單稱呼為《台叢》，實際上就是為戰後第二代作家建立了一個基地，讓他們可以出發的基地，戰後第二世代往後在走的時候，我們看到像剛才提到的陳映真，他在60年代就起步了，到了70年代就是在台灣鄉土起家，到了1977、1978年，在台灣文壇成為重要的角色。鍾老在吳濁流過世後接辦了《台灣文藝》這一本最有本土性的雜誌，他接辦後，就是新的階段，叫《台灣文藝革新號》，《革新號》如果大家對這個有興趣應該去找出來看，那時最代表性的作品，包括陳映真的〈夜行貨車〉，宋澤萊的〈打牛湳村〉，就是在鍾老主編的《台灣文藝》來發表的。

1978年鍾老又接辦了《民眾日報》副刊，所以在70年代時，鍾老有一個雜誌和一個副刊，作為他為了延續台灣文學，提供了這麼大的一個舞台、一個空間，讓戰後第二代作家能夠充份發表作品，從這個背景來看，難怪李喬要說他要跟鍾老報到。我們再回過頭來看，戰後第二代作家的作品，實際上也就是在鍾老戰後第一代的先行帶領裡面，所開展出來的基礎再往前走的，剛剛鍾老還印象鮮明的敘述了他跟幾位——包括與陳映真、鄭清文、鍾鐵民等人第一次的接觸，印象非常地鮮明，可見鍾老記憶力還是非常地好，那麼我想先把這個背景稍微提出來，等一下我們還可以就這個部份，鍾老怎麼樣子的為台灣文壇苦心展開來的世面，再做進一步的請教。

張維安：

大家知道。清華大學是發展台灣文學的重鎮，不僅在清華大

學,也幫在南部的成功大學發展台灣文學。在台灣文學方面,很少人知道客家文學在台灣文學的位置,也就是說鍾老的成就,不僅成就了台灣文學,也成就了客家文學。我做為一個客家學者來講,想要提醒一下,我要說客家學者的貢獻也很多。鍾老這樣的一個背景,對客家這一塊也有很大的一個啟發。

許素蘭(與談人):

其實在很久以前,莊老師邀請我來參加這場座談會的時候,我雖然感到很榮幸,而且也很高興有機會參與這樣的一個盛會,但我也推辭了好多次,為什麼會推辭呢?因為今天的主題是〈鍾老與戰後第二代作家的交誼〉,我本身不是第二代作家,而且與鍾老交往的第二代作家都還健在,我只能從文獻去找資料,好像隔了一層,剛才主持人說我跟陳教授可以分享一些新聞資訊,其實我們都沒有什麼新聞可分享,我們所知的都在資料裡,大家都看得到,不過陳所長還是講了許多理由來說服我,所以今天我還是來到這裡。其實我後來想想,作家之間的交誼並不侷限在現實生活裡,他們的書信往返也是很重要的,鍾老在戰後第二代中扮演了很重要的角色,剛剛陳老師也有大致提了一下。鍾老在剛剛的演講裡很客氣,他沒有提到他很辛苦地為第二代,甚至是第一代作家去找出版社,找發表的園地,他甚至為了朋友的作品可發表,他會答應幫忙翻譯,還有跑腿的工作,這個部份可以請鍾老做一補充,像剛剛提到李喬的〈飄然曠野〉,我找到第一篇的評論就是鍾老所寫的〈飄然曠野裡的李喬〉,我們也知道很多第二代作家的第一本都是經由鍾老去奔走,去找出版社出版的,包括鄭清文、李喬、鍾鐵民、黃娟等等,我還記得鄭清文曾經講過他出版第一本小說集就是《畚箕谷》,那

是鍾老介紹到幼獅書店去出版的，他說出版了之後，他就叫了一輛三輪車，因為那時候鄭先生住在新莊，從台北帶著一百本的《畚箕谷》回到新莊，除了這一百本書之外，還帶了一顆快樂的心，在當時那樣的情況下，台灣作家的作品要出版不是那麼容易。

我也看到李喬在他跟鍾老的書信裡面，李喬常會寫了一篇作品，寄給鍾老，請鍾老指正，請鍾老代為尋找發表的地方，那時候他們的書信裡常用到一個詞是「以沫」，可能是日文的發音，是「蕃薯」的意思，他們會彼此鼓勵，要為蕃薯爭一口氣，我們可以看到當時作家在很艱苦的情況下，作家們相濡以沫的情形，李喬也有在信上提到說《寒夜三部曲》在心靈上獻給鍾老的，把鍾老當作是一個兄長、一個師長一樣的一種朋友關係。

我剛才也有提到說作家之間，文字的互動也是很重要的交誼。其實我今天是準備從兩篇戰後第二代作家所寫的關於鍾老的評論來開一個頭，等一下要請鍾老談談當時的一個情況。其中一篇是鄭清文所寫的〈讀鍾肇政短篇小說札記〉；另一篇是李喬老師所寫的〈女性的追尋—鍾肇政女性塑像的研究〉，這兩篇文章都同時登在1982年二月的《台灣文藝》75期，也就是《革新號》第22期，剛剛陳老師也提到整個《台灣文藝》，其實在戰後的台灣文學史佔了相當重要的地位。不管從早期薄薄的那種只有雙色印刷，其實是單色印刷的雜誌；到後來革新版在版面有很大的改變，但是整個《台灣文藝》幾乎記錄了台灣文學戰後的發展，很多重要的作品都在那裡登出，這兩篇都是當時當期鍾肇政文學研究專輯其中的兩篇文章。我們知道鄭清文與李喬，本身都是創作經驗相當豐富的小說家，從他們的作品中可以洞見到創作的奧秘及創見的優劣，同時我們也知

道，兩位先生跟鍾老的交誼都相當地密切，這兩篇文章雖然篇幅長短不同，寫的手法也不一樣，但都對鍾老有期許、有鼓勵、有批評，而且這兩篇文字給人很溫潤的感覺，我覺得這溫潤的文字感，並不是來自兩位作家的文字風格，多少還是有二位作家跟鍾老的情感成份在裡面，這樣的評論文章如果拿來跟我們現代的評論做一比較，可能會有很大的差異，現在的評論可能會引用很多的理論，但鄭、李老師二位作家並不引用很多的理論，而是直接提出作品的重點。

　我先談鄭先生的〈鍾肇政短篇小說札記〉，這篇文章雖然用札記的方式來寫，本身也不長，但是對鍾老的創作特質、作為一位作家的本質，甚至長篇小說跟短篇小說的差異，都有很精要的論述，這樣的表現方式，跟鄭先生文章風格有點接近。這篇文章的開頭有點像冰山理論，一開始他說：「要談鍾肇政先生的短篇小說，必須在認知上了解他是一位長篇小說家。」這句話是沒有問題，但是接下來鄭先生就說：「關於這一點我曾親自請教過他，他說有些人擅於長跑，有些人擅於短跑，鍾先生在這裡用了長跑跟短跑做一比喻，但他沒有說明他是長跑者還是短跑者。」那接下來鄭先生又講了一句說：「我再進一步問他是因為心臟大小的關係呢？還是四肢構造不同使然？」結果鄭先生說「鍾老像孔夫子笑而不答。」這裡面好像有一個公案的樣子，我的解讀是心臟大小是指「企圖心」，四肢的構造是在指一個「作家的本質」，或是「作家特質」。這篇評論，我剛才說是1982年寫的，而且是針對鍾先生的短篇來寫的，我們後來從鍾先生的很多創作理念，可以看出他確實是擅長寫長篇小說的，但當時為何鍾先生要像孔夫子一樣笑而不答，這裡面是否

隱了某些東西，等一下可不可以請鍾老談談這些部份，當時鄭先生問的時候。我不知到他是怎麼問，只是他提到的。

另外，這篇文章最後鄭先生提到1973年一月發表過〈阿枝與他的女人〉，在座同學有讀過這篇的請舉手。阿枝是一個男人、是一個盲人。這篇小說寫阿枝和他二個女人的故事，其實代表二種不同的女性，也代表男人心中想追尋的二種不同類型的女性──其中有一個比較年輕性感活潑；另一位勤儉持家，缺乏想像力的女性。鄭先生在文中提到這篇是鍾老的短篇小說中的異數，很耐人尋味，不知是在稱讚鍾老，還是批評其他的短篇小說，在平淡中我們卻看到短篇小說的各種優點，這一篇〈阿枝與他的女人〉，不止是李喬，還有很多前輩作家都很推崇，我覺得這篇的題材相當特別，他是透過一個盲眼的乞丐用他的觸覺去感覺女性的特質，我想等一下請鍾老怎會寫這樣的作品，而且必須由明眼人去揣摹盲人的日常生活，我就先談鄭先生的這篇，等一下再談李喬的那篇作品。

張維安：

謝謝陳教授與許教授的引言，從談話中可知第一代和第二代，不只是年齡的關係，他們中間還有千絲萬縷的對話，其中我們可以知道鍾老對第二代作家有很多的提攜跟提拔，我也提出一點點見證，因為我最近在訪問北部地區的一些客家的作家，他們都提到在一開始的時候受到鍾老的提拔，陳運棟教授、黃榮洛先生，包括年輕的楊國鑫先生，在我的訪問中都有提到他們都受到鍾老的提拔。第一代跟第二代不止是年齡的關係，還有非常溫暖的概念。

∽下半場∾

張維安：

各位朋友，歡迎來到第二場。剛才時間有點不夠，我知道主持人可能浪費了太多時間，現在我們請鍾老繼續為我們演講。

鍾肇政：

大家好！我繼續報告剛才提到葉石濤來看我的情形，當時葉石濤剛從師範畢業出來；我剛從日本五年舊制的中學畢業，就當代用教師，在小學教書。他當時有機會到師範學校深造，那時候還沒有師專，畢業出來他分派到宜蘭的學校，好像要回家的路上，他回到高雄的左營，半路上到學校來看我，這是他第一次來看我，當時我在課堂上上課，他從窗邊經過，他的影子，他走路的姿態都還歷歷在目。（編按：此處鍾老記憶有誤。）

現在來講鍾鐵民，剛才提到鍾鐵民給我第一封信提到他父親過世，我記得那一年是那年民國四十九年。我剛剛提過戰後第一部連載小說在報章連載，也就是《魯冰花》，因為《魯冰花》開始上報，所以我趕快寫信給鍾理和，我在信裡面說台灣文學作品在戰後第一次佔據了副刊連載的地位。我在信裡面跟鍾理和說，希望你趕快寫個長篇也好，中篇也好，等《魯冰花》連載完趕快去搶佔，要不然我們的機會就渺茫，大概是這樣子的話，鍾理和就拚命趕、趕、趕，剛剛一篇中篇趕完就吐血而死，這是我刻骨銘心的一種記憶，我覺得他像是被我逼了，所以才會吐血而死。

民國四十九年，也就是1960年，鍾鐵民寄來的第一封信就是把他父親的死訊告訴我，是一張明信片。後來我跟鍾鐵民說，把他

的習作寄來給我看，為了幫他修改，這一類跟很多文友一樣。後來我跟東方白交往，有天施明正特別找我，那時我已請個編輯編《台灣文藝》雜誌，還有《民眾日報》副刊，《民眾日報》副刊在當時由我編排，結果就造成由台灣作家第一次掌控報紙副刊編務的局面，在之前台灣作家根本沒有這樣的機會，我手上就有一份文學雜誌《台灣文藝》，還有每天見報的副刊，變成很大的園地。我想培養一些作家，台灣文學的作家，詩與散文的作家，變成有很好的機會，我就拚命地找一些台灣作家，寫東西交給我發表。這當中我也有接到來自海外的短篇小說，這篇小說題目叫做〈奴才〉，我馬上看了，覺得很新奇，為什麼呢？因為內容是寫一名老兵退伍下來，被派到一所小學當工友，那校長就變成他的長官，這個老兵像是伺候慣了長官，像連長啦，到學校來就把校長當長官一樣伺候，完全像一個學校的奴才，為什麼這樣會特別呢？因為那時候有一種外省的情結、一種心結。沒有人敢說一個老兵、一個外省人成為台灣人，或者是部屬，或者是手下，或者像這篇文章所寫的奴才、供人使喚的，做些雜役的小人物，這在當時來講是不可思議、不可想像的。為什麼有人敢寫這樣的題材呢？我做過一年編輯，有這種奇異的感覺，很快見報在副刊發表出來，照慣例會將剪報寄給作者，副刊有人處理這樣的事情，過不久東方白正式來了封信說剪報收到了，開始通信的友誼，他說要試探作為台灣作家的編輯，敢不敢採用這篇作品，我幾乎沒有想到他有試探的意思，我只覺得這篇文章寫得很成功、很奇異，便毫不猶豫地發表出來，他以為沒有人敢發表出來，結果我發表出來了，就這樣我們建立很深厚的友誼。

接下來要提到的是施明正，施明正做為一個作家，他寫作的風

格是自傳式的,他非常詳細地將自己的親身經歷寫成小說。就那麼湊巧的,他本來家在高雄,搬到北部來,他搬到我家附近,搬到龍潭,搬來做什麼?來蓋房子,想要賺錢,但也沒有像建築商一樣,賺到可觀的財富。他蓋了很多房子,到現在都還在,有些差不多破敗了,很少有人住,有人住的保存下來,沒有人住的就壞掉了。因為他搬到龍潭來,就常常見面,我們很談得來,特別他是學拳的,聽說他們家是代代相傳的拳師,聽說他父親是有名的拳師,而且用推拿當做職業,可以用推拿來醫病,有這樣的本事。施明正也學到了全套的拳術及推拿術。在龍潭住了一段時間,沒有賺到很大的財富,後來就搬到台北了,我記得他開了一間施明正推拿中心,聽說很多五大院長級的都讓他推拿醫病,但可惜的是他把酒當三餐來吃,酒不離手,大概是喝酒喝太多了,所以很早就過世了,他只有留下一本書,我一時也想不起書名是什麼,好像是叫《渴死者》——其實是施明正小說精選集,宋澤萊編,前衛出版。

這裡還提到林柏燕,事實上我跟他交往不是很密切,我們同樣講客家話的,而且是鄰鎮,他是新竹縣新埔,我是桃園縣龍潭,是隔壁鄉鎮,不過不同縣。我有一段時間經常有機會去新竹文化中心,會碰到他,他在新竹文化中心工作。他的作品產量也不是很多,我沒有特別的記憶,好像是一、兩本,兩、三本小說。他的小說很特別的是把一些生活的細節表露出來,這樣的作品經常在他的文筆下呈現出來。

照這表介紹,接下來就是黃娟,黃娟目前住在美國,每年會回來一、兩次,最近有一部三部曲的大書,叫做《楊梅三部曲》,好像去年才出版的,我還記得出版時還送到家裡來給我。黃娟跟我有

很遠的親戚關係，是我祖母娘家的親戚，我算是她表叔的樣子，她叫我叔父，就跟鍾鐵民也叫我叔父一樣。黃娟剛出道時，我有一個寫作的朋友，是一個學習翻譯的女性朋友。有一次這個女性朋友在信上提到，她有個女性朋友寫了小說，可不可以給我看？我說當然可以，這是黃娟的作品第一次出現在我的眼前。事實上黃娟在那個階段，還是在填稿子，她還不會分段，填得滿滿的。我要從頭告訴她，小說是要分段的，特別是對白時，你講對字要佔一行，不對也要佔一行，這些細節都是我替她說明的。剛開始我就覺得她寫得相當可觀，我就把她的稿子，介紹給當時台灣作家發表的地方，由林海音主編的《聯合副刊》，在那裡發表出來，所以黃娟幾乎是我帶領她進到文壇的。

陳映真前面我已說過了，他就是一身筆挺的軍服出現在我眼前，不過稍微不敢確定的，是我在戲院出來時，碰到的軍官是陳映

真或是鄭清文？我想不起來，不過兩者必居其一。這兩位軍服的外表出現在我眼前；聽說陳映真目前人在北京，而且病得不輕的樣子，我在報紙上看到簡單的消息。他為什麼跑到北京呢？因為他認定中國才是他的祖國，他的作品有很濃重的階級意識，在筆端流露出來的階級意識，也就是中國共產國家所重視的工農兵文學類的。他所寫的都是小資產階級的，很個人化、很私人化的情緒表露，但一開始他就得到很多讀者的共鳴，他也是我曾介紹過的現代文學的重要一員，他一開始就以新銳青年作家出現在文壇上。我今天這樣介紹他，心裡面覺得不是很舒服，因為他沒有把台灣當作他的祖國的樣子，而且人也在北京，我不知道他最近的消息，陳教授知道嗎？說不定他在北京，過著生病痛苦的歲月也不一定，反正他跟台灣無緣，這是我的猜想。

時間也差不多了，那麼我介紹的作家都是我有來往、有交往的，特別是戰後第二代的，今天看我這些朋友們，各有特色，而且有成就，每一位都很突出的，這是我簡單的報告。謝謝各位。

張維安：
謝謝鍾老的演講，剛剛提到《聯合副刊》的林海音，林海音的公子現在在我這裡教書，現在請陳所長來發言。

陳萬益：
鍾老記憶鮮明，尤其把戰後第二代作家交往的情形，我想用鍾老的說法就是歷歷在目。我想在這裡面，就鍾老所介紹的這幾位，從李喬、鍾鐵民、林柏燕、黃娟，都是所謂的客籍作家，剛才院長提到客家文學在台灣文學史的貢獻，在台灣文學的研究，目前大家都有這樣的認識，一般可能不太清楚，但大家都知道像賴和——台

灣新文學之父，他就是客籍，但到他這個世代的時候，他已經不會講客家話。戰後跟鍾老同輩的也就是鍾理和，也可以說是我們對台灣文學研究不能不重視的前輩作家，我想藉由這個話題引出鍾老在戰後的文壇裡面，對於整個台灣文學發展的貢獻，其中對於客家文學的貢獻，這可能在我們現在可以比較公開，而且有很多對話的機會。基本上是在90年代以後，台灣在幾年以後，過去被禁制、被壓抑、不能談的族群問題，可以公開來談、可以公開對話，尤其在90年代的時候，我覺得鍾老在這個階段扮演著一個很重要的角色，也就是客家協會。

鍾老在90年代帶領整個客協的社會運動，當然這在其他的場次會談到，鍾老在客協運動上的貢獻，在台灣文學、在台灣歷史上，鍾老跟客籍作家的因緣。這樣的關係來講，我們其實也可以很清楚地一路這樣子的講下來，包括剛才我提到這個賴和和鍾理和的紀念館，是少數台灣作家在台灣的紀念館，而這兩個紀念館的成立，鍾老都有相當的呼籲、推動的功勞。之後我們看到這個鍾老，可能很多人還不知道台灣初期很流行的作曲家就是鄧雨賢，鍾老跟鄧雨賢是同鄉，他作的曲如此地受歡迎、傳唱的作品這麼多，卻沒有多少人知道鄧雨賢的生平。鍾老為鄧雨賢辦演唱會，推動各種紀念的活動，甚至於彰化高中有一個很大的演講廳，就叫做「雨賢館」，這些當然是鍾老在客家文化、文學方面的功勞。

我剛才特別在休息的時候跟鍾老提到黃娟，剛剛鍾老也介紹了他跟黃娟的關係。鍾老說黃娟寫了這麼多、這麼努力，卻沒有得到廣大讀者的回響，我剛才特別告訴鍾老說，台灣所就有一位學生以黃娟的《楊梅三部曲》作為碩士論文研究，還在寫作之中。不過

《楊梅三部曲》，我覺得這也是台灣文學中客籍作家，尤其是鍾老所開展出來的文學寫作形式。用三部曲這樣的一個形式，我們現在想說一般小說大河小說，既有自傳性又有歷史性，這樣寫下來的大河小說，從鍾老的《濁流三部曲》、《台灣人的三部曲》以下，後來就是李喬的《寒夜三部曲》，甚至東方白的《浪淘沙》，黃娟的《楊梅三部曲》，這樣子一路以三部曲做為他的文學創作的生涯目標，癡癡的寫下去，我想大概都受鍾老的啟發、受到鍾老的鼓舞。李喬就明白地講出來，他受鍾老的啟發，寫《寒夜三部曲》的心思。等一下鍾老還有時間，可以談談，這是在怎麼樣的一個因緣底下所開展出來的。

今天鍾老大部份是講人跟人之間的交誼，並沒有談到作品的情況，但這些交誼其實影響到這些作家，是一個很大的寫作動力，我自己本人跟鍾老的交往，文壇有一種說法，鍾老的書信像萬里長城一樣，以這樣的長輩作家，以這麼樣感動的內容，我想你不寫也是不行。剛才鍾老說的可能不是如此，說鍾理和倒在血泊裡，因為鍾老鼓勵他寫作，不寫不行，使得鍾理和在急切的情況之下，才會倒在血泊裡，這裡面就可看出鍾老做為第一代的作家，為台灣文壇，為第二代為台灣文學開拓了創作的空間，而且就是以他個人創作的典範，以及綿密不斷的書信而感動了第二代的作家，才能夠開展出第二代的局面，我做一點補充，可以請鍾老再做說明。

鍾肇政：
陳教授給我一個問題，我只好恭敬地遵命，不過，我要先感謝兩位與談的人，給我許多溢美之辭，實在不敢當。剛剛所謂的大河小說，是我開的頭是沒錯，我一直有個想法，這想法就是寫小說的

人，他的內心應該有個很大的構思，可寫成長篇小說，這種想法剛好有人從外國開始，日本也這樣、美國也這樣，提出「小說已經死亡」這樣說法的年代，我幾乎反其道而行，我自己寫又臭又長的小說—三部曲，還鼓勵像陳教授提到的李喬、東方白等。是我鼓勵的沒錯，我為什麼敢鼓勵？因為我有發表的園地，長篇的小說透過三部曲、三本書放在一塊，到哪裡去找發表的地方？特別你是個台灣的作家，你寫的是台灣的事、台灣的人物，在二十、三十年前發表的機會並不多，剛好我手上有《台灣文藝》雜誌，還有民眾日報副刊，那個副刊有很大的園地掌握在我的手上，你寫出來不必擔心發表的問題，所以我才敢鼓勵。這中間一個編輯人跟一個作家會有密切的互動，我若沒有這兩個刊物，我不敢鼓勵人家寫，寫了要在那裡發表？在發表渺茫的情況下，叫人家寫這麼長的東西，至少那是不對的，因為我手上有這樣的刊物，可提供發表的園地。

事實上李喬的《寒夜三部曲》是在我手上刊載的，東方白的《浪淘沙》也一樣，那麼我寫二個三部曲，不過二十幾萬、二十幾萬，總共三部，有六、七十萬字，這樣的規模，李喬的差不多有八、九十萬，東方白更進一步的超過了一百萬字，差不多有一百二十萬字，特別是在當時的文學狀況，要發表幾乎是很困難的，我幾乎是很強力地推動，鼓動他們把這麼長的東西寫出來，從頭我就提供發表的地方。這是台灣文學發展有趣的地方，我現在很欣慰，因為我有兩個園地可供發表，可供朋友們發表作品，不會擔心找不到地方發表。這是我所欣慰的，謝謝各位。

許素蘭：
我本來想把時間留給鍾老，因為剛才的問題鍾老還沒有談到，

其實我對鍾老和戰後世代家來往的情形，都是透過文獻書信來了解，看這些書信不僅會了解到當時台灣文學的發展過程，譬如剛提到的台灣文學作家，在台灣史上都是相當重要的作家，而且他們書信所記錄的，不止是談到文學，還有談到彼此的生活，看了真的是蠻感動的，他們的書信不止是感動了所謂的當代第二代作家，也給第二代作家，在當時一個很艱困的環境中有一個寫作動力，而且很多像剛才鍾老所提到，他們找雜誌、找園地等等，有一個相當大的動力，其實也感動了我們。我應該算第三代吧，如果從年齡上面來看，那些書信其實都是在戒嚴時代所留下來的，我覺得相當珍貴，鼓勵大家去閱讀。如果還有時間，可不可以請鍾老談一下剛剛這個長跑、短跑，心臟大小的問題？

張維安：

因為時間的關係，先開放現場朋友提問。

提問者：

我是清大一年級的學生，我想請問一下鍾先生，就是我自己是自詡清大，我想如果我們想要把鍾先生那個時候，他們對鄉土關注的焦點，移植到現代創作的時候，那些平行的一些架構，那我應該怎麼組合現在這種生活的東西，哪些面向是必須去思考的？不知道這樣的問題會不會太模糊？就是我們如何移植另一代創作的理念？

張維安：

因為聽得不是很清楚，所以就不必答了！還有沒有那位？

提問者：

你剛剛提到陳映真的部份，我想他的小說，譬如說我們都有注

意到他的小說，就是早期的小說行文裡面會有一些長的句子，常常是用介系詞去串結的，我曾在資料上看過就是說，你稱讚陳映真，他小說的文字在日文的運用上有一種協和感，我想請問在他日文的部份，跟他的小說的綴詞運用的部份，是否有可以讓我有理解的地方？

鍾肇政：

我有一點不清楚，好像第一代的，所以謂第一代、第二代年齡大小的問題，當然有時代不同的狀況，所謂移植？我只能說傳承是有的，但是移植⋯不太懂，可以用在這裡的意義，但文學最大的價值是在於創意，文學本來就叫創作，例如小說創作，散文創作，主要的意思是他是獨創的，不能跟人家一樣，這篇小說當然屬於你的，是你獨創出來的，目前我認定寫得最多、最優秀的就是在座的莊華堂，他最近參加比賽，他都拿首獎，目前的冠軍，如果讓他來說，或許會更清楚。我們沒有移植的問題，不管是傳承或是移植，我認為個個都是獨立，我首重是在創作，這個創字，不知這樣粗淺的回答，有沒有對？華堂有沒有意思？有沒有什麼特別的說法？

莊華堂：

我應該算是第三代，我出道是二十八歲以後，晚了一個世代，所以算起來第四代，到我這一代為止，台灣本土作家小說家寫的東西，其實都有從鍾理和到鍾肇政這一脈相承的影子，你去看吳錦發的小說，或者是好幾個人都一樣，都傳承了寫實主義、人道主義的路線，但你可以去看下一個世代，例如李喬老師認為第五代作家中，最傑出的客家小說是甘耀明，他的作品跟我就不一樣，形式上、內容上的翻新，所以到我們這一代為止，傳承路線可能到一個

斷層的危機,例如你去看前一個世代,像舞鶴他寫的小說,一樣是寫實小說,跟我們的卻不大一樣,但還是寫實主義。這種情形,我們從第一講一路辦下來以後,可以看到,我們總覺得有傳承的危機⋯今天在會場,或昨天在東吳,我們看得相當清楚,也就是說很多年輕人不看小說了,或者說很少寫我們那一代的小說。葉老確實有去龍潭看鍾老,但不是穿軍服,穿軍服去看鍾老的應該是履彊,前文化總會的秘書長,台聯黨的黨主席,也是第三代的作家,剛才我還在翻老師八十大壽的紀念文集,履彊有提到這件事情,當時鍾老還嚇一跳,以為國民黨要抓你。我的補充就這樣,謝謝!

張維安:

時間差不多了,我看海報上說,用這句話來作結束,我非常高興能夠有這機會,在公元2007年跟鍾老約會,我們知道口述歷史跟社會記憶有很大的關係,非常高興我們可以跟鍾老一起寫歷史,謝謝鍾老,謝謝陳所長與許老師的語談,謝謝莊先生把這個機會給清大,謝謝大家。

街頭狂飆的年代

台灣筆會與客家運動

主講人：鍾肇政　主持人：羅肇錦　與談人：林文義、黃子堯

文字整理：鍾怡彥　文字校對：一校/劉香君、熊廷笙　二校/蔡金蓉　三校/莊華堂

◎時　　間：2007年10月16日　◎地　　點：桃園縣中央大學客家學院

▲ 前排左起林文義、羅肇錦、鍾肇政、黃子堯、莊華堂
　攝於中央大學客家學院會議廳（蒲公英文教基金會提供）

ᘐ上半場ᘒ

羅肇錦（主持人）：

鍾先生雖然是客家人，但他的作品已經跨出客家到整個臺灣文學，還可以跨到日本，甚至海外各地的藝文界。雖然跨那麼多、那麼廣，但他才八十出頭而已，還非常的年輕，這是不容易的。鍾老從日據時代開始就一直寫作，不曾間斷，才有今天的成就。我跟鍾老早年在客家的電

視節目「鄉親鄉情」中，一起主持了快一年，之後跟鍾老到美國各地巡迴參觀，跟鍾老非常熟識。前言我就說到這裡，先請鍾老。

鍾肇政（主講人）：

今天的題目是〈街頭狂飆的年代〉，我曾經跟很多朋友們一塊走上街頭，記得有一場是喊「郝柏村下台」的，已經二十年了，印象還很深刻。那天我們在台北棒球場集合，正要出發時就下起了大

雨，還沒走出棒球場大家就淋溼了，渾身溼透，不過在大雨中還是走得很愉快，我也喊得很響亮：「郝柏村下台！」我不曉得現在郝柏村在哪裡，不過被我們喊了幾句後就下台了。

關於美麗島事件當時的狀況，美麗島事件的年代，台灣社會還在長時間的戒嚴統治下。從小我對戒嚴令就有很特別的感受，那時是日本統治台灣的年代，有一批年輕的軍官忽然起義，把幾個日本中央政府的大臣殺掉，那些大臣是主張和平的，但軍方主張發動侵略戰爭，第一次發動的就是所謂的「滿州事件」，日本人把東北地區搶過去。這些日本軍人就是所謂的激進派，急著要把日本的國力向外擴展，所以跟日本隔鄰的幾個國家，像韓國，早被日本人併吞了，下一個目標就是跟韓國連在一塊的中國東北地區，那場戰爭就是九一八之戰，日本人把東北地區通通併吞，成立了滿洲國。那時日本人為了謀取東北而發佈戒嚴令，是我一次聽到所謂的戒嚴令，我都不敢出去，情況是嚴重的。

戰後國民黨所頒布的戒嚴令長達三十八年，二十年前才解嚴，前些時候才辦過解嚴二十週年的活動，有一些歷史性的鏡頭在電視上出現。美麗島事件就是在這過程中，為了要反抗國民黨的戒嚴，而由民間蓬勃的力量發展出來的。

那時有一本雜誌叫《美麗島》，是由反抗國民黨的黨外人士辦的，他們集結起來，後來就演變成民主進步黨。當時國民黨有所謂的黨禁、報禁，不能出新的報紙、不能組新的政黨，這兩大戒嚴令下的命令，亟待這些民主人士衝破，所以這些人士集結起來，發行《美麗島》雜誌，在台北發行時，瘋狂暢銷，然後成立台中分社、

台南分社，最後一個分社是在高雄。有個作家叫楊青矗，他就是高雄分社的主任，他邀請我開幕那天到高雄去，結果有一個朋友告訴我，國民黨已經準備要抓人了，最好不要去。當時如果我不聽勸告而南下參加開幕活動，那我就被抓起來了，變美麗島受難人士，坐幾年牢，或許現在就是民進黨的重要成員了。國民黨長期的戒嚴，最後被民間壓抑許久的力量衝破了，不過卻造成很多人被關進牢裡，像呂秀蓮，還有很多目前在政壇活躍的人士，許信良、施明德都是美麗島事件出身的。

　　接著談談我跟施明德、許信良還有李登輝的互動。許信良他是中壢市人，而我住在龍潭，兩人離得很近，很早就有一些來往。我印象特別深的是有一次許信良到我家裡，忽然說：「現在搞政治的都是沒有思想的。」我被這句話嚇住了，很意外的一句，他是在罵人還是怎樣，搞不清楚，為什麼現在政治人物都是沒有思想的？當

然他是指這些黨外人士，國民黨當然不用說也包括在內，我就問他說的是誰，他沒有回答我，不過我腦筋一轉就想到了，我說：「沒有思想才能搞政治啦！」反而把他嚇一跳。我當然不會搞政治，我只是寫幾篇騙人的小說，其他政治一概不懂，不管這些人在外面搞得如何轟轟烈烈，我都躲在自己的書房寫我的小說，我只會動用我這支筆，結果變成我跟這些政治人物漸離漸遠，施明德也一樣。

我一直記得施明德曾經開過一個畫展，他的幾個兄弟會畫畫，他把我拉去他兄弟的畫展參觀。我跟施明德很早就有一點來往，特別是他的哥哥，叫施明正，跟他們幾個兄弟走得很近，施明德有一本書還叫我幫他寫序，我就寫了一篇很長的序，題目叫〈光的追尋者〉，我用這個來形容施明德當時的政治活動狀況。最近他在搞阿扁下台，我很不以為然，莫名奇妙他為何搞那個紅衫軍，真的不懂施明德的用意何在？我所認識的施明德並不是這樣的，所以我懷疑在某些方面，有人對他有什麼援助之類的，對我來說是相當合理的猜測，不過我也不想問他是不是真的，因為這是一種政治動作，我完全不想去理解，不希望去理解，當然不會去問他。

現在我們發現許信良常去大陸，連家都搬到北京了，而且受到很優渥的待遇，這兩位現在跟我是越來越遠。施明德去年開始搞紅衫軍時，鬧得很兇，有幾個朋友打電話給我：「你跟施明德有交情，去勸勸他不要這樣搞，把整個台灣社會都搞亂了。」他要我去勸施明德，但我沒資格也沒有能力去做這樣的勸解，結果我沒有任何的動作，我覺得你搞你的，我寫我的小說。

現在談談李登輝。我跟李登輝有一點點的互動，在中學時，

我們是上下級的同學，他高我一期，我們住在同一棟學生宿舍、同一個房間。在他飛黃騰達以前，是中央政府的農業專家，他經常到鄉下，所以到我家附近考察或路過時，偶爾會來看看我，聊一些以前念書時的事情。在我印象裡面，李登輝是一個非常用功的學生，我跟他住同一個宿舍時親眼看到的。我就讀的學校淡江中學，是一間龍蛇雜居的學校，用功的人不多，了不起大考時大開夜車，小考時小開夜車這一類的，大部分都這樣，我也在其中。但李登輝就不一樣，他好像每天面臨大考一樣，他的用功真是驚人，每天開夜車開到半夜。學校的學生宿舍是日本式的，房間是榻榻米的，出來是木地板，所以要讀書寫字，要坐在榻榻米上或坐在木板上，桌子是矮的，坐下來大概到胸口，他每天晚上都把自己的桌子搬到房間外面，那邊會留一盞小燈，讓上廁所的人看清楚，也就是說他每天晚上就在廁所旁邊開夜車到深夜，半夜過了還在開。

有一次他到我家裡，也是順道來的，談起了從前念書的事情，我說：「學長，你從前是這麼樣用功，從來沒看過像你這麼用功的人。」他說：「當然啊！沒有用功怎麼考得上，像你啊，不用功就算了，倒是看那些課外的書。」他還記得我專門看小說那些有的沒的，其實我就是閒書看多了，變成一個閒書的寫作者。我要封筆前還寫了一系列的情色小說，很多人被我嚇一跳，我覺得人老了要寫一點不一樣的，好玩的。我對日本文學比較熟悉，因為我是念日本書長大的，日本作家臨老都要寫一些比較情色的，像川端最後一篇〈睡美人〉，寫一個女孩脫光光躺在榻榻米上，吃了安眠藥不省人事，她收費供一些老人看，這些老人都已經不算是男人了，他們可以看她，摸一下也可以，像這樣的故事，我還沒有很老的時候就看

了，受到一些衝擊，心想川端在得了諾貝爾獎以後，好像就改頭換面了。另外還有一個很著名的作家叫谷崎潤一郎，他也是晚年寫了〈鑰匙〉，鑰匙打開來就是房間，他寫他老婆偷情的故事，是很色的。他們都是在晚年時開拓新的境界，當然小說裡面也會有一些愛情的場合，不過專門寫愛情的是在晚年才寫出來，這些是題外話。

我跟李登輝的互動就是這樣，他還記得我專門看閒書，他也沒有說我看閒書是不對，所以他說：「我們中學出了兩個天才。」其中一個是我，還有一個是畫畫的，當時在唸書的時候就有一個畫畫的，在日本時代的畫展上出過鋒頭，現在想不起他的名字，不過我記得有這麼一回事。

莊華堂（計畫主持人）：

今天設計這個題目〈街頭狂飆的年代〉，主要著眼於鍾老在那個年代曾經擔任民間兩大組織的創始人——一個是台灣筆會的會長，當年鍾老擔任台灣筆會會長的時候，他的秘書長是現在在座的林文義先生。我跟現在《客家雜誌》的總編輯林國隆、還有王家祥，是在鍾老擔任會長時入會的，那時我是跟在林秘書長後面提皮包的，所以今天會長、秘書長、小秘書都到了；另一個職務是HAPA客家公共事務協會的理事長，從那時候開始，包括《客家風雲》、《客家雜誌》，還有往後客委會的成立，客家廣播電台、客家電視台的成立，都跟那個有關係。那個年頭的《客家風雲》雜誌和客家公共事務協會，鍾老是創會的理事長，而曾經擔任過分會的會長，以及現任HAPA秘書長的黃子堯先生，今天也在座，所以請他們來再恰當不過，以上是我的補充說明。

羅肇錦（主持人）：

剛剛講的部份鍾老等一下會說明。林文義先生與鍾老有特殊的淵源，現在請他先講。

林文義（與談人）：

台灣筆會是鍾老跟鄭清文先生、李喬先生、葉老前輩組成的，我們要去登記，國民黨政府不讓我們登記，說我們是非法組織，既然是非法組織，那就要做非法的事，所以就去反國民黨。

鍾老跟我的淵源很特殊，鍾老小時候是在台北大稻埕長大的，我家也是在大稻埕，他是太平公學校畢業的，我是太平國小畢業的，鍾老是我最早的學長。有一次學校要頒榮譽校友給我，我說要頒給鍾老才對，太平國小出了許多傑出校友，那所學校自古就有它的傳統，台灣光復後，別的學校都穿卡其褲，穿國民黨時代的衣服，只有這所學校最驕傲，穿藍色的西裝，戴日本大學生的帽子，上面有櫻花，當然這不是崇日。我在學校裡就已經聽說鍾老了，因為鍾老對我們這輩作家來講地位很崇高，我們從小就讀過他的

《插天山之歌》，他是台灣第一個以客家作家身分，非常謙卑的，在原住民文學還沒產生之前，替原住

民講話，鍾老曾經告訴我：「作家絕對不可能跟執政的站在一起，作家是永遠的反對者。」我告訴我那些朋友們，有一天你會發現什麼才會留下來，就是文學。記得在狂飆的時代，我追隨著鍾老，那是他當台灣筆會的會長，我會當他的祕書長是因為他不嫌棄我，因為我以前跟鍾延豪非常的好，喝酒都算一份，還有吳錦發。我1988年從美國回來後，就追隨著鍾老了，因為鍾老告訴我文學一定會留下，所以這幾年在本土作家中，我不是寫得最好，但是我是寫得最多的，我在十年出了八本書，誰也逃不過我的一支筆，我是一個沒有用的人，但是鍾老教我怎麼用文學當一個有用的人。

我簡單的來補充一下，美麗島事件發生時，王拓、楊青矗他們兩個被逮捕，陳若曦女士她回來，回來要面見蔣經國，那時候鍾延豪打了一個電話給我，他說葉老要北上，大家約在北投的一間溫泉旅社。鍾老剛才沒有提到這一段，於是我們趕到新北投那家旅館時，一群警察擋著我們不准進去，因為那是台灣本土作家南北大會合。我們要去跟陳若曦女士見面，那時候陳若曦女士是一個傳奇，她到中國大陸去，又從中國大陸脫離出來，寫了〈尹縣長〉，她得到第一屆的吳三連獎，她回來時要跟我們所有的作家見面，那時接到電話說鍾老叫我們一定要去。我們這些在國民黨教育下長大的，覺得這是有趣的經驗，就去了，沒想到大軍壓境，作家才二、三十個，北投分局、士林分局出動大概一、二百個人，包括便衣，叫我們不能進去，我們就在一片爭吵中進去。那家旅館很小，溫泉也不熱，茶水也不好，那時候我就看到鍾老坐在那邊，我一直覺得他像我爸爸，我們這群年輕的作家一直記得鍾老的一句話，是客家大老吳濁流先生的一句話：「拍馬屁的不是文學」，不過當年唸這句話

的人還有在拍馬屁。

羅肇錦：

接者請黃子堯先生補充。

黃子堯（與談人）：

剛才鍾老和林文義先生提到所謂的黨外時代，也就是早年還沒解除戒嚴的年代，作為一個客家人或一個客家文學人的身分，很少有人敢站出來，當時客家人在公共事務、公共政策或在整個體制面上受到打壓，尤其是文化、教育、母語等方面。除了像許信良等寥寥可數的幾位外，客家人在政治體制面、關懷台灣的命運前途與顛覆整個體制方面是很少參與的。

以前我不認識鍾肇政先生，我第一次看到他並不是親自見到他，而是在「還我母語運動」完後，台灣電視公司設立了一個「鄉親鄉情」的節目，有一段鍾老講幾分鐘，羅肇錦老師也講幾分鐘，那時我才認識他們兩位，但他也不認識我，是我看到他而已。不過那時候的「鄉親鄉情」真的非常可憐，一個社會運動，客家人站出來發出很大聲音的一個運動後，才得到這半個小時的節目。早年在公共的媒體裡面，客家話的節目非常難得，甚至都沒有，有的只有短短的半個小時，那半小時節目時間還經常被調

整，有時調整到七早八早，有時又不知道搞到幾點，所以這個節目在當時很受歡迎，因為真的很難得。

後來一直到1990年，也就是鍾老同時擔任台灣筆會、台灣客家事務協會的兩個會長時，我記得巫永福先生在台北火車站斜對面YMCA那邊，舉辦巫永福獎的頒獎典禮，我才第一次當面見到鍾老。我就跟他說，我想用客家話寫一點東西，寫一點詩，請鍾老指教指教，結果鍾老跟我說，這可能要找陳運棟先生，後來我就打電話給陳運棟先生，結果陳運棟先生說這個他比較外行，又給我羅肇錦先生的電話，我才打電話給他，是這樣輾轉才認識羅教授的。

台灣筆會、台灣HAPA等，都是鍾老擔任會長時，我才加入的，不過我參加笠詩社倒是非常早，高中快畢業時就加入笠詩社，但是參加這兩個團體還是那時候才接觸到。

我一直對文學有興趣，並嘗試用客家話寫作，有一年在苗栗縣立文化中心舉辦一場客家文化討論會，我發表一篇文章，不客氣的指出鍾老你的著作等身，但是我沒有看到用客家話來寫作的，在作品裡面也沒有展現出客家的族群意識、為客家仗義直言，或表現強烈的客家特色，這篇文章叫〈客家文學的省思〉。除了張良澤在早年提出客家文學的初步想法外，我是第一個，但他的觀點是客屬作家層次。當天鍾老、李喬都在場，他們兩位老人家聽了以後嚇一跳，怎麼還有客家文學的觀點。雖然鍾老是跨越語言的一代，用中文寫了這麼多作品，真的不簡單，但是沒有看到他用客家話來書寫。在我提出這些觀點後，九二年鍾老發表一本小說《怒濤》，裡面就有中文、日文及客家話了。

　　我認為在某種程度上，早年再講到客家人、客家文化時，客家主體性比較單薄；想融入或跨越族群的領域時，客家人又太超然，有這麼多成就，這麼多好的創作成績，但沒有人認為那是客家文學的代表作，我覺得有點遺憾，所以一直提出客家文學來刺激文壇，我們在這方面要加油的地方還非常多。

羅肇錦：

　　現在開放提問，兩位與談人也可以問。

張華鋒（中央大學客家語文研究所）：

　　我有一個問題，就是客家文學通常比較少人去寫，而且也牽涉到讀者的接受程度，因為用客家詞語寫小說或其他文章，一般讀者比較沒辦法接受，即使是客家人，也要具備某種程度才能看得懂，對這方面，讀者的接受程度要如何解決？

廖純瑜（中央大學客家語文研究所）：

　　民國七十幾年我參加耕莘寫作會時，是鄉土文學的興盛時期，那時閩南語文學已經慢慢冒出來，像黃春明老師就寫了很多，不是客家人不努力，而是即使是客家人也看不懂客家文學，那是因為有語言障礙，客家話很難翻成文字，文字的翻譯又不夠大眾化，變成大家在詮釋上會有點問題。另外客家人是弱勢民族，很多人對於客家的生活背景可能還有點陌生，所以我覺得這是我們大家要努力的，要如何把客家話轉換成大家熟悉的文字，如何讓民眾了解客家人的背景，我想這樣的話，客家文學一定指日可待。

　　我進入學校後，參與了電子報編寫，我一直想做我手寫我口的創作，剛才兩位同學提到的問題，我一直有在做，我把自己想知道

的、所知道的反應出來，經過我寫出來後，我覺得從前帶著我成長的一些人，他的生活更清楚，似乎又重新活了過來，因此我覺得用客家話來書寫是很重要的。不過有一個問題就是在電腦的部份，有些字電腦打不出來，我們很努力去克服一些字，可是傳到編輯手上時，他們會說我們客語所寫的東西都看不懂，還有錯別字很多，我們的語言文字沒有國語書寫順利，這是大家要努力的。

黃子堯：

今天不是針對客家文學或客語文學的問題來做詢答，當然我也希望能有機會針對這個議題做一個討論。不過以我的經驗來說，剛才兩位同學提的問題，我認為不是問題。十七年前我出版第一本詩集《擔竿人生》時的問題現在還在提，十幾年前我用客家話寫詩時很可憐、很辛苦，我用中文寫一首詩，可能五分鐘就解決了，但我的第一首客語詩〈懷念媽媽〉寫好後，不知道跟羅教授討論了多少次，基本詞彙要用哪個字，客家語法的碩士論文都翻到爛，那時就在掙扎寫的人看得懂嗎？有人要看嗎？這個問題是客家文學，包括台語文學要克服的。至於客家話能不能寫出好作品，其實文學分為兩種，就是作品要讓一萬個人看一遍，或者作品是一個人看一萬遍的問題而已。

羅肇錦：

這個跟今天鍾老的主題有點偏離了，有機會再另外開研討會，這就暫時不談，我們還是以鍾老口述的相關內容為主題。

ᘓ下半場ᘏ

鍾肇政：

除了剛才的主題外，還有《南方雜誌》和客家電台的主題。這兩個媒體是地下的，地下雜誌和地下電台，在戒嚴時期，要出書、雜誌都要經過審查，要有許可證或登記證的，這樣才能發行刊物或出單行本，才可以送到書攤或書店賣，否則通通會被抄走。我還記得地下雜誌最風行的年代，雜誌的數目數都數不清，那時管言論自由的是警備總部，他對媒體、雜誌、廣播都有生殺予奪的大權，例如你在印黨外雜誌，往往在印刷廠已經排版好了，正要上機器印時，他就來抄走，或剛剛印出來，還沒發送到書店時抄走，令你血本無歸。不過當時搞黨外雜誌的都不怕血本無歸，他們願意源源不絕地把雜誌印出來。現在民主自由的社會，無法想像當時的狀況。

不過講到民主自由，又想到所謂民主的轉型，或叫轉型的正義，我們是轉型了，但正義沒有了，以前犯錯的、做壞事的沒有審判，在德國，希特

勒的納粹黨，二次戰後都被審判，他們逃走也是被抓回來，很多都送上電椅。今天這個正義在我們這裡沒看到，應該也看不到了，國民黨目前還虎視眈眈的要奪回政權，這是世界歷史上的奇觀，在別的國家恐怕看不見，台灣人還容忍這樣一個政黨，想來也很無奈。

現在的台中市長胡志強，當年是新聞局長，表面上是主管，查禁、沒收電台機器，我們的客家電台機器被抄走很多次，因為是地下的，沒有登記證的，每次被抄走，就會有很多聽眾，附近的客家鄉親，大家集合在新聞局抗議。有一天胡志強到我家來，他說鍾老，你的地下電台的電波，會讓飛機掉下來，我說你騙三歲小孩呀！我們電台都是小功率，有效範圍非常有限，對飛航安全不可能有影響。他被我罵走了，不過他被我罵一次就升官一次，後來當到外交部長。有一次我在美國開會，他有到場，我又當著開會的場面數落他，說他抄我的電台，結果他又升官了，這些事都變成不為人知的歷史事件了。

羅肇錦：

鍾老要把時間留給大家，林先生還有好幾部分想談沒談到，現在請他來談談。

林文義：

我很簡單的講幾個事件，剛才講到施明德，大家好像不怎麼要談，我受到鍾老影響，曾經當過施明德三年的辦公室主任，我很坦白的說，也許我的綠色情節太深，他組織紅衫軍時曾跟我聊過，希望我能幫他一點忙，然而他旁邊站了那麼多泛藍的人，我實在沒辦法幫他，但是我祝福他。

剛才我很感動，黃先生帶了我以前主編的《自立晚報副刊》，那個副刊我把它當作台灣筆會的會刊，吳豐山先生常把我叫到樓上，先拿根菸給我抽，然後很溫柔的跟我說：「你為什麼一天到晚登陳芳明的東西，為什麼一天到晚把你們的副刊當作租界，一天到晚刊台獨的東西？」我說我就是台獨，到現在還是。

現在我要談談《南方雜誌》，我記得我在《自立晚報》編副刊時，那天《台灣文藝》在碧山岩辦了一個文學營，我們辦文學營是公然向國民黨挑戰，因為他們知道我們這裡面很多都主張台獨，在碧山岩底下有一間金龍寺，那邊矗立了一座吳濁流先生文學獎的紀念碑，所有得獎者名字都在上面。那時鍾老很神秘的跟我說，你今天會見到一個你很想見的人，這個人叫呂建興，筆名叫呂昱，在高中時就被抓去關，關了十五年，他跟鍾老通了很多信，他現在要辦一個雜誌，叫《南方雜誌》，第一任主編是現在民進黨立法委員郭正亮，當年他的筆名叫江迅，榮譽發行人是鍾老，《南方雜誌》出了十五期，被禁十二期，跟前衛出版社的《台灣新文化》有相同的命運，出一期，被禁一期。鍾老那時候就在很多黨外雜誌發表一些東西，包括談到他跟楊逵，葉老的互動。我們這群年輕的文學家，當年都跟著鍾老，尤其419、520，還有反軍人干政，台灣筆會都把旗子拿出來，鍾老在無形中已經成為精神領袖了。

剛才幾位客家朋友的問題，十幾年前我在編本土副刊時，那個本土並不是福佬的本土，各位不要那麼悲觀。我只有一句話，鍾老、李喬、鍾理和跟其他客家作家的成就，就我站在福佬人的文學立場來看，他們從不把鍾老只當成客家作家看，他們是台灣文學的大老。還有福佬的文字從古漢文來，客家的字也是，問題是要如何

呈現，我記得鍾老的《怒濤》裡面有日本話、福佬話，很重要的他把客家話也寫在裡面，所以那本書怎麼讀就是舒服。

最後，鍾老跟施明德的互動，那時施明德剛被放出來，小說家李昂小姐幫他寫了《施明德前傳》，那時他組了一個台灣重建委員會，找了很多學者，鍾老是施明德佩服的人，鍾老還幫他的《囚室之春》寫了序，不過我知道鍾老最主要的感情並不是在施明德身上，而是在很傑出的小說家兼畫家施明正身上，我到鍾老家去，他家牆上掛的畫就是施明正的；還有另外一位跟陳映真非常好的畫家，他們兩位的命運都一樣，都是喝酒半絕食過世的。最後一句話，文學是不分黨派的，只要是好文學，管他陳映真還是鍾肇政。

黃子堯：

剛剛我談到的大都是鍾老跟客家運動有關的部份，前面提到1990年鍾老擔任台灣筆會與台灣客家公共事務協會的會長的前一、兩年，他跟羅肇錦教授組一個團隊，到美國巡迴演講，那時在美國

的黑名單份子、留學生與其他台灣人組的同鄉會，他們在美國各地舉辦夏令會，因為這些黑名單份子有家歸不得，滿腔悲憤，在那邊討

論要打倒國民黨，鍾老到那邊去，受了FAPA台灣人公共事務協會的影響，回到台灣就跟一起去的《客家風雲》的主編，或總編輯陳文和先生等幾位，組織了台灣客家公共事務協會，台灣客協跟台灣筆會一樣，掛著台灣兩個字，是不可能向內政部登記成立的，都是地下組織、地下民間團體。

台灣客協一開始是陳文和先生擔任秘書長，我從那時候開始擔任副秘書長，開始有很多機會跟著鍾老在很多場合出現。那時鍾老提出一個主張，就是「新的客家人」的理念，以前的客家人給人刻板的印象，就是很保守，然後一直講老祖宗的偉大，鍾老的意思是要客家人勇敢站出來，要發出聲音，不能再沉默，不能當隱形人，尤其在台北，客家人都變成隱形人，聽不到客家話，看不到客家人的存在。客家人雖然在各行各業很傑出，但都不見身影。

當時台灣客協沒有經費，不過鍾老當過國小老師，教過很多學生，再加上他跟一些台獨份子有交情，所以他們願意來協助。那時我們辦活動都是在台大校友會館，那裏好像是民主殿堂，很多活動都在那裡舉行。我們為黨外候選人助選，成立了「新客家助選團」，因為以前的客家人會傾向執政黨或資源較多的團體，一直都沒有聲音，所以我們辦新客家演講會，巡迴助選，當時很多報紙，包括《台灣時報》的社論，都用客家助選團編出一篇社論，很多標題都是客家人站出來了、站起來了，可見行動很成功。另一點是讓全台灣的客家鄉親可以站出來，可以站起來，我們也辦了全台灣的巡迴演講。其中有一個就是陳水扁選台北市長時，鍾老因為副會長梁榮茂先生的關係，羅文嘉是他的學生。

事實上羅文嘉是新入會的，他的客家話不怎麼會講，都還不太會講。那時候就因為台大的客家社，在梁榮茂教授協助下成立起來，是最早成立的一個客家社。陸陸續續就再拉羅文嘉出來，然後在羅斯福路旁邊的福華小館，那台電大樓旁邊的福華小館。我們就在那邊，就把很多可以說是開天闢地以來，第一份的客家白皮書在那邊討論草擬，在那邊決定。當時陳水扁他沒有想到，他真的沒有想到，我們也沒有想到，他當選了台北市長，所以當初很多的白皮書裡面發表的一些政見，都一一在台北市兌現了，從那個時候開始，所謂的台灣客協，或者是說整個的台灣客家運動，開創了一個很大的新局面。

後來我們有設立了寶島客家廣播電台，電台剛開始的時候，台灣客協的相關成員參與不少，我本身也擔任地下電台時候第一任的台長，那時候我才三十六歲，就擔任地下電台的台長。鍾老在後面很多地方鼓勵我，有時候要募款，有時候電台被抄台，他都伸出的不能說是援手，這個本來就是，對鍾老一個客家子弟來講，是他的責任也有這種使命感，所以後來電台因為經營的問題，財務不善，鍾老又跑來當榮譽董事長，第二屆的董事長鍾老在接棒的時候，客家電台在接棒的時候，鍾老還講了一句我們客家的名言，因為那時

候電台快垮掉了，會橫掉（客語），聽的懂得就知道這句客家話，已經是非常非常嚴重的，非常無奈的一個局面，所以那時候整個寶島客家電台在重新改組，我本身又再沒有多久之後，又在回任台長。

那時候，我們一直認為電台可以提供我們客家人，一種發言的舞台──有話不敢講，要站出來講的時候不敢講，所以那時候很流行CALL IN什麼的，那時候我們客家鄉親真的可以暢所欲談，這個是非常意思的，也真的是打開了我們客家的能見度，甚至一直到後面我們看到，包括行政院客家委員會成立等等的過程。在2000年陳水扁當選總統的時候，陳水扁總統親自到鍾老家來，頒給他總統府資政的聘書的時候，那時候我還擔任台長，那時候我感到非常的高興，我心裡面感到非常的真的是「很爽」（客語），我在台北拉了一台遊覽車弄了一個山歌班，到鍾老的家門口唱山歌，讚揚陳水扁，當時我的心情是這樣，一個堂堂的總統到了我們鍾老家，不單單是他的文學的肯定。

到今天經過了六、七年之後，有些地方有些觀點，我認為是還是有推敲的空間，就像前面林文義先生一直講的，我對鍾老以前的崇拜，也認為說跟著他跑，我覺得非常好的地方就是，以前他提出的──新介客家人（客語），在野的這種角色，所以我到今天為止，我對這句話的印象都非常非常的深刻，只不過時代變了，很多東西可能沒辦法可以完全掌控的，所以從《客家風雲雜誌》、《客家雜誌》一直到台灣客家公共協會到寶島客家電台的成立，一路這樣下來，這些一切一切，我們面臨很多新時代的挑戰。

羅肇錦：

黃子堯先生佔了不少時間，等等後面要把你扣掉，剩下的時間還是留給大家，他們有這樣的經歷你們沒有，大家都很好奇，有什麼值得再把他講的清楚一點，或者有想到很有意思的，好不好，現在等於快結束的時間，我們不會限的這麼嚴啦。

顧敏耀（中央大學中文所博士班）：

我想請問一下鍾老，您在解嚴前後參與了非常多的社會運動，當然有的是自己直接參與，有的是在旁邊看這樣子，因為您的小說有關於日治時期，有關於二二八的，那是不是有想過，把這本精彩的經歷寫到你的文學作品之中，謝謝。

鍾肇政：

我二十歲的時候台灣光復，我是光復以後才學中文，學ㄅㄆㄇㄈ我是這樣學起來的，所以我的經驗在日據時代，雖然只有二十年的經驗，二十年間我從青少年從少年到青年，漸漸懂事這個階段，都是在日本時代。所以我寫的一些青春小說或者成長小說，大部分都是取材於我個人日本時代的生活經驗，比如說我有一部書叫做《八角塔下》，這是寫淡江中學那邊，有一個相當有名的八角形的塔，那麼八角塔下，說在這個塔下發生的總總切切，當然是我自己的經驗，主要是以中學生活為主，我寫那個階段。我在念中學的時候，正好是日本統治的末期，有所謂皇民化運動，那種經驗是戰後年輕一代所不知道的，那樣的狀況，所以我就把他整個的寫下來，就是《八角塔下》這本，那麼我還有《濁流三部曲》，這是寫日本時代，也是我個人的經驗。

我中學念五年制的中學唸完，考不起上級的學校，被李登輝說中了，我是考不起，考不起怎麼辦呢，找一個事情來做，我變成一

個小學代用教師，我在故鄉，那時候我父親住在大溪，就在那個地方小學謀得了一個教書的職位，教了幾年書然後才考取師範學校，仍然是當老師的料子，那麼我在大溪當代用教師的時候，發生過一些愛情的問題，才十八、九歲不過蠻會想女性的，有一些日本女老師在我筆下被我寫的活靈活現，這些就是日本時代的經驗，變成我的小說的一些作品《八角塔下》、《濁流三部曲》。

羅肇錦：「有空去看看那幾本著作。」

陳怡志（輔仁大學）：

在這邊遇到鍾老以及黃子堯等，在一些客家的運動上面，是不遺餘力的，我想要請問，我們知道客家族群是在桃竹苗以及南部地區，就是分成這兩個族群聚居位置，那麼在他們的政治立場，很像有深藍跟深綠的立場，那我想要請問你們，在推動客家運動上有沒有區域上面的不同，就是哪一邊的人參與這樣客家文化，站起來讓客家運動文化推廣上面，有沒有什麼樣區域上或是自己的因素？

黃子堯：

其實整個的民主運動，台灣的民主運動一路這樣下來來看，並沒有說客家人的本身立場，或者是說藍、綠之間的區隔，並沒有說非常的明確，因為早年台灣交通並不是很發達，南部的客家人說真的跟北部的客家人，基本上沒有什麼聯絡，也沒有特別的聯絡的方式或模式。但因為南部六堆的客家，人也是大量的人口外流，也就是說到北部來工作，或者是來北部來上學讀書，所以在這樣情況之下，台北其實已經變成是客家精英——我強調這點，客家精英集聚的地方，也就是說在台北的整個的關懷民主運動，或者是說整個的客家的復興運動來看，南北客家人的立場是相當一致的，並沒有

說刻意的說，北部的鍾肇政跟南部的鍾理和或鍾鐵民有什麼差別，其實這方面來講並沒有什麼，反而因為文學的淵源，鍾老跟鍾理和他們父子甚至是南部的彭瑞金等等，都非常的密切，這一點我要特別講，對於台灣客協來講，在客家運動的過程中，鍾老帶著我們全台跑，我這裡面的剪報很多，《台灣時報》我們幫余政憲助講、幫蘇貞昌選屏東縣長，去助講等等等，到後來我們六堆分會的會長吳應文先生，還擔任屏東縣副縣長，後來還代理縣長等等等，台灣客協的成員包括到今天徐正光、范光群等等等，都擔任過客委會的主委、司法院的秘書長，什麼什麼好多好多，只不過這也是後來的一個結果，也就是說客家精英如果說按某方面來講，真的是站起來了。

莊華堂：

其實今天的與談人是邱榮舉教授，因為他人在大陸今天沒辦法回來，他有交代好幾個人選，包括楊長鎮、梁景峰教授，包括好幾個當年客家風雲時代，或者是1988年還我母語運動的時候幾個領導人，這些人今天都沒辦法來，所以我們請黃子堯來。我簡單回應這個問題，今天我在想說鍾老跟羅教授，會不會提到一個問題，我在手冊序言裡面有提到，我們會在中央大學的客家學院，請羅所長來主持，事實上他有多年前的公案，這公案也可以說明客家運動路線跟立場的問題。

剛剛我們在車上來的時候，鍾老又跟我提醒一次「羅教授識罵過我」（客語），這是十幾年前的舊事，這個事情大概跟黃子堯剛剛談的，客家助選團有關係，羅肇錦的文化立場與政治立場是不太一樣的，鍾老的立場是先把國民黨幹掉再講，羅老師的立場是，客家

公共事務會政治盡量不去參與，對客家有利的我們盡量爭取，所以產生路線的差異，等一下羅老師是不是願意回應一下，不過我特別提到一件事羅老師今天主持這個節目，除了說他是所長之外，還有很重要很重要關於1988年客家母語大遊行的時候，那一天那篇〈告中山先生文〉就是羅老師的手筆，等一下羅老師願不願意以客家話秀一段，簡單說明，謝謝。

羅肇錦：

我簡單說一下，我現在立場很清楚，後來在客家雜誌寫過一篇東西，我覺得站在客家的立場，藍綠都不是客家的本色，我覺得藍綠都不是客家的本色，客家本色青色，那事情我就不再談了，那是理念問題，以後再說了，好，還有沒有問題。

呂淑娥（師大翻譯所）：

我今天有個問題是想要請教，就是今天的主題是講一些狂飆的年代，講一些當初黨外的運動，還有一些雜誌，我只是覺得說，為什麼就是一些在寫文學的人，本來文學應該是自成一格，然後講一個可能是不關政治，或是不關現在社會的一些動亂的事情，可是為什麼就是作文學的人，他們反而會有更崇高的理想，或者是說有一個願景，而願意去犧牲掉自己原來的一些生活上的安逸，或者是說他們會願意去衝撞現在的體制，然後要去開創一個更美好的未來，我就不太瞭解，為什麼學文學的人會有這種浪漫的情懷，因為現在的政治，我知道很多年輕人都對政治冷漠，那我就不曉得說在座的各位認為，看我們這一代，是不是有另外一種覺得很悲哀，或者是說，希望能夠怎樣去承接你們當初的熱情，謝謝。

羅肇錦：

我想這個問題等等請林文義來回答，不過我插一句話，事實上寫作人他就會視為生命最主體性的問題，除了追求生命最主體性，一定會對於不合理的就會講出來，就剛剛講的，所謂真的知識份子就是對於要講出真理，對於執政的不合理就會有一種反對的一個立場，所以辦雜誌什麼的，應該是跟執政黨對立的，才是有價值的雜誌，這個道理我相信很清楚，我想來請林文義來談一下。

林文義：

我想所長把那個這位朋友的問題都回答了，因為知識份子無他，從賴和先生一直到鍾理和先生，我想鍾理和先生的《原鄉人》的電影大家不知道有沒有看過？他願意回到祖國去，當一個偉大的所謂的中國人，結果人家認為他是台灣人，甚至認為他是日本人，他跟日本人講的時候，日本人就說你是支那人，為什麼大家看到吳濁流先生的《亞細亞的孤兒》的時候，我常常會覺得，其實我這幾年，我應該是最有代表性的，我從黨外時代我開始寫文章，從以前到現在我永遠記得，鍾老常常勉勵我們，有三個姓林的，最近有很多朋友都說，那兩個比你有才氣的在哪裡，一個是林清玄，一個是林雙不，透過當年1986年我們追隨鍾老的腳步，第一次到美國去，他去宣揚他偉大的台獨思想，我在講台灣的文學，然後我一直希望說，我們其實沒什麼力量，只好用文學來寫，這十年來其實有很多朋友，我知道你們一定會問我一個問題，當年那麼支持黨外那麼支持民進黨的人，為什麼又在電視上批評我們自己的總統。

我永遠記住翁山蘇姬的一句話，緬甸我去採訪過，他們的僧侶最近起來抗議，翁山蘇姬是1988年，她是一個前朝總統的女兒，

受盡了寵愛到英國去讀書，然後嫁給一個英國人，他爸爸告訴她妳永遠不要回到中南半島來，因為這一個地方永遠是一個解不開的迷，妳永遠去當一個西洋的一個偉大學者。1988年她回到緬甸，回來就被軟禁，一直到今天她也沒有出來，我喜歡引用她的一句話，她說：「在一個成熟的民主社會，人民要最嚴厲的態度，最懷疑的眼光，來看執政者。」不分藍綠，我最反對的一點是，鍾老當年告訴我們，我們講台灣的歷史，不管是客家、不管是外省、不管是福佬，當你四百年前跟著鄭成功或者是更早到台灣來，我們的歷史跟美國跟所有移民的島嶼何其像，好，你告訴我我最大的心願，我十幾年前我跟鍾老被懷疑台獨的人，現在在電視上講愛台灣的那一群人，就是當年罵我們這一群台獨的這一群，我不講是誰。

　　最後引用一個我的好朋友，一樣跟我一樣有一半客家血統的李應元先生，在六年前有一次，我們上二一〇〇全民開講的時候，我講台獨的時候，他跟我講一句：「唉！你們文學家太有浪漫思想，搞政治不是這樣搞啦。」這句話給大家做思考。我還是堅持我是文學家，所以我回來我的文學，追隨鍾肇政先生，他一輩子永不妥協的，他的文學裡面在溫柔裡面有時候在反抗，今天執政者做的好，我們拍拍手，做不好我就是監督你，不管你是福佬人、客家人還是外省人，因為台灣就是一個獨立的國家。

羅肇錦：
　　我還是簡單的說一下，我還記得當時跟鍾老去美國的時候，施明德在美國就被捧成像神一樣，那時候他還在監獄裡，在那邊把他看成神一樣，結果今天又有那麼多人，把他罵成那個樣子。我是覺得就剛剛我講的那句話，我很清楚，國民黨時代你做的那麼差，

我就批評你，所以那時候我跟黨外都走的很近，可是民進黨上來以後，我覺得很多的作法也太不像話了，所以我就有點漸行漸遠，雖然我漸行漸遠，但我也沒有跟國民黨走近，完全跟國民黨沒有關係，我就覺得民進黨太不像話了，尤其你自己在文學在歷史各方面，你應該很清楚嘛，不要為了政治把文化用偏安那麼遠的關聯去解釋，所以這種立場我就不太願意去接近，甚至不太願意講。對於鍾老我到現在還是很尊敬，不過剛才發覺到以前會有那個，其實裡面最大的一個觀點是，我自己一個想法的問題，這裡面最基本的就是說，我是希望鍾老一直在我心中那麼美好，一個文人不去參與那個政黨，那後來就是政黨這邊一直拜託他，希望他加入政黨，這一點其實給我心理蠻大的打擊，我到現在什麼黨我都沒加入，所以我對這點一直很堅持，可能因為這個，我自己對文化的理念也跟鍾老有點不同，所以我就寫了一些批評，我想這點很清楚，那細節我就不談了。

莊華堂：

好，謝謝羅所長的主持，也謝謝三位的主講人和與談人，我也可以發表簡短的感言，話說若干年前，我跟剛剛提到的台大客家社的創社社長吳錦勳、師大客家社創社社長劉慧真，有一天我跟劉慧真談到施明德，我說：「慧真，如果說捨棄你的男朋友，你想嫁人的話，放眼天下，你想嫁給誰？」他說：「我要嫁施明德。」我說：「我跟妳一樣，我如果是女性，我也要嫁施明德。」施明德是那個年代，我們二、三十歲心目中共同的英雄，這個英雄形象一直維持若干年，一直到施明德叫那些人，把紅衣服穿出來以後，對我是沈重的打擊，英雄形象的破滅，由這個話題，我再延伸到政治

立場跟文化立場的問題，我的政治立場完全跟鍾老一樣，在那個年代國民黨如果不下台，我死不瞑目，然而當民進黨上台以後，對不起，我的學術跟文化立場跟羅肇錦一樣，我有我的主體性，我可以作我的選擇，我覺得相當遺憾的是，當紅衣服穿起來之後，施明德沒有把陳水扁幹下來，我覺得台灣怎麼有這樣的總統，雖然他是前我們支持的總統，可是總統要有總統的樣子嘛，這是我的立場，謝謝。

那年秋天　我們跟鍾老的約會

鍾肇政口述歷史

「戰後台灣文學發展史」十二講

濁水後浪推前浪

與戰後第三代作家的交誼

主講人：鍾肇政　主持人：陳明柔　與談人：彭瑞金、陳建忠
文字整理：熊廷笙　文字校對：一校/熊廷笙　二校/江美芬　三校/莊華堂

◎時　　間：2007年12月13日　◎地　　點：靜宜大學圖書館蓋夏廳

▲ 前排左起黃玉珊、莊華堂、彭瑞金、鍾肇政、陳明柔、陳建忠
　二排左三楊翠
　攝於靜宜大學圖書館蓋夏廳（蒲公英文教基金會提供）

∽上半場∾

陳明柔（主持人）：

今天要談的題目是〈鍾肇政老師與戰後第三代作家的交誼〉，內容主要涉及整個80年代台灣的本土力量，以及兩大文學獎，此外，鍾老會談到洪醒夫、履彊、宋澤萊、林雙不、黃凡、吳錦發、鍾延豪、王幼華等作家，以及和他們的交誼，現在就把時間交給鍾老。

鍾肇政（主講人）：

今天要談一談戰後的第三代作家。如果十年是一代的話，那我這八十幾歲的老人是第一代，七十歲左右是第二代，就是李喬他們那一輩，而六十歲以下的是第三代，像在座的彭瑞金老師就是第三代。

我對彭瑞金彭教授的印象很深，過去很少人評論台灣作家，尤

其是作品評論，然而他在唸大學的時候就有論文發表，現在已經是台灣文學評論家了。當時評論台灣作家的作品絕無僅有，大部分發表的園地，都被渡海過來的作家與評論家佔據，台灣文學根本沒有地位，也沒有園地，好不容易有《台灣文藝》這本刊物，可是只能出季刊，預定的月刊根本沒有辦法出，沒有經費，也沒有這麼多的稿源，所以評論的文章很少有機會發表，不過我可以確定我們已經有自己的評論家。

有一段時期，我跟《台灣文藝》有相當密切的關係，因為創辦人吳濁流先生把一些任務交付給我和趙天儀教授，他那時候幫吳老看詩稿，大家分頭來維持這份刊物，那是困難的年代，沒有園地、沒有地位，甚至被渡海來的作家、詩人、文評家看不起。台灣作家受到日本人統治的影響，所能使用的語彙帶有濃濃的日本味，那是一種特色，受到不懂日本味的人排斥，是很自然的，可是我們就這樣一步一步的走過來。當時我急著培養小說家、詩人，尤其是評論家，年輕的彭瑞金教授忽然冒出來，舉著一面評論的大旗，使我既驚奇又高興。

接下來我要簡單介紹蘇進強，蘇進強他是台聯主席，不過最近他又轉到《台灣時報》當社長，這是我在報上或電視上所看到的消息。我原本期待今天他會來，如果來的話，我會好好的跟他問個清楚，《台灣時報》是不是由他來掌控。有人跟我說《台灣時報》改版的第一天，副刊上出現一篇介紹我的專訪文章，我接到這樣一封信後，一直在等，等那個執筆的人會不會把剪報寄給我，或者報社會不會把剪報寄給我，但都沒有，我就想到圖書館找舊報紙也許看得到，到現在還念念不忘這篇專訪的文章，不曉得寫些什麼東西。

我記得履彊就是蘇進強，他第一次在我面前出現時，是穿軍服的上尉連長，我嚇了一跳，這麼年輕的寫小說的朋友，居然還是現役軍人。以前穿軍服來看我的，記憶裡面有鄭清文、陳映真這兩位，他們穿著筆挺的軍服在我面前出現，那時我在小學教書，會翹班偷偷的去看電影，那時候的電影不像現在，片子上有對白的字幕，進了電影院一方面看畫面，一方面要看旁邊長條型的小銀幕，那是字幕，對白也沒有通通打出來，只把劇情概要用那個小小的銀幕打出來的。有一天我在看的時候，忽然打出「鍾肇政外找」，鍾肇政外找是很嚴重的，因為我是翹班偷看電影的，這樣一來等於是公開你鍾某人翹班偷看電影，還好沒有人舉發，我沒有被處分。

有一次，我在校門口看到一個穿著筆挺軍服的人，那就是陳映真。他是很有名的小說家，不過最新的消息是他在北京病危，我們這邊對他的思考方式並不很認同，他的文學作品可以肯定是很優秀

的，不過有時候藉機露出一些意識形態這類的東西，他的思考偏向左派，所以他到中國受到很大的歡迎，還給他什麼高官的位子做，享了一陣子的福，那麼這是題外話。

我們回到本題，履彊說他是上尉連長，他寫小說而且跟我通過信，不過接下來的消息是很不好的，因為他是現役的上尉連長，他被察覺到跟鍾某人通信有來往，不得了，他的上尉連長的位子岌岌可危，跟我鍾某人交往也是一項罪名，曾經有過這樣的年代，這是二十幾、三十年前。後來他就退伍了，退伍後好像從事社會工作，反正有一項謀生的職位，後來搞台聯搞到主席，最近的消息就是當《台灣時報》的社長，而且他接手頭一天，副刊就出現大篇幅的〈鍾肇政專訪〉，我到現在還沒看到這篇專訪，不曉得把我寫成怎麼個樣子。

接下來是洪醒夫，他現在已經過世了，因為一場車禍過世的，同車的有人受重傷，還有另外一位也過世了，王世勛在車上受了很重的傷，不過還健在，洪醒夫和另外一位朋友當場過世。洪醒夫也是文學獎出生的，這裡要我介紹文學獎出身的作家，洪醒夫是其中的一位，還有好多位，這個獎目前還在辦，每年還會頒獎，最近幾年因為我年紀大了，退出評選委員主委的工作，過去我一直當評選會的主委，最近幾年有一位年輕的朋友說：「鍾老，你年紀這麼大了，這個工作我來幫你做。」就是那個流氓教授林建隆，現在代替我當文學獎的召集人，在座的彭老師當評委也當了好多年。洪醒夫就是這樣出身的，我一直記得他，他在我住的地方當兵，我住在龍潭，會有文學界的朋友會來看我，洪醒夫是其中一位，而且好像是最年輕的一位，他是師範畢業的，義務教滿三年，就要服兵役，他

是在服兵役期間來看我的。他是桀傲不遜的年輕人，在我面前把兩隻腳翹得高高地跟我交談，菸一根一根的抽，我覺得這個年輕人很有才華，希望跟他交朋友，他有一點不禮貌我可以忍受，不幸地他正可以發揮才華的時候，一場車禍把這名有為的、受矚目的年輕作家奪走了，現在想到他心口還會發痛。

陳明柔：

剛剛聽到鍾老師談到在場的彭瑞金老師，然後談到了洪醒夫，我們先請彭瑞金老師您自己跟鍾老互動、對今天的主題的觀察，以及對台灣文學史的一些看法。

彭瑞金（與談人）：

本來這個計畫是要請鍾老講台灣文學史，也就是鍾老口述台灣文學史。大概在十年前，鍾老曾經應桃園武陵中學做過台灣文學十講，除了講他自己之外，還講到日據時代的賴和、吳濁流、龍瑛宗、呂赫若等少數的作家，戰後的部份有講到洪醒夫。所以，他有很多台灣文學的珍貴資料，等著我們把它挖出來。鍾老不是研究文學史的人，不過在台灣文學界，鍾老本身就是一

部文學史，因此他隨性講的都是非常珍貴的文學史料。

　　鍾老來靜宜大學大概有三次，除了今天，還有一年前跟葉老在這裡的南北大會談，是非常珍貴的歷史性的台灣文學活動。鍾老記憶中的靜宜，大概是十二年前，1995年，當時靜宜大學為了想搶得台灣文學的頭柱香，在這裡辦了一些台灣文學的相關活動，為申請台灣文學系做暖身，那是鍾老對靜宜大學的第一個印象，後來因為種種的原因，我們台灣文學系比人家晚了很多年才成立，不過還是達到當年的目的。

　　鍾老講到他三十年前看電影，三十年前他已經沒有時間看電影，應該至少有四十五年了，三十年前他已經準備退休，那時他正忙著編《台灣文藝》與《民眾日報》，不可能去看電影，所以應該是在四十五年前，至少是四十五年前，大概四十歲左右的時候去看電影的。

　　鍾老剛剛講到戰後第三代作家，到底第三代怎麼算？其實最早提出第三代、第二代、第一代的就是鍾老。他認為他自己那一代，也就是參加《文友通訊》的那些戰友是第一代，就是鍾理和、廖清秀、李榮春、施翠峰、陳火泉等，那是台灣文學戰鬥的一代，需要這些文友大家聚在一起互相取暖。那時台灣文學根本沒有人知道，甚至台灣作家在社會上是讓人看不起的。

　　鍾老所謂的第二代，大概是台灣文學看到一些希望，看到一點未來的那一代，也就是比鍾老更年輕的一代投入台灣文學。第三代的時候，鍾老已經是台灣文壇的領袖，那時候他回過頭來照顧、提拔、培養台灣文學的幼苗。這時鍾老的重要作品差不多已經完成，

或是說鍾老已經在文壇上確定了他的地位。但是他一直希望台灣文學能夠有未來、有明天，所以在吳濁流先生去世後，鍾老接掌了《台灣文藝》，在《台灣文藝》上盡量提供年輕朋友來發揮他們的創作，把《台灣文藝》辦得有聲有色。隔了一年，《民眾日報》從基隆遷到高雄，要找一個可以跟兩大報抗衡，在文壇上具有重要份量的人來帶動《民眾日報》副刊，《民眾日報》是一個地方報，但是當時卻可以跟兩大報副刊抗衡，主要原因：第一，它的內容與成員有一個區隔；第二，也是最重要的原因，就是鍾老在裡面坐鎮。講難聽一點是《民眾日報》利用鍾老，非常不划算，非常辛苦，最大的不划算是他必須放棄個人的寫作，鍾老為了辦《民眾》副刊，把很多計畫延蕩下來，這是鍾老最大的損失。

不過他知道如果台灣沒有新一代的作家出現是不行的，就像現在從台灣文學系所看到台灣文學的希望，但是研究的人如果沒有作品該怎麼辦？沒有源源不斷的新作家投入創作的行列，有什麼東西可以研究？研究來研究去，都是一些老骨頭、老古董，這個不能讓人感覺台灣是有希望的。

除了《台灣文藝》、《民眾日報》之外，鍾老還做了很多事情，比如日文系現在的系主任邱若山，他其實就是當年鍾老在東吳大學播的種，鍾老在那裡的日文系開課，所以邱若山老師就讀的日文系也有一些人投入台灣文學或是投入文學活動，這就是鍾老播的種，鍾老當年就是做這樣的事情，到處播種，到處去鼓勵年輕人。剛才鍾老講了很多關於我的事，當年要不是遇到鍾老，也不會有今天的我，沒有人會想要走這條路。在大學時，我首先接觸到的作家就是鍾老，第一個研究的作家就是鍾老，第一篇完成的台灣文學的

研究也是鍾老，那時候我還是一個大學生，在系刊登出來後，我送給鍾老看，他立刻開出一堆書單跟人名，要我去拜訪葉石濤，他說我在南部，要去拜訪葉石濤，要去認識鍾鐵民，要去讀鍾理和的作品，我的文學是從這裡開始的。後來鍾老接掌《台灣文藝》、《民眾日報》時，比我的任何一個老師都嚴格，每個月都規定我寫一篇文章，每個月都要去研究一個作家，差不多是這樣的情況。

鍾老剛才講的第三代作家，有洪醒夫、履彊、宋澤萊、林雙不、黃凡、吳錦發、鍾延豪、王幼華等，其實在《民眾日報》上還有很多作家，比如高雄的戴訓揚，他們後來都變成逃兵，現在他列出來的名單是沒有當逃兵的。後來編的《台灣作家全集》五十家裡面，區分為四個年代。補充一點，鍾老在談這個第一代、第二代、第三代的時候，似乎把詩人忘記了，比如趙天儀老師他大概是戰後第一代，還有詩人李敏勇。戰後第二代有鄭炯明、曾貴海、陳明台、陳鴻森等。另外比較年輕的楊子喬，應該是第三代。

「關於履彊，鍾老根本不用說抱歉，履彊幹到上校才退役，他並沒有因為跟鍾老連絡就幹不下去，履彊在台灣的文學界裡，大概屬於戰後軍隊裡面培養的第二代軍中作家，他具有軍人身分，其實是透過國軍文藝獎培養出來的。國軍文藝獎的作家們，在《中央日報》、《中華日報》、《青年戰士報》等官方報紙刊物是無往不利的，履彊跟鍾老認識，那麼他就比這些軍中作家多了一個發表作品的管道，包括《台灣文藝》、《民眾日報》，所以他認識鍾老，其實獲得的比失去的還要多很多。」

剛才鍾老講到洪醒夫，他是《台灣文藝》出來的作家沒有錯，

但是洪醒夫從來沒有得過吳濁流正獎，他每次都是得佳作獎，因為得過正獎的人是不能夠再參加的，所以洪醒夫是沒有得過吳濁流正獎的。我做簡單的補充到這裡。

陳明柔：

彭老師剛剛非常清楚的為我們開展了一個文學史系譜的脈絡，同時也讓我們在彭老師身上看到，原來鍾老他傳播出去文學的種子，已經成為台灣文學的大樹。接下來請清華大學的陳建忠老師，來做另外一個部份的談話跟補充。

陳建忠（文學評論家，清華大學台灣文學研究所助理教授。）：

我從90年代開始接觸台灣文學到現在，還沒有機會坐在鍾老旁邊，或者是跟他講過一句話，都是在旁邊偷偷瞻仰他，所以我剛剛一直在算我到底算哪一代的，我應該比楊翠老師小三、四個世代，所以我一直算不清楚我是什麼世代的。其實今天要坐在這裡的不應該是我，因為我對台灣文學的認識，很多都來自陳明柔老師、楊翠老師及趙天儀老師，但是今天會坐在這裡，是因為我以前做過一些研究，比如宋澤萊或者是第二、第三個世代的一些作家。

剛剛兩位老師所提到的文學世代的問題，我來之前一直沒有認真在想，因為對我來講，世代問題已經沒有辦法算清楚，也就是說我們很認真在算世代的問題，但到了第

四代、第五代、第六代甚至更年輕的各位，這種感覺大概已經不是很清楚了。所以剛剛提起來的時候，我思考一下為什麼要提這個說法，我覺得可能要還原到那個時代，想一想為什麼鍾老或是他們那一世代的人，要在戰後提出，這是日據時代的作家，這是戰後的第一代、第二代、第三代。這裡面可能有一個原因，鍾老師彭老師都有提到，就是戰後台灣社會與文壇，在結構性的條件裡面是不太平衡的，用今天的狀況來想像是不太一樣的，所以第一代、第二代、第三代其實突顯了一種時間感，這種時間感是要在戰後重新塑造一個傳統，然後把這個像家譜、族譜的系譜建構起來。

說鍾老這個世代，是戰後跨越語言的一代，從日文到中文；第二代他們可能是在戰後初期，50年代成長的，可以用中文寫作；第三個世代完全是戰後出生，可能在5、60年代成長，然後在6、70年代開始寫作的。把這個系譜排起來，就是在重塑一種時間感，重塑一種傳統。為什麼要這樣做？我們看一下當年他們在談的那些人，到底哪些人是屬於這個世代的，我仔細的歸納一下，一開始被這樣歸類的時候，主要都還是一些省籍的作家，鍾老他所提到的第一個世代裡面，包括他自己、葉石濤，或者是陳千武、林鍾隆、鍾理和、吳濁流，很明顯的是以省籍作家這個角度來歸類的，當然也可能像彭老師說的，遺漏了詩人，這個也可以再加進來，但是基本上他是從這個角度去思考的，我們要重新開始塑造自己的傳統，我不知道鍾老有沒有這個意思？總之就是這樣子，要重新把一代一代的傳承概念建立起來。

但是這裡面沒有我們所知道的，同樣在戰後初期活動的，那些從49年以後到台灣來的軍中的作家，或是外省籍的作家。當年的

條件是這樣，所以我覺得強調世代的說法，其實是要重新塑造新的傳統、新的時間感，然後讓作家們有認同感，讓台灣的作家可以重新集合、團結在一起，這裡面最重要的領導人當然就是鍾老。所以他在這個世代的說法提出來以後，就扮演了非常重要的角色，想像他是一個救生員，如果沒有他，很多作品就會石沉大海，沒有人看到，當然他也可能是一個能夠給作家機會的守門員。他扮演的這些角色，讓不管是第一代、第二代、第三代的作家都有機會，能透過他爭取到一個位子、機會，然後讓很多作家可以被看到，從這個角度來談第三代或是談鍾老跟第三代作家的關係，我是這樣來看的，經過這樣的努力，越來越多的作家會出場，然後台灣的文學也越來越正常。所以到今天，我們就會忘記楊翠到底要算第幾代。

我簡單補充一下，就是我覺得所謂的第三代，或者這個世代的說法，其實是有特別的條件跟原因，這是我從側面觀察鍾老做的簡單的小結論。

陳明柔：

陳建忠老師他是一個蠻優秀的新世代，可算第七代。新世代的研究者非常有潛力，而且已經有非常卓著的研究成果，他從文學史意涵的角度，說明他認知的世代說，以及鍾老提出的世代說，在整個台灣省籍作家的認同意識的凝結的意義。雖然彭老師說，鍾老本身

的存在就是一部台灣文學史，但是在彭瑞金老師跟陳建忠老師的補充跟與談，這樣的一個認知脈絡就更清楚了。現在開放提問。

官亦書（靜宜大學台灣文學系學生）：

我想請問鍾老師你對於我們七年級後段的文學系的學生，有什麼樣的建議跟看法，就是以我們現在二十歲上下的年紀，想要請問你對我們有什麼樣的建議跟看法？

鍾肇政：

也許各位年輕朋友大部分都二十歲上下，老實說，在目前台灣文學裡年輕一代的作家、詩人，還有評論家等，我一概不熟悉，因為我現在不會看新的作品，眼睛不行，腦力也漸漸退化了，當然我知道年輕作家就像長江後浪推前浪一樣，一代一代的冒出來，可是我不熟悉，完全不懂，甚至連一個旁觀者的資格都沒有，所以這位同學所提的問題，我很難有個具體的答覆。不過有一點是可以肯定的，每一個時代的文學，都需要年輕一輩的，對文學有興趣、有熱力、能熱衷的，有這樣年輕一代的人，漸漸走上文學之路，然後撐起一片文學的天空。換一種說法，簡單的講就是，每一個年代的文學都需要靠年輕人。

我年輕的時候，面臨語言轉換的年代，是一個看日本書、講日本話、用日語來思考的年輕人，戰後從ㄅㄆㄇㄈ開始學，由日文轉換成中文，這個過程需要花好幾年的時光，所以我的文學生涯裏，等於沒有年輕的歲月，只有懵懵懂懂不懂事，然後漸漸的懂，後來忽然就變成一個作家，很奇異的，我就是這樣的一代。

所以我剛剛提的就是一個時代也好，一個國家也好，都需要靠

年輕一輩的來支撐，這是永遠的真理，不會變動的。如果各位當中有志於文學或者對文學很有興趣的，現在正是時候，二十歲甚至更早，都可以用心，多方面的涉獵文學的書，國內的、國外的，培養自己的眼光，培養自己的認知，然後漸漸的開始走上創作之路，學習跟創作這條路是很艱辛、很遙遠的，不過慢慢的走，就會走出一條所謂的康莊大道來，這是一定的，每個年代都一樣的。

邱　亭（靜宜大學台灣文學系學生）：

剛剛看到手冊上有個議題讓我非常感興趣，有股衝動想翹課去聽演講，就是第十二講—您小說中的愛情與女性，因為我們都有看過您的《台灣人三部曲》，對於小說中的女性書寫非常有興趣，希望您能在這裡稍微提一下。

鍾肇政：

好漢不提當年勇，我從前也跟你們一樣年輕，有過年輕的年代，可是我的年輕時代，曾有黯然失戀的經驗，我追求一位女性，而且就那麼一次戀愛失敗，我那個愛人結婚了，新郎不是我，所以我說不提當年勇，就是說我不敢提起那一段。不過對於愛情，跟你們一樣也有過憧憬，就像仰望藍天白雲一樣，那麼的憧憬、那麼的嚮往。這些已經有六十年這麼久了，我要怎麼樣提當年的勇？追女朋友真的是有勇無謀那個勇，實在不堪回首，我只能用這一句不堪回首來回答。

莊華堂：

其實我、彭老師，或者是王婕，都知道一些老師早年的某些祕辛，例如《濁流三部曲》裡面的谷清子，那個女生卻有其人，但是不是鍾老剛剛講的那一位，我就不知道了。

223

陳品潔（靜宜大學生態所研究生）：

暑假剛好有機會，在苗栗跟李喬老師對話，在他的描述過程中，發現老師對於土地、倫理，還有環境的觀察敏銳度非常之高；而剛剛看到《插天山之歌》的電影簡介，發現老師對於這土地有一些獨特的見解，是我們現在的年輕人沒有辦法感受到的，我們失去了對於土地的認識跟情感，在文學觀察的部份，會造成我們的敏銳度不高，對於這個部份，老師可不可以提提對於您在小說中的環境描述的一些觀察。

鍾肇政：

這裡所說的對土地倫理的觀察，那麼奧妙的東西我不懂，我實在不太清楚土地倫理是什麼，（陳明柔：土地跟人的關係。）土地跟人的關係，認為我觀察敏銳深刻，真是不敢當，我談不上有什麼心得，我只知道每個人都一樣立足在大地上，沒有土地就沒有人，我們人類都一樣，那麼立足於土地上的人，會不會愛我們這塊土地，有的人不見得，他立足的這塊土地是台灣，但他愛的卻是別的地方，這樣說起來很悲哀，對我們也是很痛苦的事情。說我觀察敏銳，我是不敢當。

彭瑞金：

鍾老在《插天山之歌》裏，描寫一個到日本留學回來的大學生，他在逃避日本特務追緝過程裏，怎麼樣從對土地，對農、對牧，從一竅不通，到慢慢的融入這塊大地，甚至在這塊大地上，不但將自己生命重新建構起來，同時也生出第二代來，第二代代表一種希望。我想作家、小說家在寫作時，是不會考慮到什麼土地倫理這樣的問題，這是事實。可是，他會想說像這樣的一個人，怎麼樣

在台灣這個土地上活下來，甚至要活出下一代。

　　鍾老的父親是小學老師，他本身也沒有下田的經驗，主角到山裡面去鋸木頭，做木料，這些工作他通通沒做過，這些人其實都在他周邊，就是他的親戚、朋友、族人，很多人都是靠種田維生的，種田其實沒有大的學問，只要你認真種田就可以活下去。完全脫離土地，到日本留學回來的陸志驤，他最後能在這個土地上生活，恐怕也是鍾老他自己在思考，因為在戰爭的時候失聰，到台大進修上課聽不到，只好退學回來，那麼在社會上他要找工作，找什麼工作呢？除非他學習新的語言，才能夠回復小學教員的工作，他當然會思考生存問題，怎麼活下去？所以他把周邊的人的生存經驗加進去，他的觀察，不是直接跑到田裏面去觀察，跑到森林裡面去觀察，而是在他的身邊，甚至在成長的過程中，都觀察到了，因此他所謂的土地倫理的建立，對土地的觀察，我想是這樣觀察到的。

陳明柔：

　　時間有一點晚，但是我們還有一個問題要保留給上半場的一個同學，我們盡快的詢問。

邱郁芳（靜宜大學台灣文學所學生）：

　　我想要請問一下，就是台灣文學在華文圈的創作，跟在全球化

影響之下，要如何在這兩股勢力的激盪下不被邊緣化？還有台灣文學的翻譯跟創作，又應該怎麼結合台灣史觀的研究和特有的文化精神？

鍾肇政：

誰說台灣文學創作被邊緣化？我不覺得邊緣化，現在台灣文學已經成為台灣的主流，從中國渡海來台的那些作家，他們有所謂的反共文學、戰鬥文學，還有懷鄉文學等，這跟我們台灣文學並沒有什麼關係。他們是逃難來的，很明顯的他們對於目前踏足的地方，這塊土地，他們是忽略的，所以他們跟台灣文學並沒有什麼關係。那麼他們也是台灣文學嗎？讓他們去喊、去叫，這無所謂，不過至少我個人會嚴守我的分際，寫台灣這塊土地與這塊土地上的人，這是我在所要表達的最重要的東西。

順便向各位報告，剛剛彭老師提到《插天山之歌》繼《魯冰花》之後拍成電影，很多人在談。很奇怪，我的《插天山之歌》當初是被一些朋友笑的，他們說我寫的《插天山之歌》是什麼東西，裡面的人只會逃，什麼都沒有做，逃到深山裡面把一個女孩子肚子弄大了，什麼也沒有。我被嘲笑了一段時間，為什麼會這樣寫，這部作品成立的背後，有一個小小的插曲，就是我文學上的好友李喬，他有一天跑到我家來告訴我，目前立法院裡面傳出台灣現在有「台獨三巨頭」，他舉出高玉樹、一位中國來的評論家，第三個就是我，我成為台獨三巨頭之一，開什麼玩笑？！台獨是要殺頭的。那時搞台獨的有些跑到日本，有些到美國，還有少部分到中國。在我的年代裡，無路可逃時，只好逃進山裡面，我的內心在逃亡，要逃到哪裡，就逃進山裡面，這是為了保命。

在這樣的心態下，這部作品就被逼出來了，我寫這個東西把我的心態反應出來，而且要投稿到國民黨的黨報《中央日報》，如果他們把它發表出來，我一定會得到一種保護，因為國民黨的黨報肯定我的作品，就是肯定我，也許可以保護我自己，所以我日以繼夜的寫，一個暑假把這個二十幾萬字的作品趕出來。我被笑是有道理的，書裡只把一個山裡的女孩肚子弄大，其他什麼都沒有，就是這樣的一部作品，我不知道有沒有人看，是不是還會有人罵我只把這女孩肚子弄大，什麼都沒做，是一個懦弱、無為的男主角，其實那男主角就是我。

陳明柔：
上半場先在這裡休息一下。

◌下半場◌

陳明柔：

接下來請鍾老師繼續發言。

鍾肇政：

題綱這裡列出來的作家，第一位是宋澤萊，他很年輕就開始從事文學活動，他的文學活動主要是小說創作，《打牛湳村》這篇中篇小說，是我第一次看到宋澤萊的作品，這本書寫的是一個農家的故事。當時他還在師範大學唸書，他寫好這部作品後交給我看，他寫的字大小像螞蟻，而且辛辛苦苦的經營一本小說，當時我手上除了有《台灣文藝》之外，還有《民眾日報》副刊，等於有相當廣大的發表園地，我覺得這篇小說，不太適合切割成零零碎碎的在報紙副刊上連載，所以我就讓它在《台灣文藝》上大篇幅的發表出來。

　　我很佩服這位年輕的作家，他就像在座的彭老師一樣，還在唸書時，就有很好的作品完成並且發表出來，宋澤萊就是這樣的一位新銳的優秀少年作家，所以我接觸到這樣的作品，當然很高興，一方面要把它發表出來，另一方面要跟他通信，以通信的方式來鼓勵他。那時我在台北市武昌街那家喫茶店跟他碰面，很多人喜歡窩在那裡寫東西，店名叫「明星咖啡店」，我們聊的很愉快，雖然記憶已經很模糊，但在我心目中，宋澤萊就是用種方式出現在我的世界，在台灣的文壇上，能發現這樣一名新進作家，等於挖到是礦脈了，我又興奮又高興，宋澤萊從學校畢業後回到他的故鄉任教，繼續他的文學活動，現在已經停筆許久，也許是我所忽略的地方有作品發表，我個人真的不知道他的最近情況。

　　林雙不那這陣子出現了，我只記得他有個筆名叫做碧竹，後來寫了一些東西才用本名發表，林雙不好像也不是他的本名，也是筆名，他的本名叫黃燕德。

　　再來就是黃凡，黃凡是《聯合報》徵文比賽的得獎者，我參與這次小說比賽的評審，在評審過程中，我極力推薦這個年輕作家，這就是黃凡。

　　接下來談吳錦發，吳錦發目前是文建會副主委，當初我在《民眾》副刊時，大力培養、鼓勵的一位新進作家。一方面他跟我一樣是客家人，他是美濃人；一方面他有相當理想，他有原住民的血統，我特別喜歡他這樣的身世，希望他在描述原住民的生活方面發揮長才。現在他好像也從文學戰線上退休，是退休還是暫停，我就不清楚了，不過文壇上已經很少看到他。

　　鍾延豪是我兒子，他因為一場車禍，已經過世二十年以上了。我記得在《中時》、《聯合》兩大報的文學獎喧騰的年代，很多年輕作家為了得獎而寫作，那時我兒子交給我一篇作品，說要參加兩大報的文學比賽，他參加了小說創作比賽並且得獎，我因為自己的兒子有參賽，所以沒有參加評選工作，不過他真的是得獎了，那篇作品是〈高潭村人物誌〉，我很意外發現，我兒子在寫作方面有才華，而且相當不錯，踏出第一步就得獎，在當時是很少見的。可惜他沒有活很久，只留下一個女兒，現在已經二十幾歲了，這是我有關鍾延豪的簡單敘述。

　　再來是王幼華，聽說王幼華在苗栗的大學執教，可是我跟他失去聯繫有好多年了，王幼華也是我在編《民眾》副刊時冒出來的新進作家。

　　我忽然想到彭教授，剛剛提了好多次跟兩大報抗衡的事，表面上看起來是抗衡沒錯，不過我進一步說明，當時這兩大報的文學副刊經變質，《中國時報》副刊的編輯高信疆，筆名高上秦，他搞出一個美國通訊，專找在美國留學的學生做事，邀請他們寫一些海外的徵文、或將僑居地的總總寫成文章，送回來發表，那麼兩大報其中的一份就變成留美文學的大本營，本土文學已經失去了光彩，所以我故意標榜本土的，本土的就是台灣文學。我拚命的物色台灣作家，勤奮的看副刊與許多文學刊物，只要我發現這篇作品的作者是台灣籍的，我就寫信給他，把他拉攏過來，請他供稿或者鼓勵他，這樣建立起台灣文學的網絡，我希望有越多年輕一輩的人參與就越是有力。因此我在編副刊、編雜誌期間，很用心的去培養新人，吳錦發就是當時被我發現，而且大力鼓勵的，他跟我兒子鍾延豪建立

深厚的友誼，經常來往。

《民眾日報》本來是基隆的一個地方小報，他們把報社搬到高雄之後，完全改組，改組時他們請我編副刊，我手下有一個主副刊，和一個提供給老一輩的外省作家來寫一些掌故之類的小副刊，還有一個家庭婦女的版面。寫掌故的是幾個比較上了年紀的編輯專業人員，婦女這邊是一個女孩子，頭一天就發表一些性技巧的東西，很多人告訴我：「你們那是什麼副刊，在搞什麼東西，一開始就是這樣的東西。」我說那是我另一個主編他做的，我完全放任他去選稿，開拓稿源，我沒有接受這樣的抗議。我們這個小報副刊編來編去，變成比大報的副刊更有力的、更有文學的味道。

陳明柔：

剛剛鍾老把他所知道的與第三代作家的交誼，及文壇的狀態為我們做了陳述，我想鍾老還有很多沒有講，今天時間不是很充足，鍾老他本身就是一部文學史，這樣一部文學史的存在，在後續的講演當中，會陸陸續續傳遞更多的訊息，那我們先請，不知道第幾世代的，最新世代的陳建忠老師，來為我們說一下。

陳建忠：

我補充一下，第三代作家宋澤萊的部份，剛剛鍾老提到宋澤萊，提供的稿件是〈打牛湳村〉，這個作品創作的時間應該是大學畢業後，那是他改變寫作路線的重要作品。我簡單說一下他跟前一個階段的差別，這一部作品是在《台灣文藝》革新號第五集發表的，也就是當鍾老主編的時期，在1978年三月發表，79年的四月，這部作品就獲得了吳濁流文學獎。

我這樣形容,如果說鍾老他們這一代是跨越語言的一代,那第三代的作家可以說就是跨越戒嚴的一代,就是從70年代末期到80年代,用作品來跨越戒嚴時代設定的很多規範與禁忌,並開啓了80年代有越來越多的作品,去衝撞那個體制。這有賴於從70年代以來,主持文壇重要的雜誌編輯的鍾老,讓這部作品能夠透過雜誌發表。很重要的是這一個世代,他們展現跨越戒嚴時代的禁忌,開創了一個很不一樣的、新的寫作方式與傳統,從這時候開始,可以看到戰後第三代作家很不一樣的創作面貌,剛剛鍾老提到第三代的作家,他們有不少人像林雙不那樣,也是從這個時期開始有很大一個改變,大致上這是他們跟上一個世代比較不一樣的地方。

彭瑞金:

所謂第一代、第二代、第三代,事實上並不容易分清楚,因爲不是用年齡來分,比如鍾老心目中的第一代作家,《文友通訊》的作家們,像陳火泉、李榮春都比他大上十歲,也有很年輕的像文心,他的年齡大約跟後面一代鄭清文、李喬他們比較接近,所以不是用年齡來分。所謂第一代、第二代,當時鍾老用很直接的方式去表達,意指這些人是跟他在戰後,篳路藍縷的爲台灣文學打江山,開墾拓荒的那一代,當成第一代,所以也把吳濁流加進去,吳濁流在戰後十幾年,出來創辦《台灣文藝》,他有開拓之功,第一代的定義在這裡。

鍾老認爲的第二代,特色是年紀比他稍小,也就是拓荒的階段他們都沒有參與,因爲拓荒階段包括語言問題,怎麼解決台灣作家要用什麼語言創作的問題,像李喬、鄭清文、黃春明、陳映真這一代作家,幾乎沒有語言的困擾,因爲前面已經有人做過開拓的功

夫。

接下來關於第三代、第四代到底要怎麼分？鍾老在第三代作家出現前，就是已經接掌《台灣文藝》，接著《民眾日報》搬

到高雄以後改版，他去編《民眾日報》的副刊，做開疆拓土的功夫時，刻意培養一些年輕的作家，鍾老不只是提供副刊，也在各種可能的情況之下提拔年輕人。那麼第三代、第二代跟第一代最大的不同，就是第一代作家是志同道合的戰友，第二代作家基本上是認同《台灣文藝》，認同鍾肇政文學觀的人，這些人自然會靠過來，例如楊青矗，七等生他也曾經加入《台灣文藝》，不過後來有些人跟《台灣文藝》保持一個適當的，我不敢講那叫安全距離，例如王拓、七等生，他們到《文學季刊》後，跟鍾老的關係不是那麼的密切。第三代作家最大的特色，就是他們的文學觀念跟鍾老不一定是完全投合，不一定完全一致。他們當然也看到《台灣文藝》或是《民眾日報》在整個臺灣文學界已經有相當大的影響力，其實他們也建立了一些實質上的文學成就。有些人在這個情況之下靠過來，可是也有人在文學觀念上跟鍾老是完全相合的，比如林雙不、黃凡、王幼華。鍾老對年輕人的栽培是盡全力的，當他們沒有地方發表時，就跟鍾老的雜誌靠得很近，最典型的就是王幼華。

「王幼華讓我印象非常深刻的，就是他精神上有一些問題，他精神上的問題剛好就展現在小說創作上，你完全不知道，他小說的前半段跟後半段是怎麼連在一起的，對於這樣的作品，鍾老也用寬容的態度，提供版面登出來。為什麼我會這麼清楚，因為鍾老接辦《民眾日報》副刊時，我就跟葉老兩個人，每個月負責讀《民眾日報》副刊上的小說，然後做成對談，所以我看到王幼華的小說時，覺得這小說跟吳宛菱有點相同，但是吳宛菱有自己的精神世界，不至於像王幼華，將完全兩個不相干的東西拼成一本小說，即使如此，鍾老還是讓他登出來，我非常了解那是為了栽培年輕人，提供年輕人一個發表的園地。」

鍾老就是認為整個台灣文學的發展，整個台灣文學的創作界，需要有很多年輕人加進去，那這些受過他提拔的人，其實不只是第三代，像鍾鐵民，鍾老把他挖出來重新進入創作界，像葉老跟鍾老是同年齡同輩的作家，也因為鍾老找到這麼多的園地，願意承擔這些編務，犧牲自己創作的時候，也是葉老發表最多作品的時候。黃導演的姐姐黃春秀，鍾老當年主持《台灣文藝》時，一直鼓勵她，希望她往評論方面發展，不過後來她沒有再持續下去。當時鍾老做了很多這樣的文學工作、文學運動，希望很多人都可以加入台灣文學這個園地。

像〈華西街〉、〈金排附〉這些作品根本不可能上得了報紙，但鍾老把它們登出來。好玩的是宋澤萊的〈打牛湳村〉，在《台灣文藝》登出來，並且成名以後，兩大報還頒給他什麼成就獎、特別獎；後來包括陳映真的〈夜行貨車〉，兩大報也給他肯定。也就是說，鍾老做的這些事情是非常具有開拓性的，這些別的報紙、別的

刊物不可能登的東西，他把它登出來以後，最後不管你是敵對或是反對，都不得不承認它的文學價值。

如果要對第三代作家賦予更清楚的定義，他們出道的時間大概在70年代，更明確的講是1977年以後，1977、1978、1979年，所謂第三代作家大概是這個時候出道的。當然也有像林雙不，林雙不的本名叫黃燕德，他最早的筆名叫碧竹，碧竹寫的東西，跟用林雙不寫的東西是完全不一樣的，是兩個世界的東西，碧竹寫的東西可以在《聯合報》連載，而且享有盛名；林雙不寫的東西兩大報是上不去的。影響這些作家最重要的關鍵，在1977年發生的所謂鄉土文學論戰，鄉土文學論戰雖然沒有多少文學實質上的討論，不過鄉土卻深深印在這些剛出道的作家的心裡，有些人以此作爲他文學的出發點，有些人則以此作爲他文學的轉變點，比如宋澤萊，他就很明顯的受到這個文學論戰的刺激，他的文學作品整個改觀，顛覆自己舊的文學觀念；林雙不也是這樣的一個例子，像吳錦發受到的影響，比較明顯的是鄉土文學論戰，提供給他一個清楚的方向，所以鄉土文學論戰應該也是第三代作家重要的一個標誌。

魏貽君（助理教授，台灣文學評論家）：
鍾老師您在主編《台灣文藝》跟《民眾日報》期間，好像比較少女性作家，老師您有這方面的印象嗎？

彭瑞金：
我想那個年代，沒有特別忽略女作家，比如他在《台灣文藝》辦過很多紙上的作家專輯討論，裡面就有季季跟李昂的互動，問題是李昂，她不會把作品投到《台灣文藝》，因爲《台灣文藝》的稿費是一千字一百五十塊左右，後來由遠景出稿費的時候是200塊，所

以她不會投來這裡，不是不刊。黃春秀、許素蘭都是《台灣文藝》極力培養的評論家，可是後來黃春秀幾乎很少有作品發表。另外有周梅春、黃娟及鍾老的姪女鍾樺也是女性，找來的張秀民，後來嫁給有錢人就沒有寫作了，所以有女性作家，不是沒有。

陳書韋（靜宜大學台灣文學系學生）：

《魯冰花》這個作品因為之前拍成電影，現在又拍成客家劇，我想問這兩部作品哪一部跟原著最接近，現在新的這一部有沒有加入更新的東西？

鍾肇政：

這位同學問的是《魯冰花》拍過電影，然後又有連續劇，哪一部比較滿意？應該說這兩部我都相當的滿意，特別是電影，電影比較滿意，因為一本書用一百分鐘左右的時間來表達；電視劇配合電視台的需要，變成二十集的連續劇，如果每一集有五十分鐘的話，就有很長的時間，跟電影是沒有辦法對比的，所以電影比較忠於原著的緊湊狀況，電視劇就有拖泥帶水的味道，這是缺點，不過電視劇有他的客觀需要與文化，不便說哪一個較滿意或較不滿意。

陳明柔：

今天其實的講談有非常豐碩的成果，後面還有其他場次的議程，如果有興趣可以再去聽。那與談會就在這裡圓滿結束。

自古英雄出少年

90年代之後的文學展望

主講人：鍾肇政　主持人：莊華堂　與談人：楊　翠、許榮哲
文字整理：施凱鏻　文字校對：一校/劉香君、熊廷笙　二校/蔡金蓉　三校/莊華堂

◎時　間：2007年9月15日　◎地　點：桃園縣文化局一樓大廳

▲ 左起陳學聖、莊華堂、鍾肇政、楊翠、許榮哲
　攝於桃園縣文化局一樓大廳（蒲公英文教基金會提供）

∽上半場∾

莊華堂（主持人）：

今天是鍾肇政口述歷史與戰後第二代作家的交誼發展史十二講行程裡面的第九場，很高興回到鍾老及我的故鄉－桃園縣文化局！今天進了文化局的大廳，回憶起若干年前李清崧局長的時候，我在這邊曾經主持了兩個相關的案子。一個是桃園縣平埔族的研究，一個是客家文化館軟體的規劃。這兩個計劃是當年李主任的時候請我主持的。今天重回舊地非常高興。節目一開始我們先請我們的地主：前立法委員，也是相當優秀的國民黨籍的教育文化立委，現任的局長陳學聖局長，我們大家熱烈歡迎他。

陳學聖（桃園縣文化局長）：

鍾老、兩位與談人和各位貴賓大家好，我選擇坐在台下是表示對與談人跟主談人的一個尊重。身為一個文化局局長，我覺得非常的高興跟驕傲。因為我們鍾老是桃園的寶，也是客家的寶，也是台灣的寶。那我身為桃園文化局局長，又是客家的女婿。所以今天能夠參與這樣的與談，我內心非常的開心，也在這邊跟鍾老跟所有關心台灣文學的朋友報告，在龍潭的客家文學館，我們在年底裝修完成後，就會正式對外開放。那裡面會保留非常完整，鍾老的整個文學創作歷程和所有的影像、手稿的資料，到時候歡迎大家能夠常常

來客家文學館，了
解鍾老整個創作的
歷程。尤其身為一
個文字工作者的另
外一半—因為我太
太也是長期從事文
字工作—我非常了
解，在所有的藝術
工作裡面，文字是

最沒有回應、是最寂寞的，而且是漫長的一條路。鍾老能夠堅持這
麼久，我覺得這樣堅持的毅力就值得讓人感佩。何況他又璀燦開出
這麼美麗的花朵出來，所以再次強調，鍾老今天能夠來到這裡，是
我們文化局無限的光榮，更希望他今天的演講，會帶給所有聽眾朋
友智慧的開啟。謝謝大家，謝謝。

莊華堂：

現在我回復到另外一個身份，其實我今天有三個身份。一個是
前面的主持人之外，我今天是與談人。跟各位報告，今天會議的主
持人是我們文建會翁金珠翁主委，不過翁主委今天有重要行程，包
括吳副主委也都沒辦法來，最後他們請我以計劃主持人的身份代理
主持人。因為這個因素，我與談人的身份就請到一位年輕世代、新
世代的小說家來代替，等一下我再介紹他！現在我回復到我的主持
人的身份！首先跟大家報告的是，今天第六場的講談會主題是〈自
古英雄出少年！〉這個題目要談的是，90年代之後，台灣文學的發
展狀況。

　　我們知道坐在中間的，就是這十二場講談會的主講人，我們的國寶級作家鍾肇政鍾先生，大家歡迎他…鍾老是我們桃園龍潭鄉籍的客家人。大家都知道他寫了相當相當多的小說，包括很多翻譯、包括很多的電影電視劇本，特別是他跟文壇很多從戰後第一代的作家，一直到我們第四代的作家，寫了數百萬字來往的書信。像這樣的創作量在台灣是「舉台無雙」！

　　如果說按照他的創作時間先後的話，今天應該是最後一場，因為他從戰後第一代作家談到第二代、第三代、第四代，最後談到今天的90年代以後，從第四代作家到E世代作家他走過的歷程。今天講談會另外兩個與談人，一個來自台中的楊翠老師，我們歡迎她。楊老師在靜宜大學台文系執教，她是副教授，研究的是台灣文學、台灣史，還有她也研究戲劇。過去我的劇團在台中表演，她還幫我寫過劇評。除了研究這些東西外，她還有個很特殊的身份，她是戰前代作家，日治時代的名作家楊逵先生的孫女。今天多少她代替楊逵先生出席，這是楊翠老師。

　　接下來我把時間給我們的主講人，我們歡迎鍾肇政老師。

鍾肇政（主講人）：
　　主持人、各位與談人、還有各位工作人員、各位聽眾、各位朋友大家午安！特別感謝我們陳局長給我坐鎮、給我壯膽！那麼今天題目是〈90年代之後的文學展望〉。起初我有一點摸不著這個題目，因為90年代以後，我幾乎就是退隱了，幾乎不再參加任何的活動！更不用說參加什麼文學會議、演講之類的，我都一概謝絕。說起九十年代，我差不多七十歲這樣子。雖然這樣，也好在主辦單位

幫我擬訂了一些大綱，這裡都有大綱，不過有些我不太清楚的，我想不談。

這裡第一個題目是解嚴前後的台灣社會。解嚴在台灣誠然是一個大事情，因為長達將近四十年之久的戒嚴年代，使整個的台灣社會變成好像驚弓之鳥！凡事都很害怕，到處都有監視的眼光！那麼，解嚴了，這是國民黨頒布的一個政策宣示。國民黨在台灣，對台灣幾千萬的人民，我覺得是撒謊撒慣了。所以，說解嚴還是不敢相信，真的是解除了嗎？解除戒嚴令是不是真的？剛剛解嚴令下來的時候，我的感覺上帶著半信半疑，在觀望是不是國民黨又再騙人啦？騙騙你，那麼你如果有什麼所謂的反動言論、動作等等，就會把你抓起來，我還在這樣的觀望。在我個人的感覺裡面，這個觀望的時期大概有兩、三年，三年左右之久。然後漸漸的才覺得社會各方面都好像開始呼吸的樣子，憑著氣息，漸漸的開始呼吸了！我個人的感覺就是這樣。然後才有社會力蓬勃的發展、蓬勃的顯現。台灣終於漸漸進入了正常的民主自由的社會，這是我個人的感覺。說不定很多我們台灣人都有類似的感受。總算擺脫了天空上的一片烏雲，有這樣的解放感、解脫感。

在這社會當中，如果就我個人而言，因為我剛才已經報告過了，步上七十歲的高齡階段。事實上我現在八十幾歲，還保持了最起碼的健康。那麼七十幾歲，九十年代，我自己覺得身體還算不錯。不過呢，身體是不錯，可是我幾乎停止了創作活動。除了剛剛所提的開會、演講之類的，通通停掉了之外，我連創作都停掉了。不過這當中，我倒好像有點不甘寂寞一樣，我就寫了一部書，叫做《怒濤》，是取材於台灣戰後社會，戰後開始。過去我幾乎不敢，

筆觸不敢伸到戰後的社會。除非是寫一些無關痛癢的，因為是戒嚴年代，我不輕易的下筆。根據我的經驗，在戒嚴的年代，不小心寫了一句半句，國民黨認為不對的，說不定就把你抓起來打，說不定就坐牢，更不幸的，賞你顆子彈的狀況都有，確實的有過。

那麼，戒嚴真正的情況原來是真的解嚴。還有蓬勃的社會運動，言論上的、行動上的。我個人就是那個時候走上街頭。我還記得第一次我帶領我跟朋友們組織起來的「台灣客家公共事務協會」，就是「台灣客協」的同仁們，還有「台灣筆會」的同仁們上街頭，第一次上街頭，就是高喊一個口號：「郝柏村下台，郝柏村下台！」我記得那天，開始走的時候下雨了，一身透濕，從台北回到龍潭，內衣渾身都透濕，回到家裡都還是濕濕的感覺，這個記憶很深刻。但是那一場雨，並沒有把台灣人的熱情打濕了，反而更旺起來的感覺。這是民間的力量、社會的力量。被禁了好幾十年的，

現在忽然爆發出來，這樣的暢快感。那麼，台灣社會就從此確實感受到自由的、民主自由的空氣，那種打從內心裡面獲得一種解放的感覺，這是解嚴之後我個人的感覺。

我相信，我們社會上很多人都有類似的感覺。這當中呢，我剛剛提過我個人的文學活動幾乎停擺，不過，我倒也寫了剛才提的《怒濤》。原本有個《怒濤三部曲》這樣模糊的構想。第一部寫完，雖然在戰後的社會我有完全的自由跟發揮去寫，但心靈上還是有些禁錮、有一些禁忌，不敢放手去寫。所以《怒濤》這三部曲寫了一部就沒有下文了！這是我這一輩子的最大遺憾之一。在創作上，譬如我的《高山三部曲》，只有二部完成，第三部在哪裡呢？這也是個遺憾。我把第三部的目標放在高一生，高一生這位山地同胞、原住民同胞是非常優秀的份子，結果他被槍斃了。後來我有認識我們桃園縣有個原住民醫生，一樣的遭到槍斃了。這是我剛才提的，戰後被賞了一顆子彈，這樣的悲慘的事情發生。當然都是過去的，解嚴後不再有這樣的事情。

那麼在文學方面，這裡提示《文學界》、《文學台灣》的創辦，我雖然也稍微有所參與，不過我並沒有積極地參加雜誌的一些工作。「本土副刊」，有關本土副刊，我曾經編過一份本土副刊，是《民眾日報》的本土副刊。我剛接任之初，仍有人認為這小報誰看？有這樣的聲音，不過我倒是覺得，儘管是小報，而且報社是剛從基隆搬到高雄，事實上在南部，我也沒有辦法去上班。不過我有一個信念，就是只要我手上有一份刊物，我就可以好好的利用，好好的去讓它發揮一下。因為我有《台灣文藝》這份說起來是要死不死的，經常都經費不濟這樣的一個文學刊物。不過手上因為算是有

兩份刊物：《台灣文藝》跟《民眾日報》的副刊，我就忽然膽子大
起來了。我可以靠這兩份，所謂的本土刊物，純粹本土的，我相信
是可以發揮一下。我那時候很期待我手上這兩份刊物，把它弄成是
純文學的。為什麼是弄成純文學？因為當時恰巧一個大報的副刊發
生一個相當危險、相當嚴重的變化。就是有一家大報的副刊，那時
候搞起來一個美國通訊，專門邀請在美國留學、做事的，很多從台
灣出去的人寫一些文章。記憶裡面，還是以外省作家、詩人為主。
那麼這份標榜留美學者、作家、詩人為主的刊物，在當時有一段期
間得到相當可觀的讀者的歡迎。我的感覺像有一點媚俗吧！台灣的
東西在哪裡呢？有這樣一種反抗的、對抗的意念。

　　所以我要把這兩份手上的刊物弄成純粹本土的。我所邀請的作
家、詩人，我當然不分本省、外省，可是應該有本土色彩的、有本
土意識的，或者說至少你要認同本土、認同台灣。像幾十年來，文
學界主要有什麼反共的、抗俄的、什麼戰鬥的啦，我並不歡迎。因
為我們台灣的文人，作家也好，詩人也好，要寫一些這樣反共的，
或者抗俄的，或者戰鬥的，那是把筆深入如此不同、不懂的世界、
不懂的境界，我是不取的。我也不鼓勵我們的作家、詩人把他的筆
觸、身境、他們所不一定熟悉的，或者肯定的說不熟悉的這樣的東
西、這樣的境界、這樣的天地裡面。所以我鼓勵大家寫你熟悉的，
你腳所踩在上面的這塊土地。這就是《民眾副刊》，包括它目的、
誕生，不出我的預料、不出我的計劃、不出我的祈求、不出我的理
想。這個副刊漸漸顯現出一種明顯的本土色彩。簡單的說，不管小
說也好、詩也好、散文也好，寫的都是這塊土地的人、事、物。不
熟悉的、不懂的他們也不會去寫，正符合了我接這家小報副刊原來

的理想。我現在還記得當時大報的副刊，海外當專欄，海外的什麼什麼，很容易的使人產生一種看膩的這樣的感覺吧！整個風行度走下坡，這時候本土副刊崛起，特別是在本土的讀者，就是台灣的讀者。我們台灣人的讀者當中引起廣泛的共鳴。不但是小說家、散文家、詩人有所共鳴，連一般讀者也有所共鳴，表達了他們的歡迎。因為筆下流露出來的都是他們所熟悉的、他們所知道的，被美化成一篇一篇的小說、一篇一篇的散文、一篇一篇的詩。我現在坦白地說出來，就是因為它的本土報界、或者讀書界、或者副刊界，事實上也沒有幾家副刊有文學味道。

引起的反應這麼熱烈，影響漸漸的在擴大，所以好像有關方面特別的給我關注。坦白的說，就是國民黨文工會方面所發出來一些對我的檢討，甚至對我的商討。所以我在《民眾日報》的副刊在任一年多一點點，就被剝奪了編輯權。為什麼這樣講呢？因為他們所用的手段並不是逼我辭職，或者給我什麼警告之類的，沒有。只是報社在高雄，我的副刊是在台北，報社租一個房子，房間給我跟台北的一位記者所使用的一個房子。我那時候從小學教師退休以後跑到一個大學—我一輩子在小學教學了三十年以上—當一個沒有文憑的、冒牌的大學教員、大學教師。我一方面要教書，一方面編《台灣文藝》、編《民眾副刊》，所以我只能每個禮拜上台北，到副刊室報到，一個禮拜兩次。我在這兩次的上班日當中，處理這家副刊的編務。報社方面對我的這種做法也相當的諒解，本來也好好的，就在台北上班，一週兩天。我忽然接到把我調到高雄，我要怎麼樣去上班呢？那我必須在高雄好比租個房子什麼的。也許一個禮拜跑兩趟也不是挺困難的，可是我年紀已經不小了，我覺得報社受到壓

力把我調到高雄，把我的
副刊室移到高雄，分明是
要我離開這個職位，我有
這樣的感覺。所以我就辭
掉了副刊的編務。這是我
跟本土副刊《民眾日報》
前前後後的經過。

不過我很欣慰，在
那段短暫的歲月當中，一
年多而已，培養了不少位
新進的台灣作家、詩人。
到今天他們仍然在台灣文
學界的第一線從事他們的
創作活動，這是我最大的欣慰。那麼今天前半段的時間差不多用完
了，我從《民眾日報》退下來，本土副刊幾乎就沒有了。這裡提示
本土副刊的沒落，事實上是消失了。再沒有一家副刊這樣大力的來
培養台灣本土的作家，我心中留有遺憾。不過我並沒有那樣的力量
來反抗這樣的壓力，所以我就從這個職務退下來。我就剩下在東吳
開幾堂課，生活就比較輕鬆了一點。後來我年紀也漸漸大了，恰巧
在我開課的東吳大學日文系當中，又發生了一件事情，我不得不離
開東吳大學，這是以後的事情，將來有機會我再做一個報告，今天
我就講到這裡，謝謝。

莊華堂：
鍾老提到那個報刊的部份，其實是在下一場，好像是十月一號

在中央大學客家學院，有一場是街頭狂飆的年代，那一場主要要談的是鍾老師在擔任二大民間組織會長的時候走上街頭，跟台灣的政治反對運動以及客家運動產生的關係，今天部份的內容已經替鍾先生透露，補充幾點，鍾老師前面一開始提到的所謂郝柏村下臺，那是什麼事件，剛好那天我看到鍾老師跟施明德、許信良，我們桃園縣的前縣長走在第一排，那我走在後面，我記的那一次，被警總在後面追趕，我們在拚命跑，鍾老師這麼大的年紀還跑給他們追，那天雨下如注，這裡有一個插曲—這個本來就是軍人干政，其實那個時候李登輝剛接任總統，台灣政局動盪不安，李登輝這個老狐狸，他施了一個巧計，透過提名郝柏村當院長，然後解除他的兵權，後來歷史的解讀應該是這個樣子，不過那個時候發生了一件事情，第二天的首都早報頭版是什麼，我念一段我的小說《犬之瘋狂狀態》裡有提到的，讓大家回憶一下：「原來他們都有正當的職業，但是郝將軍執掌行政院兵符後，（我不得不佩服郝大將，令出如山，上

任的第一天，《首都早報》在頭版印「幹」）結果郝將軍毫髮無傷之下，《首都》卻倒

了。」我想走過那個世代的人應該有這個印象，《首都早報》第二天全版只有一個字，就是那個「幹」字！

鍾老師提到，在桃園縣有一個傑出的原住民被捕殺這個事件，如果我記憶沒錯的話應該是樂信瓦旦，角板山鄉的一個傑出泰雅族原住民，這個原住民跟阿里山那個高一生一樣，都是在日治末期，日本政府特別栽培的原住民，特別傑出的原住民，在戰後他們都才三、四十幾歲，是原住民裡面極少數的高知識份子，可是在戰後以後，在白色恐怖時代都被國民黨的特務有計畫的捕殺，我講的是歷史事實。

剛鍾老提到，他擔任二大報副刊的編輯，我想剛剛都有說明了，不過，另外「二大職務」其實是指台灣筆會，那個階段的台灣筆會，應該是第三任的會長，那時候是林文義當秘書長的時候，林文義也會在中央大學那一場擔任與談人；還有一個職位是HAPA，就是客家公共事務協會的創會理事長，所以主講談的這個是跟他當時在因緣際會下擔任這二個職務，所產生的一連串的事件有關，這是我做的補充說明，好。接下來，我就，今天是怎樣，談九十年代的台灣文學展望，我們希望不要談太多過去的台灣悲情，不過很不幸，接下來的楊翠老師呢，他的祖父又經過那個時代的悲情，不過，我不知道，當然我們主持人不能限制說那個與談人要談什麼，接下來我們請與談人－楊翠老師，謝謝。

楊　翠（與談人）：

鍾老師，陳局長，主持人還有在座各位朋友，大家午安，我剛剛到的時候，鍾老師看到我然後就說：「啊，你長大了，咦？不

是，長這麼大了！其實我是長這麼老了喔！」其實我一直在想這句話，很有意思，因為，今天這個題目實在是非常的巨大，但是我比較想談比較生活上的、我跟鍾老師的一些接觸。很奇怪的是做為五年級的排頭，1962年出生，我跟六年級的世代─我感覺到我跟六年級的世代的時間距離─遠遠的長於我跟前世代的時間距離，也就是說我覺得我跟前世代的距離，不管是四年級或是三年級的距離　都還要比較接近，這是很奇特的一個感受，我覺得我在聽那個三年級、四年級，至於二年級，甚至於我的祖父他是1906年出生的，我都覺得說，哇！好像很接近，但是我跟六年級、七年級世代，時間距離，心靈的、精神的時間距離，好像比較遙遠。

我一直在想為什麼，這要從我跟鍾老師的關係談起。我跟鍾老師至少有五層關係，所以他會說我長大了，因為第一個當然是楊逵的關係，其實在很小很小的時候，鍾老師就經常去東海花園找阿公，所以記憶非常的清楚，當時的青壯年，或者是說，就是還是非常青壯的鍾老師，其實當時的楊逵也還在初老，進入老年的階段，他們的來往非常的密切，我們也找到楊逵的書信，當中有一些鍾老

師的書信，我覺得這一層關係是，鍾老師一直在我很小的時候，他覺得我都還是這麼小，所以他覺得我長大了，永遠在每次見面的時候，他還是記憶從這裡開始，然後再來到這裡，這非常有意思，一個很溫暖的感受。

第二個就是說，鍾老師是我的結婚的媒人公，我的先生是楊梅埔心的客家人，他是媒體工作者，早年在媒體工作，跑立法院的魏貽君，鍾老師非常的疼愛他，像自己的孩子一樣，所以鍾老師是到我們家去提親，是真正的提親不是現成的媒人公，那個過程以及生了孩子滿月的時候，我們現在還找照片跟我小朋友講，你看國寶的鍾老師抱著你的那張照片非常的珍貴，這個孩子已經高三要考大學了，所以這幾年當中，我覺得那生命的親近感，會覺得我跟前世代的時間，其實是這麼的接近。

那第三個，就是剛剛鍾老師提到的「本土副刊」，當然本土副刊在《民眾》之後其實還一直地持續著，譬如說，《自立晚報》就叫做本土副刊，他的副刊就直接叫本土副刊，我就是《自立晚報》本土副刊的編輯，那當然不管《台時》或《首都》，大家都知道，當時副刊都還是在80年代末，90年代初的時候，其實在整個台灣的社會文化改造運動中，扮演非常重要的一個角色，這個是我自己經歷參與在裡頭的，很重要的一個感受跟經驗。

第四個連帶關係，我是覺得自己非常歉疚跟非常的惶恐，那就是，鍾老師是70年代末、80年代《台灣文藝》的編輯，而我是90年代《台灣文藝》的末代編輯，《台灣文藝》被我編到本來應該是二個月出版，變三個月，然後變四個月，然後虧本虧的非常多。其

實我在編的時候，已經到了90年代中後期了，這一本雜誌當時真的是賣不出去、真的是沒有辦法，因為當時是換了另外一種語境，我記得當時我到鍾老師家的時候，裡面堆滿了沒有賣出去的《台灣文藝》，我們家也是一樣。

最後一個，其實剛鍾老師提到說，在80年代幾年前後—80年代末、90年代初的時候—在街頭的那個經驗，我覺得我自己感受到自己為什麼這麼跟前世代會比較接近，就是我有一次恰恰好在80年代末、90年代初，在台北《自立晚報》工作的時候，我們積極的參與台灣在解嚴前後的社會運動、政治反對運動，我帶著我的嬰兒附中—那個現在高三的嬰兒，每一次的520，農民運動的520，然後反郝的520，三次的520都參與，從他在肚子裡，到他會走路推著娃娃車，當時我寫的一篇就是〈朋友們，我們在街頭上見〉，當時就是有那種的感受，全台灣不分世代的，然後對台灣社會有一些理想、有一些想像的，都站在那樣一個場地當中，我覺得我自己感受到。這個感受是我在80年代末，90年代初，真正站在街頭的時候才赫然感受發現，那個東西你沒有在街頭，你真的不會知道—就是被催淚瓦斯，被那個蛇龍，被水柱噴，然後站不住，抓在那邊，甚至被打到進第一分局，那個感受—其實如果不是真正在現場，不知道那種時間要面對的是什麼。

我覺得其實鍾肇政老師在生命中，一直是充滿韌力地，也是充滿智慧的。也就是說，在不同的時代中他堅持、堅定，我覺得鍾老師不是個喧嘩的人，他從來沒有喧嘩過，他一直是很堅定。為什麼我會跟這個世代的人會比較接近，可能是做文學研究，也可能是我願意去貼近那個部份，也就是當我80年代末、90年代初，站在台

灣的街頭的時候，我覺得是誰給我們這個力量？我們今天如何能夠堅持這個東西？其實在那個時候，站在那個部份，有我很多的朋友們、五年級前世代的朋友們，是放棄了他們的文學寫作、是放棄了他很好的工作、是放棄了他們很好的收入。做這些其實是沒有收入的，甚至是必需要去對抗很多的一些壓力，或是約談這樣子的一個情境。但是為什麼，那是因為我們知道，前世代的人付出的比我們更多，我覺得我們一直不斷的跟我們前世代的人分香割火，他們就像我們的媽祖一樣，也就是說有那樣子的感受，就是我們從他們身上得到很多的能量。

如果我們的時代是悲情，那他們的時代怎麼辦？因為我對前世代的了解，我會去對我現在的學生們說，2007的台灣，從來都不是歷史的低點，因為我們前世代的人，活在那樣的黑暗裡，剛剛鍾老師所說讓我很感動的是，在解嚴前後好像大家覺得可以呼吸了，可是還是摒著氣息慢慢地呼吸，在那種的時代中、在那樣暗黑的情境當中，其實他們要去突破的，就像人走的第一步，看起來那麼小，可是要用的、要爆發的能量是這麼的大。我覺得如果我自己不是說當年有幸做為五年級的前段班，可以在80年代末、90年代初參與那樣的社會、一個台灣社會的巨變的話，我不會知道，因為你從書上得到的，跟你從現場得到的這麼一個接近的體溫是不一樣的，其實第一階段想要跟大家分享的，不是文學的部分，而是最近這幾年來，我看見的鍾老師。

對我一個學歷史的，還有我曾經這麼接近歷史體溫才能成長的人來講，我覺得很感傷，就是為什麼現世代會說這樣的話？當然這不是不能理解的。我自己可能是一個非常古老的人，我是一個非

常上古的人，我覺得說，對！我從他們身上不斷得到力量，然後他們給我很多的加持，很多的寄仰，所以我第一段要分享的是說，我覺得我自己非常感動，今天坐在這邊可以再聆聽鍾老師說話，回想起我們這麼多的交疊，在我自己，在鍾老師的生命歷程，跟我們的自我探索跟實踐歷程當中，我還有非常多的感謝跟感恩，不只是現在我有這個機會，也很謝謝過去讓我有機會去參與，我其實做五年級的前段班，我有很長的一段時間，覺得我們這個世代真的可憐，我們一直不斷的信仰然後破滅、信仰然後破滅，我們這個時代，民國五十一年、1962年前後出生的，留在文壇的其實真的不多，為什麼呢？因為我們還要去追求另一個可能的實踐，有時候我們感到挫敗，但我很感謝還有前世代，讓我有這樣子的一個機會，繼續最挫敗的時候能夠站起來，我跟大家分享到這邊，謝謝。

莊華堂：

謝謝楊翠老師，楊翠老師剛剛提到她在《自立晚報》經驗，90年代剛好是我在本土發表小說的高峰期，我記得92、93年的我，平均發表的量都有八篇到十數篇之間，其中最重要的小說我都在《自立晚報》副刊中發表。我記得那個時候的主編是林文義和沈花末。我必需補述一下，今天為什麼訂這個題目呢？我70年代上台北念書的時候，每天早上拿到報紙，首先翻開要看的是鍾肇政在中央日報連載的《插天山之歌》，第一個要看的是副刊，後來我陸陸續續跟很多朋友提到，一直在現在是五十歲年齡層，都是那時候看《魯冰花》、《插天山之歌》的連載，那時候在《聯副》或是在《中央日報副刊》，鍾肇政先生的小說連載量很多，到了在80年代的時候，那時候如果在書局裡面的暢銷書，絕對不是現在的理財、教人怎麼

去賺錢、心理學或是教人怎麼去自殺，這類的書，是什麼書？黃春明的、王禎和的小說或是白先勇的小說，都擺在書局裡一入口最熱門的位置，那個年代真的是文學的年代，到了80年代是什麼？是鄉土文學，不過在這個同時呢，特別是黃凡、張大春他們的世代，紅透了半邊天，另外本土這裡，今天本來要來代言主持人吳錦發副主委，曾經擔任台聯主席的蘇進強，那還有好幾個，包括鍾老的英年早逝的長子延豪，都是戰後第三代的作家。再過來到90年代，80年代後到90年代開始之後，陸續像我這樣的第四代作家，包括楊翠、王家祥，包話我們中壢有一個鍾老說的「福佬人」的客家妹黃秋芳，就是我們這個時代的作家，今天鍾老後半段會提到這些，再下來就是戰後第五代，新世代的作家，在現場至少就有二個，包括我們的許榮哲，還在坐在台下的，前幾天剛剛拿到高雄市打狗文學獎

短篇小說第一名的李儀婷，儀婷跟大家打聲招呼，接下來聽聽E世代的作家，戰後第五代的文學作家，看看他們怎麼講，我們歡迎許榮哲許老師。

許榮哲（與談人）：

其實我今天來的時候是有點錯亂的，那種錯亂感，其實我是昨天晚上十點多就上床睡覺了，十點多的時候，我的女朋友就打電話來說，剛剛莊華堂打電話來說今天有一場座談，然後請我去幫忙救火。然後我就想，時間這麼趕，而且我已經在睡覺了，因為我明天四點的時候，還有事情要處理，所以我就想恐怕不行。後來她說是鍾肇政的口述歷史，我聽到鍾肇政的時候就答應了，我的確跟鍾肇政先生發生了一件，對我個人來講是非常奇特的一件事情。

就是說我之前在《聯文》做主編的時候，我們做過有一期的專輯叫「台灣距離諾貝爾文學獎最近的作家」，就是你認為台灣的哪一個作家，最有諾貝爾文學獎的資格，然後我們在幾個選項裡面，我們做的幾個選項裡面，做了一個包括現在還活著的作家，另一個選項是已經過世的作家，然後就找了很多的年輕的人來選，大概有一百多個年輕人來選，那當時我是主編，當然這些東西都是我整理的，可是後來書出了以後，就發生了一件事情了。《聯合報》那邊的編輯打電話給我說，榮哲，你們這次做的那個專輯出了一個天大的錯誤！我說，什麼天大的錯誤。然後他說，沒有啦，你們這裡有一個年輕人，選了他心目中距離諾貝爾文學獎最近的作家，在過世的作家選項裡面，竟然選了鍾肇政先生，在這個雜誌裡面，把鍾肇政先生列在過世的作家裡面最適合得諾貝爾文學獎的。我聽到了之後，臉整個都綠了，全身都在冒火，我第一時間就去跟我們總

編輯講這件事情，我們總編聽到之後反應是什麼？他大叫了一聲「啊！」。緊接著，那個時候已經接近中午了，然後他做了一件事情，就是說打電話叫我們公司總經理，他就叫了總經理，二個人馬上開車去龍潭找鍾肇政先生，其實這件事情做錯的是我嘛，然後他們二個人就馬上的去處理，他們大概中午十一、二點出發，整個處理過程中過程中，我整個人是非常忐忑不安的。

大概二、三點回來的時候，我看看總編輯跟總經理臉色非常的好，我不知道這之間發生了什麼事情。後來總經理就告訴我，他們去龍潭跟鍾肇政聊天的過程，當時我有做筆記的習慣，我還把它抄在筆記上，總經理是這樣子講的，他說，他去跟鍾肇政講這件事情的時候，其實他們是很惶恐、很不安的，可是鍾肇政卻用一種安慰者的角色，來安慰他們說這沒有關係，當然我不知道他的口吻是怎樣子的，但他說這沒有關係啦！他還講了一件事，就是民國五十年的時候，鍾肇政先生說他在龍潭的學校教書，他每天都要騎四十分鐘的腳踏車到學校，然後有一天他經過一座橋的時候，踔到了一顆石頭，他整個人就騎腳踏車掉到橋底下，接著就開始有人謠傳說他已經死了，然後還跑到他學校，跟他們講說鍾肇政掉到橋下死了。結果全校的人都在哭泣，後來他出現的時候，他還去安慰那個傳錯話的人，他做的事不是在澄清我沒有死我沒有死，他是在安慰那個傳錯話的人，其實這件事，就是跟我們當時發生的那件事是一樣的，就是說，其實我們做了一件錯誤的事情。

這件事情對我來講，是非常感動的，因為他對生命或對人的寬容，他是走過一個比較嚴或是比較悲傷的一個年代，可是他對後輩或是對後輩的看法是非常的樂觀而且寬容的。今天的題目其實是

〈90年代文學的展望〉，其實我自己開始寫作是在1999年，我1999年的時候在念台大農工所，那時候我其實不是文藝青年，我大概看過最頂級的書是《牧羊少年奇幻之旅》，連《小王子》都是我在研究所的時候，才有同學介紹我看，所以完全沒有看過文學、純文學的書。可是我自己有點徬徨，就是我不想做我現在正在讀的東西，如果照我正在讀的東西，就是研究水庫的嘛，那我可能變成一個水庫的操作員，可是我完全對這個東西沒有興趣，所以我到處去找一些可以做的事情，想要去學看看。

後來我找到一個東西，就是寫作，我印象非常深的是，我大概在那一年參加了十幾種的文藝營，還有寫作班，然後我去參加的每一堂課，就是說每一階段的課程，我都會遇到這樣子的老師，那個老師都大概五、六十歲，平均來講那個作家大概都五、六十歲，每次進來的時候，他就看到前面有一群學生，年輕人想要學寫作，他就會露出一種非常欣慰的表情；可是露出欣慰的表情之後，他緊接

著就會講說，看到大家對寫作這麼的有興趣，我感到非常的欣慰，可是我一想到你們的前途，我就為你們感

到悲傷不已，然後他就會緊接地告訴我們說，文學的情況是非常的慘，然後狀況多麼的不好，然後講著講著，他就會把自己的親身經歷講出來，一堂課大概二個小時，他講掉了大概一個半小時。

我一開始在寫作的時候，接觸到的訊息，就是文學是非常慘的。所以後來上課的時候，我在底下，就自己偷偷告訴自己說，如果有一天我站在台上的時候，想要跟大家分享寫作的方法或技巧時候，我絕對、絕對不會去告訴大家說文學有多麼的慘，因為在我那時候二十幾歲的想像裡面，一個三流的企業家也很慘，你一個三流的麵包師傅也吃不飽啊！所以你一定是三流的作家吧？否則為什麼你來到這邊，是告訴我們你的文學慘況，還有你自己悲傷的遭遇？在我的想像裡面，如果說你是一流的作家，你搞不好就跟我們講一些，哇！這文學好到不行，我現在出去多風光的事情。所以，其實我對文學的想像是比較接近這個的，帶著一種比較悲傷的一種氣氛的。

後來我開始慢慢寫作的過程中，也的確接觸到文學中比較、比較……不能說悲傷，而就是所謂不景氣這個東西；但是文學的不景氣，我覺得也不是一天、二天的事情，可是我覺得這一點都不重要，那個感覺比較像什麼呢？就是說，對我來講，我常常聽到五年級的作家，他們就會緬懷四年級作家的那個時候，文學狀況是多麼的好，然後每個人寫的書都可以大賣。可是到了五年級的時候，他們就覺得說文學就好像是個舊址，就好像，他們每次看到文學，就好像看到了一個荒廢的大宅院，那個地方，人都已經搬走了，就只剩下一個破破舊舊的大宅院，然後他們就憑著那一個大宅院，去懷想以前四年級的文學榮況。可是到了六年級的時候，那些文學的舊

址，那個地方的大宅院，通通已經不見了，那個地方已經改建了。所以對我們六年級來講，我們只能在地上撿到一張門牌，那個門牌就是以前沒落的貴族留下來的門牌，這件事到了七年級以後，他們連門牌都撿不到了，他們只能聽說，傳說四年級是怎樣的一個狀況。對我來講，可能在某個意義來講，文學是從四年級開始到一個頂端，到五年級開始沒落，到六年級幾乎已經消失，到七年級已經變傳說了。

可是對我來講，就我認識的七年級，我覺得七年級也沒有比較悲傷，也沒有因此感到文學很絕望。我認識的一些七年級，他們也是對寫作這件事情充滿了熱情。我覺得寫作的熱情跟文學的市場，是不相干的，也許距離愈遠，愈沒有接觸到文學榮景的那些年輕人，搞不好對寫作更充滿了一個熱情。

我舉一個例子好了，其實我們寫純文學的，就會覺得九把刀就是暢銷作家、網路小說作家，可能他的作品我們連看都不想看，可是其實我還滿欽佩九把刀的，為什麼我欽佩九把刀呢？因為有一次我聽九把刀在演講的時候，我聽到他講過一段話，他說在開始寫作的時候，寫過十幾本書，一點都不賣，一千本、二千本都賣不出去，然後他就想說，我這樣的人很喜歡寫作，但是賣不出去，我該怎麼辦呢？於是他就想，如果要讓自己的能見度變高的話，只有一個方法—因為我不可能去求編輯幫我辦記者會、簽書會，唯一的辦法只有一個—就是每出一本書的時候，至少會在書店前面擺上一小段的時間，也許只有一個禮拜，但是至少會停擺，然後擺在能見度比較高的地方，所以唯一的機會就只有這樣了。為了延續這樣的機會，只好每個月都出一本書，所以他自己訂了一個計畫，十四個月

就要連續出十四本書，就要在這一年多裡面，讓九把刀這個名字，每天、每個人一進書店就會看到，所以九把刀不是我們所想像的，是運氣非常好的一個年輕人，他是利用一個戰鬥的性格，讓自己的書去面對大眾，然後再靠自己的實力，慢慢爬起來的。

所以，你覺得文學有沒有前途、寫作有沒有前途，然後他就會覺得說，喔，那還滿有前途的。其實這些是我用我自己的方法，去激勵這些年輕人，可是我還是回到剛才的一個原點來講，對於一個一開始就會跟大家說文學有多麼悲觀，為大家感到多麼悲傷這些人，其實我覺得是沒有必要的。其實每個人在每一個時代，都會為他自己找到一個好的出路，就像我們以前也很喜歡看一部電影它叫《侏儸紀公園》，它裡面的一句名言就是「生物會自己找出路。」即使已經消失的恐龍，他都可以藉由某一種蚊子去叮咬以前的恐龍，然後變成琥珀留下來，而重新再復活了。那為什麼人不能在絕境裡面？找到他自己的出路，我想鍾肇政先生，他開始在寫作的時候，對台籍的作家是非常非常不利的，比起現在所有的年輕人、比起現在面臨的文學環境來講，其實都是更不利的，但我相信每個人都可以自己找到自己的出路，好，我簡單講一下。

莊華堂：

謝謝年輕世代的許榮哲許老師，給我們這個第三代、第四代完全不一樣的文學視野，也很高興看到他從他口中說出，很清楚地看到文學還是充滿著憧憬期待的，也就是沒有我們想像中那麼的悲觀。現在中場休息。

☙下半場❧

莊華堂：

經過中場休息以後，我們要重新開始鍾肇政的口述歷史第九場的講談會。根據鍾老從事文學的經驗裡面，依這時間的順序一路設計下來，這是今天的講題的部份。下半場一樣這個講題、一樣請鍾老主講，時間有二十五分鐘。不過老師，今天因為我代理主持人，你可以不限定時間，二十五分鐘如果到了，如果你還興致正濃的話，你可以繼續講，多三分鐘、五分鐘是沒有問題的，好不好？接下來我們請鍾老繼續主講他的〈戰後90年代的文學展望〉。

鍾肇政：

大家好，時間超過了很多，怎麼辦？超過了很多，我就長話短說一番吧！（根據題綱）唸出幾個同仁的名字，稍微談談其中的部份。前面還有一個「台灣文學系的系所的創辦」。我記得當初還是我們台灣文壇幾位同仁，好多位跟有關單位反應這樣的意見，希望能夠設立鑽研台灣文學的系所，我們到哪裡去陳情？有哪些朋友一起參加？我記憶裡面確實有過這麼一個場面，希望台灣文學的鑽研，台灣文學的、去請願？我只剩一點模糊的記憶，沒有辦法具體的跟各位報告什麼時候？在什麼地方？當然，我並不是指望這樣子的一個系所，會培養出台灣文學的寫作人才，不是的。因為未來大學裡面，創設台灣文學系所是必然的，這樣的未來，需要一些師資、人才，所以當時非常的希望有鑽研台灣文學的系所。所以跟朋友們一起，把這樣的意見反應了。然後有關單位也接納我們的意見。是哪一年開始有台灣文學系所，我也記不太清楚。目前有好幾個大學裡面就設有鑽研台灣文學的系所，這給我們很大的安慰。

接下來主辦單位列出的名字，遺漏了我旁邊的楊翠楊教授，因為我一直記憶很清楚的，就是我跟我太太結婚二十週年，我們兩個共同

的去補辦婚禮蜜月。我記得第一站就是台中的東海花園，東海花園就是楊逵老先生，他現在已經作古了、已經不在了。當時他還在東海大肚山那裡有一所東海花園，我首站就是去拜訪他，我記得那時候的一個小女孩，大概沒有幾歲吧！常常叫阿公，東叫阿公、西叫阿公，阿公、阿公這樣，楊老先生他習慣自炊自煮—自己煮飯自己吃—款待我這個不速之客。他還是照樣鍋子裡面，青菜啦、魚啦、肉，通通放進去，一塊放進去煮。我記得是這樣。當然我拜訪我所景仰的的老作家楊逵老先生，我是覺得非常地欣慰、非常地高興。那個時候就是碰到了小女孩楊翠，今天變成台灣文學的大教授，那麼我變成一個已經老了，八十幾歲的老頭。

這個列出名字，第一個要我談的是林國隆。這個是當時我編《民眾日報》的副刊和《台灣文藝》那個時候崛起的作家。我覺得就是當時，他有一個很突出的、很特別的文學才華，他也很用心的看書、用心的寫作。那個時候雖然才展露頭角，可是他的文學之路

好像這樣跟大家特別不一樣,特別坎坷的樣子。今天他有沒有離開他的崗位,好像在《客家雜誌》當編輯,可是很久沒有看到他再寫創作的作品。我這麼說,可能是因為這好幾年來,我跟外界接觸非常的有限,好像前面我已經稍微提過、報告過,我這眼睛也不行,頭也是konguli,水泥塊,這裡面裝的都是水泥,很容易忘記事情,幾乎隨聽隨忘,這樣的狀況。

不過我很清楚的記得,那一次是在東海花園,在東海大學不遠的地方,楊逵老先生住在那邊,記憶是非常的鮮明,非常的強烈。甚至也留有一張報紙,是我跟老先生在二、三棵大樹下合照,那裡掛有一個牌子「東海花園」,你有這樣子的照片嗎?有那個牌子的照片,不是我跟你祖父一起在牌子下面拍的,我應該還有,應該還有這麼一張照片的。這是我跟那時的小女孩第一次相逢,相逢東海花園。很高興現在看到,我們台灣文學有這麼一個傑出的人。你有寫最近有寫東西嗎?(楊翠:寫論文)他專門教書,教台灣文學的,我相信這是很有意義的工作。

接下來今天主辦的華堂、華堂老弟,我肯定的認定,他是目前在我所知道的範圍內的第一把寫手,他寫小說的豪爽,接連的有二本著作出版,特別是最近的一部長篇,寫原住民的、寫平埔族的,因為他差不多一輩子都做一些田野的工作,到處跑,做一些記錄的工作。所以對台灣各地的,不管是平埔族或是山地的原住民,不管從地理方面、歷史方面、文化方面都非常的熟悉,所以他底下出現就是有關平埔族的也好,原住民也好,形形色色,他寫來得心應手,這是當前很少見的。我幾乎沒有看到還有寫這方面這麼樣傑出的,這麼好的作品,我今天特別地推崇這麼年輕的作家。

接下來這位王家祥，許久沒看到他的作品，因為我很少找一些文學刊物或者副刊來看，我家裡面只有一份報紙，所以我只看一份副刊。因為現在眼力很差，我就是多訂了幾份報紙副刊，我怕也難有能力去看。目前情況真的是這樣，非常不得已的事情。

那麼下來舉的是陳燁，她一起步我就認識她，也是很傑出的一位女作家。當初⋯我想不起是哪一個階段認識她的，也可能是我離開了本土副刊以後才出現的。好像也是一個什麼比賽的場合，在看到這麼一個傑出突出的女作家脫穎而出。前面的王家祥也是這樣的，一個什麼創作的比賽，我當評審碰到的一個傑出的作家，怎麼講我忘記了，講不出來了，陳燁也是這樣。黃秋芳也是年輕一輩的女作家，因為有一段時間她住在我家鄉，龍潭的鄉下，她有一個親戚在那邊，她就跑到那邊去住。她寫信給我，我記得騎腳踏車去找他，她住的地方好像在她哥哥的家裡，第一次碰面，然後就看黃秋芳成立了一個寫作教室之類的，一方面寫作一方面培養後進，目前情況我是稍微陌生了，不過我相信他也繼續的在努力。

這裡提示的就是綠色執政之後的文化展望。阿扁總統剛上台的時候，曾經來看過我，要我提出他執政的意見，我當然只能有關文化方面提出一些短見，我還記得我特別強調—桃園有印成一本他執政什麼白皮書之類的，裡面提到我提的建議—就是「中央藝術院」這樣的構想，我們已經有中央研究院，那是一個大規模的國家研究機構，當然也是包容萬象。那麼我希望有一個，當然不能想要那麼大規模的「中央藝術院」，至少包含文學、美術等等這樣的內容。結果他的政策白皮書裡面，把我們的意見提出來，我所提出來的他有提到，結果好像這方面沒有具體的工作表現。至今我仍覺得，這

是我生平的遺憾之一。如果我們能夠有這樣一個「中央藝術院」，不管文學、美術各種方面都有，不但給這些文藝工作者一個家、一個歸屬的感覺，那麼更進一步的，大家互相有認識，有互相切磋的、互相鼓勵的機會，我相信是非常有意義的。現在只是變成我過去的一個嚮往，完全的落空了。綠色執政我是提出過這樣子的建議，這樣子的建言，才變成我今天的遺憾。以上是主辦單位幫我提示的內容，我就做這些簡單的報告，謝謝各位。

莊華堂（主持人）：

老師，你真的認為這樣講就夠了嗎？你還有沒有什麼話要講？老師相當客氣喔！其實我們時間並沒有那麼緊湊，剛剛中場休息的時候，我已經請教過我們的課長，他說延長沒有關係，所以可以到四點四十分結束都可以。接下來二位請你們放心，某種程度的侃侃而談，在今天這個場合還許可的。前面鍾老提到的，我做一個補述。你認識王家祥，我想應該是他的有一篇也是寫原住民寫那個〈拉馬達仙仙與拉荷阿蕾〉。那一篇得到「吳濁流小說正獎」，那是大概七、八年前，我是今年拿到「吳濁流小說正獎」，是那樣子的一個場合。接下來是陳燁，如果我記憶沒錯的話，陳燁好像年輕我一、二歲的樣子，早我一、二年踏入文壇。鍾老認識她的時候，如果是文學獎頒獎的場合，那應該是聯合報，聯合報的短篇小說獎，我記得有一年他是拿到「小說評審獎」，會不會是這樣子的場合？

至於我個人的部份，我暫時恢復我的身分，我要談一下我跟鍾老的機緣，榮哲、儀婷，這個跟耕莘有關。你們大概沒有聽過，我是他們耕莘寫作會的學長。話說大概二十幾年前，我入會的時候，

是民國七十二年、1983年。半年後我擔任一年小說組的組長，然後接任總幹事，儀婷也擔任過總幹事。我總幹事卸任的那一年，有一天耕莘文教院的大廳，舉辦一場好像是黨外之類的一個演講會，那一天我看到有一個戴帽子的，六十幾歲的老人家，頭髮斑斑的老人家，坐在前面大概第二排的位子，那個時候我還不知道鍾肇政。但是我認那個帽子，因為鍾老他有很多的照片是有帶帽。剛好那個時候陸爸在我旁邊－陸爸是我們寫作會會長，我就問陸爸說：「那個人好像是什麼台灣文學的鍾肇政，就是寫那個……」陸爸就這樣看……「好像是喔！」我就跟我們會長講，是不是有一天，我們也可以請他來我們會裡做演講或做小說指導，我們會長說，不行耶，我聽說他是「台獨」，我講的是事實。

好，大家聽到這一段裡，往前回溯，我們在大溪那場鍾老有提到，有一天李喬跟他說立法院裡面傳言，立法院有說台灣有三大巨頭，其中有一個就是鍾肇政。這二個事件連起來就變得很有趣，很有趣的現象。事實上，我的了解或鍾老師講的，在那個戒嚴時代，在那個他成為謠傳的所謂台獨三大巨頭之前，鍾老是從來沒有參與過政治的運動，他走上街頭的時候是後面的事情了。為什麼寫作會的一個神父，為什麼他會知道鍾老是「台獨」？顯然，李喬講的所謂台灣三大巨頭包括其中一個是你，這個不是謠傳，這個是真有其事。這是那個年代，白色恐怖那個年代，當權者如何懷疑，或者監控一個從事台灣文學的一個筆耕者，我講的是我剛好碰到這樣子的事情，提供給大家做為一個互相的印證，接下來，我恢復到主持人的身份，我們繼續請楊翠楊教授，繼續她的發言。

楊　翠：

　　我想先從回應剛剛榮哲有提到的一些東西反過來談，跟鍾老師剛提到的一些扣在一起。因為剛剛榮哲在提的時候，談到一個部份，有比較80年代跟90年代文學的一些現象，當然在80年代末跟90年代初的時候，真的有人說文學已死、文學沙漠這樣子的一個說法。但我會覺得，如果從市場的角度來看的話，台灣文學的榮景其實從來沒有過。也就是說，從文學的榮景，我們說40年代的文學市場很繁榮嗎？事實上也未必如此。40年代，他們在80年代的時候，他們是不是都賣的很好？事實上也未必是這樣。我覺得倒是說我覺得差異性的部份，可能是在於進入90中後期，在整個流行消費趨勢這樣的一個脈絡當中，我覺得是文學心靈的改變，市場是另外一個問題。

　　那這個文學心靈的改變，可能是比較值得思索的問題。我會覺得說，文學心靈裡的改變，當然我做為50年代的我，是比較從自我

反省的角度來思考，這待一會兒談。文學心靈的改變，我覺得我們自己這個部份先不要談，我覺得剛剛榮哲談到的戰鬥，他說六、七年級是戰鬥的性格，我覺得這個滿有意思的，那我也這樣講，如果從這個戰鬥性格來講，我會覺得滿好玩的，三年級、二年級、一年級就是說日據時期的作家，新文學作家開始，其實都非常具有戰鬥性格，幾乎都在戰鬥。可是有意思的是戰鬥的對象是不一樣的，追的風車也是不一樣的，就是說那個差異性是在這邊。

可能六、七年級，剛剛榮哲提到的說，我們要去戰鬥的是一個市場。所以怎麼去自我呈現，怎麼在流行趨勢當中，尋找自我推薦，可以讓自己被閱讀，但是我自己感覺他們時代的戰鬥，他們是在戰鬥什麼？他們不關心市場，也無法關心市場，因為市場從來沒辦法為他們而展開。他們的東西幾乎都不賣，甚至他們投稿都是退稿，我想鍾老師做了好久的退稿專家，他自己也寫過，他們不是為了能夠被賣這件事情，就是說市場對他們來說，至少在思考的脈絡當中是另外一回事，甚至是不存在的。他們是要透過文學去做的戰鬥，是對體制的戰鬥。其實是自我生命的提升的一個戰鬥，我覺得這個戰鬥，這個對象是不一樣的，這當然是因為世代性，是因為時代的不一樣，要面對的課題不同。

以戰鬥的心靈來說，我覺得有意思的是台灣，台灣的作家都有不同時間點的戰鬥面向跟戰鬥的特質，這也許可以作為怎麼樣去Try台灣文學史一季延續有差異的，很有意思的一個現象。如果從這個角度來看，我剛坐在這邊突然間覺得，因為剛剛鍾老師問我說，你最近有沒有寫？如果從這個角度來說，我倒會覺得其實我自己做為五年級，我就是一個，我真的是一個，一直不斷在想的五年級世

代。我所知道的我的朋友們有很多是退出文學創作的，我們是最不忠貞的世代，我們是最不專注的世代。

所以我的朋友們，或是我們同世代的，我們辦過雜誌。我們辦了一個《南方雜誌》，沒有人要跟我們買，沒有任何一個書店願意要幫我們放，你知道嗎？我們拿著到處到重慶南路每一家去問，請問要不要幫我們賣這個，都沒有人願意，只有二家說借你們放一本。結果後來所有的《南方雜誌》通通堆在我們家，全部都堆在我租的房子。我租了三樓，我從一樓堆到三樓。然後呢，餐桌的桌椅，我去買夾板，三乘六的夾板，餐桌、臥室、床，然後書桌的桌椅全部都是用《南方雜誌》當椅子，就用最便宜的家具，當時就是賣不出去。

許多人投入到沒有生產性、沒有市場的創作領域。可是現在想起來我覺得是非常動人的一個過程，所以也許我們心有旁鶩，就50年代……在90年代初，本來就應該要做一點什麼，在文學上他們去哪裡了？他們進入政治改革運動了，他們進入媒體了，然後他們進入做田野調查了，做田野工作了，他們進入了很多很多包括社運的場域。像我自己本人在90年代又開始參與社區公民大學的一個工作，我覺得我們的心有旁鶩到底是為什麼？我一直在思考這個問題，其實有一長段時期覺得我們一事無成，因為我們為他人作嫁之後，剛剛鍾老師提到綠色執政，很多人有很多的失望，特別是在街頭走過的人。當年跟警察衝撞的人，其實那個失望是真的難以形容，我們系上林茂賢老師他是憂鬱到不行。因為你該怎麼面對這整個時間的變遷，可是唯一能夠支持我們走到四、五十歲的今天，我覺得人生就是要走過，不是為了市場，也不是為了一定要出書的成

就感，而是你把自己的生命經營出來，這樣的一個感受。

　　剛鍾老師提到，他跟90年代作家的接觸，把我放進去，我覺得就只是因為我是楊達的孫女。其實在文學上面，我是一個非常懶惰的人，就是在創作上面，為什麼？因為人生就是這樣不斷的走、遭遇一個新的挑戰，必須要去破解，然後必須要去實踐。去做社區公民大學、去做田野調查、去做歷史研究，在歷史研究遭逢我自己的祖父祖母，然後在日據時期看到他們努力的身影。記得1993年我出版我的論文的時候，寄給鍾老師，鍾老師給我寫一封信，鼓勵我說，他覺得我在這裡面做了很多的東西，問我說還有沒有在寫文學啊？那時候我覺得我該流下眼淚，這是為什麼？就會覺得說，對，我拋棄了生命當中，應該是最愉快的一個區塊。一直到現在必須要寫論文，必須要教學做研究。但是對我個人來講來講還是文學這一塊是最快樂的，永遠還是最快樂的，可是為什麼我們必須要把這時間切割掉呢？就我們的世代來講，就會連結到台灣文學系所的創立，我們必須要去推這樣子的東西，我們必須要去學校，把年輕人給帶出來，我們必須要花很多時間去做這件事情。然後回到家就非常的疲累，為什麼呢？因為台灣文學研究這一塊，我們沒有被教過，我們必須要自己去摸索，然後每教一個東西，我們自己都必須要學，真的很怕教碩士班的時候會被問倒，突然不會講。因為那東西我們也沒有被教，我們都是現學現賣，真的是很心虛，每天都是提著心去上課，可是我覺得這一條路就是要走下去。這個東西就是要走下去。

　　在這樣一個實踐當中，我們可能拋棄了很多現實上的價值，我覺得那是值得的。從這樣子的角度來講，我就比較能夠去體會像

鍾老師這世代的人,他們生命的處境,來自於他們生命的追溯,戰鬥跟市場為什麼會是沒有關係的?那樣子的一個戰鬥,為什麼會跟市場沒有關係?所以他才可以有這麼強烈的韌力。鍾老師在我那邊有好幾封信,我有時候會拿出來,因為我搬家搬了好多次,我有一個戀物癖,有很多舊的東西,包括一個葉子我也會收。前不久我在整理東西就把他搜出來,搜到一封。我真的把《台藝》編到倒了,我真的非常難過。當時我編台灣文藝的時候,我把編好的第一期—好像是158還是多少,我忘掉了—寄給鍾老師,鍾老師給我寫了一封信,說他很高興我把這件事情拿起來做。然後在這麼一塊有一個延續性的關係。當然我後來把他編的不成樣子,而且賠了非常多的錢,最後真的是支撐不下去了。

我要講的是,感謝在我的生命過程當中,我真的是中年了,講了就暴露年齡了,我真的一直在想,我生命的價值是什麼?是研究嗎?是教學嗎?我要確認那樣子的東西,然後不斷的確認自己;暗示自己生命的意義,突然想到的是,前面所有陪伴我給與我力量的。我確認今天在這個場地中,有價值有意義的一些前輩朋友們,我覺得我非常幸福。以前我不願承認我是楊逵的孫女,為什麼你們要給我這個陰影跟包袱?然後為什麼介紹的時候,要不斷的先講一下這個人是誰?真的是覺得非常的抗拒。可是到後來我覺得,那是我生命的幸福。同樣的,我也非常感謝我生命當中,有鍾老師這樣從小看我長大,就像我每年初一到鍾老師家,都像回娘家一樣,我們每年初一都去看他,然後在他那邊,就像回娘家一樣的心情。這是我今天想要跟各位朋友分享的,謝謝!

莊華堂:

　　楊教授遠從台中來，其實她相當節約。我說時間不限定的，是一般性的約定而已。《南方雜誌》據我的了解，當年會請鍾老掛名是為了安全。因為當鍾老名字掛在那邊的時候，「文工會」或者「新聞局」就比較不會抓，是不是這樣？

楊　翠：

　　因為呂昱也是白色恐怖關回來的，所以他自己本身也是黑名單。那他找一群年輕人，當時大概是大學、研究生一起來要辦這個的時候，其實必須要有一個人來支撐他。

莊華堂：

　　也就是說鍾老提供《南方雜誌》一個保護傘。其實鍾老做過好幾件類似這樣的事情。就是在還沒有解嚴的白色恐怖時代，其實那個是危險的。很可能被關，甚至被槍殺。另外楊老師提到對綠色執政之後的失落感，我同樣有相當深的感觸。從1988年客家母語運動那一場我沒有參加，以後的1980、90年代，在台北幾乎所有大小街頭運動，包括原住民還我土地運動、419、520的農運，我全部都在現場。

　　我看過整個從黨外時代的政治及社會運動，當然會對當時所謂黨外－後來的民進黨－寄予很高的厚望！但事實上這七、八年並沒有如我們的預期。就像剛鍾老說的，他的「中央藝術院」這樣的一個構想，在阿扁執政七、八年之內落空。我當然能理解為什麼鍾老會提這個東西，因為我個人沒有進過大學，沒有受過學院教育。不過因為我參與了中央研究院跨系所的大型研究計劃，所以中央研究院的幾個人文社會研究單位，包括民族所、社會所、台史所、文哲

所、語言所我都有相當程度的接觸。我了解的是，在文哲所裡面只
有兩個人有牽涉到研究台灣文學。那一個所裡面其實有很多人，也
就是說中央研究院在文學、在藝術這個領域是相當程度被忽略的。
我很難盼望國民黨，如果它有一天重新執政，它會注意到這一塊。
可是我們期待的綠色執政，居然沒有辦法回應我們民間藝文人士的
要求，真的是遺憾！接下來，話題就不會這麼沈重。每當許榮哲發
言的時候，又回到我們二十一世紀新世代身上。我希望接下來他的
看法還是樂觀的，我們歡迎許榮哲…

許榮哲：

　　我今天可
能是提供一個比
較另類的看法。
但是其實我覺得
也不能算另類，
可能不同的時代
有不同的觀感。
其實剛才楊翠老
師講到說六、

七年級的戰鬥性，可是其實我必須承認，在我的六、七年級的朋友
裡面，比較有戰鬥性的搞不好也就是我剛才講的那兩個，或是加上
我三個而已啊！所以它可能是一個……不能說是特例，而是說我有
時候會把這個特例拿出來激勵一下年輕朋友。我相信其實有很多共
同點，但是整個時代其實是不一樣的。我想要講一個比較有趣的地
方，就是，剛有提到戰鬥，可是戰鬥的東西其實就是要對抗，戰鬥

性其實就是一種對抗嘛！

　　我很喜歡一個小說家叫葛林。葛林他在過世的時候，在自己的墓碑，不是他自己刻的嘛，就是說葛林死的時候，他的墓碑上刻了一段話，他說：「我喜歡的是：事物危險的邊緣。」葛林他的墓碑，就是一般我們外國人叫「墓誌銘」，那我們中國人的「墓誌銘」可能講一些歌功頌德的話，可是外國人可能是一些比較雋永的小語。他說：我喜歡的是事物危險的邊緣！然後緊接著它就解釋什麼叫事物危險的邊緣。它說：軟心腸的刺客、誠實的小偷和一句天道的無神論者。這是說誠實的小偷，小偷如果他誠實不就很麻煩了嗎？他是個刺客，他又是個軟心腸的刺客，這也很麻煩！另外他如果是一個無神論者，可是他最怕的就是老天爺！那你無神論者又怕老天爺，就是一句天道的無神論者。這三種類的人都是一個非常矛盾的人，這就是他講的：事物危險的邊緣！就是說處在矛盾狀況的人，他就是最危險的一個人。我想要用這句話來講的一個東西，其實我們這個世代，恐怕也沒有以前那個政治的敵人了。

　　後來我們自己開始在寫作的時候，組成了一個團體，做一些抵抗的時候，我們自己呼口號。什麼叫呼口號？以前的人可能什麼自由啦，救中國啦，各式各樣那種比較沉重的口號。我們呼的口號，可能比較接近文學，不是我們現在所想像那樣子，也不會是我們未來所想像那樣子，而是從現在開始我們做出來那個樣子。就是說我們自己定位什麼是文學？文學就是我們從現在開始做出來的樣子。所以我們開始因為這樣一個想法之後，做了各式各樣、奇奇怪怪的活動。什麼叫活動？我們來學一下那個日本的綜藝節目，叫做「搶救貧窮大作戰」！所以我們就搞了一個「搶救文壇新秀大作戰」！

所以我們就辦了「說文學獎的壞話」。很多地方呈現起來很像是一種反骨的精神，我們就是天生反骨啊。

記得在一個文學會議的時候，有一個大概蠻有名氣的評論家，那時候剛好在辦「野葡萄雜誌——文壇搶救大作戰」活動，《野葡萄雜誌》現在已經倒了。那個評論家就講說，你們這幾個年輕人，現在在玩的活動，就像野葡萄這個名字一樣，就像柳丁盛產過剩，過剩的柳丁一樣，總有一天會被淘汰。其實我們對這些話，並沒有很認真的去看待這些東西，因為我們也知道這個東西其實比較像一個行動，像是一個比較遊戲。

後來有一天，有一個文藝青年，大概是七年級的，比我小大概十歲的文藝青年，說他在上課的時候，聽到另外一個五年級的老師跟他們講說，一個一個世代開始講，講到駱以軍，類似同樣的論調，這些東西其實根本就不是文學，他是說它的意義在哪裡？沒有價值！後來那個七年級的文藝青年就跑來跟我講，榮哲大哥，你不會覺得很奇怪嗎？他們難道不知道從頭到尾，你們就是一場遊戲嗎？我聽到這句話其實非常shock！就是說，七年級比我們自己在做的人更清楚，這本來就是遊戲，而不是文學。

所以，在一個四、五年級世代的人，就會覺得你們做的每一件事情，就不符合文學的精神。因為他們把任何的事情，都套在一個比較嚴肅的基調上，所以你做的任何事，只要不嚴肅，他就覺得不是文學。可是，我們明明就是在做一個遊戲啊！為什麼連一個遊戲也會被歸類在文學裡面？就是因為我們比較想要做的東西，本來就是在做一個遊戲。所以假設我們辦一個營隊，那個營隊叫做「搶救文壇新秀再

作戰」！我們後來發給學校所有的宣傳單，上面寫什麼，你知道嗎？一般文藝營的課程，它就會告訴你說這是鼓勵青年人創作，然後改善美好風俗之類的東西，其實就還蠻純樸的一個講法。

可是我們偏偏就不要，我們寄給所有學校的傳單是這樣寫的：就算一百遍的高潮加嗑藥，也沒有這個文藝營high。我們要傳遞的訊息就是，這個文藝營比嗑藥，或是比做愛更high一百倍。這個東西，當然很多學校就會覺得，這個是一個天體營的招生簡章嗎？為什麼會寫比一百倍的嗑藥跟做愛還更high？可是在我們這個世代，尤其是我自己在跟人家聊文學的時候，我都想要講到最後一個重點，就是說文學沒有神聖性。因為把神聖性這個字眼灌到文學上面的話，就會使得文學的進步變的比較慢，所以我想要跟大家分享一個概念，就是在一個比較新世代年輕人的看法裡面，文學已經不再有神聖性了。文學可能包含了更多的娛樂性，或是一種創意性，或是各式各樣跟嚴肅無關的活動。然後我覺得文學其實可以非常非常有趣而好玩的，文學沒有那麼沉重。

還有一些學生也會跟我講，就有一個學生跟我說，他來參加耕莘寫作會的時候，他就覺得他媽媽制止他去參加。因為她想到耕莘青年寫作會，就想到作家；想到作家，就想到自殺。其實就是有很多一般人的約定俗成的一個觀念，就把作家和寫作，跟蒼白或比較悲傷的東西畫等號。可是我要講的是，在我們這個世代，文學可能比任何東西更有趣、更好玩。我大概分享的就是這些。

莊華堂：
現在是四點半，我們還有十分鐘的時間。前面許老師提到這一

段，其實他跟現場的人一樣。最近兩三年，都是在做課程的規劃與設計。他跟我跟白靈在十幾年前設計的課程是完全不一樣。我們那個時代，絕對不會想到什麼大作戰、再作戰之類的活動。所以我們看安排課程跟文學，從80年代，到90年代，到21世紀，其實它的概念、文學趨勢是完全不一樣。今天很難得我們鍾老從他戰後第一代作家，到我這個第四代，楊翠楊老師的第四代到第五代作家，其實看到了台灣文學在五十、六十年來，大致的流程是怎麼樣，它發展的風貌可能是這樣。同時我們也聽到了榮哲老師，就他推動培育文學新手的經驗，讓我們看到了未來二十一世紀之後，台灣文學的可能和它的發展。他還是抱著雖然艱苦，還是樂觀憧憬的一面！好，今天座談會的部份告一個段落。我們還有七、八分鐘的時間，開放給現場的觀眾朋友可以提問，現在開放！

李儀婷（小說家，耕莘寫作會駐會導師）：

我先從我自己開始介紹起好了。其實我是二十五歲才開始踏入寫作這個行業。那在之前，其實我對於寫作的狀況、感受一直都不是很好。我的父親是從大陸撤退來台，他對我們家教其實非常嚴格，他一直以為自己是一個傳統的書香世家，所以對我們的言行舉止都非常嚴格。以前甚至我們要出門的時候，要背完朱子治家格言才可以離開。因為我是

全家最小的，所以我沒有受到我父親太大的荼毒。他都把關注放在我三個哥哥身上。所以我哥哥對於我爸爸的教導是非常嚴格執行。我三個哥哥都會背朱子治家格言。到我的時候，我大哥大我八歲，所以他在我很小的時候，就對我非常的不平衡。為什麼？因為他覺得我是沒有受到荼毒的唯一一個女孩子。所以他在我國小五、六年級的時候，他就嚴格的規定我，他說：「李儀婷，你一定要每天背完二首唐詩三百首、二首宋詞，然後五頁的三字經。」然後他跟我說，為什麼你要這樣唸呢？你以後寫作的時候就會知道了。所以我每天都在恐懼之中把這些東西背完。

我國小五、六年級不知道那個意思是什麼。例如說：春花秋月何時了，往事知多少。小朋友一定會問什麼叫做春花秋月何時了。我的兄長就會跟我說：你只要背就對了，以後你就會用得到。好，那我每天就背。但是，在我成長過程中，我從來沒有用過這句話，我從來沒有用過唐詩三百首任何一句話在我的作文裡面。我每天如果背不完，因為我的家教非常嚴格，一定會被打。被打完之後，不能睡覺，就是回去背完之後，再回到我哥哥的面前，把這些東西背完。所以我每天都有一種恐懼，我恐懼看見我大哥，我恐懼看見這個家裡的任何一個份子。所以有一天我終於受不了了，我就寫了一張便條紙，這張便條紙我就把它放在我爸爸的床頭底下。有一天我爸爸睡覺的時候不小心就翻開那個枕頭，就看到上面寫說：救救我，我快死了！就是我畫了一個女生在那張紙條上面一直哭泣，上面寫「救救我」。

成長過程中，我國小四年級的時候，是非常討厭寫作的。因為我從小就被壓迫，所以我很討厭寫作。到國小四年級寫作文的時

候，我的作文老師在評語上面寫了四個字，就是「狗屁不通」！所以在我的成長過程中，寫作對我來說，就像剛剛榮哲講的：就是一個奮鬥、一個戰鬥的過程。可是就在這個過程之中，在我第一次開始寫文學的時候，我跟莊華堂大哥是還蠻有淵源的，因為我在第一篇文學寫作的比賽裡面，我是第一次和莊大哥一起得到南投縣政府所主持的一個南投文化局的「南投縣文學獎」。那時候我其實感觸蠻深的，因為我現在在帶的是大學生、高中生，他們也是在從事寫作。在寫作的環境之中，確實並不是我們想像中那麼樣的美好。怎麼說呢？因為像剛剛楊翠老師有說，鍾老以前是一直在退人家稿的。

楊　翠：
他是一直被退稿的！

李儀婷：
以前榮哲在聯合文學當主編的時候，他有一種焦慮。因為那時候每個月他收到的稿件大概有這麼厚，然後每一年、每一個月累積下來，他一年收到的稿件有到腰部這麼厚。他經常有一種焦慮，他希望這些稿件通通都不見。為什麼？因為他沒有辦法用。不是來的那些稿件不好，不能用，而是他沒辦法用。所以他好希望假裝放一把火把它燒掉。因為要知道退稿的過程，對於一個文學編輯來說，他不是願意這樣做，他自己沒有發表的空間。那我們在寫作的時候，也確實知道這個環境給予一個寫作者不好的待遇，是我們沒有發表的園地跟管道。不管是報紙，或者是雜誌，其實你要投稿去發表，大概等個十年也等不到。所以寫作的路途，對於我們這些寫作的人來說，什麼路途對我們來說才是最好的狀況？我覺得還是有賴

於有心人士慢慢的去發想或培養吧！好，謝謝！

廖純瑜（中央大學客家語言研究所的碩士生）：

首先，我非常感謝有這樣的一個議題，讓我們可以參與。其實我在好幾個場合裡面都碰到鍾老，我都叫他「阿伯」。我覺得這樣特別的親切。為什麼我要分享這段我的心路歷程，我們那時候在耕莘，自以為非常非常的文藝青年，所以有時候裝悲傷啊，然後覺得很sensetic這樣。就像榮哲小弟講的，文學一定要搞的這麼悲傷、這麼悲情，才能感覺到文學的氛圍嗎？我六十八年進耕莘寫作會，我們有個非常非常大的教室，就在那個大禮堂。我們都是請一流的作家。

有時候跟那些年輕朋友在聊天的時候，我們就談到瓊瑤的小說。我們那個年代都蠻迷戀瓊瑤的小說。我都會問那些年輕人說，那你們現在看不看瓊瑤小說？他們說：「不看。」那你們現在看什麼小說？「我們都看網路文學小說。」我就蠻悲傷的。讓我深深感受我真的老了，我是上一代的人了，他們是下一代的人。剛剛榮哲小弟他講過，他說他們這一年代在搞文學，跟我們那一年代在搞文學是不一樣的。我們那個年代搞文學是很傳統，都要唸古典小說，吸取那些大師們的養份。可是這年代搞文學是行銷的手法、行銷的策略在搞文學。所以才會有什麼搶救文壇新秀大作戰，類似這樣。它不把它當文學搞，它把它當做行銷策略在搞，我覺得沒有什麼不好。

我就在想，80年代是怎麼搞文學？像我來說，我的女兒她唸一些古典文學是來應付老師和媽媽，他們喜歡看哈利波特。尤其我的女兒非常喜歡看魔法的書。我跟她講說：「你已經六年級了，我

受夠你了，你不要再看魔法了！看魔法是很沒水準的，妳應該看一些經典的文學。」她就認為說：「媽媽，你落伍了。我們這個年代有魔法，就連老師也在看。老師現在在唸牛津大學的博士班。」她說：「人家謝老師在唸牛津大學博士班，他照樣在看哈利波特，為什麼妳就覺得看那些哈利波特是不入流的？」

莊華堂：

謝謝我的同學跟我們分享了這麼一段！還記得鍾老在沒有寫出魯冰花之前，是所謂的「退稿專家」。寫出了魯冰花之後，就變成了所謂的「暢銷作家」！今天的與談就到這邊告一個段落，謝謝大家！

陸志龍就是鍾肇政

我的兩部自傳體小說

主講人：鍾肇政　主持人：姚榮松　與談人：許俊雅、王　婕
文字整理：丁世傑　文字校對：一校/劉香君、熊廷笙　二校/江美芬　三校/莊華堂

◎時　間：2007年9月5日　◎地　點：台灣師範大學國際會議廳

▲ 前排左起吳萬鑫、莊華堂、王婕、姚榮松、鍾肇政、許俊雅
　中排左三賴貫三、林芳玫
　後排中者陳明仁
　攝於台灣師範大學國際會議廳（蒲公英文教基金會提供）

∽上半場∾

姚榮松（主持人）：

鍾老、兩位與談人。許俊雅教授是我們台灣師範大學國文系兼台文所的老師，王婕是聯合大學通識課程的老師，紐約大學音樂教育碩士，她是鍾老的外孫女，所以是很特殊的來賓。主持人只有四分鐘的時間，我是想介紹兩位與談人給大家，鍾老是今天的主角。今天講談主要的進行方式分兩場，上半場是主講人鍾老講二十五分鐘，兩位與談人合起來講十五分鐘，其他就是提問，是在我們休息之後進行的下半場。我今天特別借到一個比較好的場地，是想讓錄影和聲音效果好一點，希望大家等一下用力挖寶。

　　為了這次的事，我個人事前趕快去買了兩套三部曲，最近我看完《插天山之歌》，覺得寫得實在太精采了。前幾天中研院台史所也辦了年度口述歷史會，我

特別去取經，他們特別找了一個做過律師的人，全場用台語，將一個個人家設計好的問題，一題一題這樣一直問一直答。但是這樣的方式太呆板了，我們讓鍾老自己現身說法，之後再來發問，現在有請鍾老師。

鍾肇政（主講人）：

謝謝姚老師的介紹。與談人許教授、王婕，王婕是我的外孫女，也謝謝安排口述歷史的莊華堂。今天是要談談我的兩部自傳體小說，「自傳體小說」就是寫我自己的故事，不過在小說進行當中，以我自己的親身經歷為主，給予適度的轉變，就是所謂的「虛構」。雖然自傳體小說和我親身真正的經歷未必相符，不僅未必相符，而且有很大的差異，說不定是我希望這樣改的，說不定我會給予藝術性的改造；或者是女性關係當中我憧憬的女性、仰之彌高的女性，在我的小說裡面說不定成為我的手下敗將，說好聽一點是藝術性的改造，說不好聽的是胡亂說一通、「黑白講」。

今天我要特別向各位介紹《濁流三部曲》裡面真實的關鍵人物，現在被我請到現場的簡勝卿校長。我一直都記得我和他在大溪國小的事。我在日本時代五年制中學畢業後，我因為考不取上級學校，經我父親安排到大溪國小去教書，現在想起來有一點可笑。我是一個小說迷，而且從小就是，小到多小？大概十歲不到，我就變成一個小說迷。很自然地，功課就會丟在一旁，教科書、參考書我幾乎從來不碰，到中學還是一樣入迷於那些閒書。我在中學的時候，上級學長就是李登輝前總統，我和他住過同一個宿舍，有一段時間住在同一個房間，所以他很記得我這小學弟。那次他到我家裡來閒談就說：「你從前就是不用功，看些閒書，不過看閒書看出了

名堂，今天變成一個文學家，是我們淡江中學的驕傲。」我被說得冷汗直流，因為那時候他是副總統，還沒有當總統，那是在蔣經國時代，屁股坐三分之一的年代。可是說實在的，他幾乎是我唯一欽佩的學長。

我不做功課剛已經向各位報告過了，一般的同學是所謂的「開夜車」，大考的時候大開，小考的時候小開；那李登輝學長他每天開夜車，大開的。很奇怪他就是有那樣子的本事，可以每天晚上大開夜車。日本式的宿舍都是榻榻米的，用一個矮桌子坐在榻榻米上，日本人管得很嚴，熄燈號一響，全部不准開燈，只剩下廁所的一個小燈泡，他就把這個矮桌子抬到廁所門外的小燈泡下，每天開夜車，而且是大開的，我相信很難有第二個像李登輝這樣用功的人。所以他當面說我看閒書，以致考不起上級學校，不過還好知道我看閒書看出一點點名堂，要不然我真的會冷汗直下，這是閒話。

剛剛我提到簡校長，我大溪國小當代用教師的時候，他非常地照顧我。我還記得學校在民間租一個小房間，當做教員宿舍，我被分配到六席、兩個房間的代用宿舍裡面住，那裡沒有衛生洗澡設備，簡校長就常常邀我到他一位親戚家去洗澡。我一直記得有一天，天氣漸漸變冷了，我在天井沐浴，那個歐巴桑用閩南語問我：「會很涼嗎？」我是客家人，不過閩南語也算可以懂，我就回答：「有啦！有啦！」稍後我才忽然想到，不對啊，她怕我太涼，我怎麼可以說有啦、有啦，我想到的時候已經太慢了。這事我一直都記得，同時也感謝簡校長，順便提出來，這在我個人的經驗裡是很感念的回憶。我在《濁流三部曲》安排了很多同事在書裡面，簡校長當然也是其中之一，我記得他那時候剛剛畢業到任，穿一身日本式

的文官服，我是代用教師沒有文官服，穿自己的服裝。文官服是黑色的帽子、黑色的衣服與褲子，鈕釦是用勾的，看不見鈕釦，我老爸就是穿那樣子的，所以我很羨慕正牌的老師。代用教師只能穿自己的便服，自慚形穢，不過這也是閒話啦！

　　我今天要談的兩部自傳體小說，莊華堂老師並沒有告訴我，我的兩部自傳體小說是哪兩部？不過他挑了兩部剛剛好符合我的意思，就是《濁流三部曲》與《八角塔下》。我要向各位先報告寫《濁流三部曲》的經過。各位也許還記得，我有一部成名作，叫做《魯冰花》。《魯冰花》是民國四十九年，利用一個寒假寫出來的，很快地，當時的《聯合報》副刊（以下簡稱《聯副》）給我一個發表的機會。當時的聯副就是林海音的《聯副》，林海音主編的副刊完全排除了當時以反共和抗俄為口號的所謂「戰鬥文學」，還有就是一些從中國過來的詩人、作家他們的所謂「懷鄉文學」。林海音不吃這一套，所以自然而然地，台灣作家就比較容易在林海音主導的《聯副》得到發表的機會。在那個年代，台灣作家寫的東西有台灣本土色彩，有這麼一種名稱，當時叫做「鄉土文學」，就是寫台灣本土的意思。有一個笑話是，有人問我：「你們為什麼專寫台灣呢？」我說：「我是台灣人哪，只知道台灣，才不懂共產黨長什麼樣子啊？」有過這麼一場算是很風趣、也很諷刺的對話，真的就是這樣。在反共文學、戰鬥文學風行的年代，口號就變成最好用的文學語言，你只要適度的運用這些口號，有關反共的也好、戰鬥的也好，就是要打倒共產主義、打倒共匪、解救大陸同胞這類的反共口號，這類反共口號適度的運用，無論你寫的多麼爛、多麼破，都可以有發表的機會，甚至也有得獎的機會，這是那樣的年代。

在這當中，我個人當然不會發自內心，能力上也不會，兩種意思都一樣，是不會寫那種東西的。所以我們這些所謂的「戰後第一代作家」，就本著自己的意思，寫發自良心的小說作品，因為違反了當時變成一種潮流的反共的、抗俄的、懷鄉的文學，所以我們都很不能得到作品發表的園地，好在林海音的《聯副》就給我們大顯身手的機會。我剛剛提到的「我們」，就是各位所熟悉的鍾理和，他早就已經不在了，陳火泉也亡故了，文心（許炳成）也作古了，李榮春當時就有七十五萬字的長篇《祖國與同胞》，而且是得獎的作品，還有廖清秀、施翠峰，我記得加起來有七位。我就辦了一個《文友通訊》，把他們組織起來，《文友通訊》是民國四十六、七年反共當道、白色恐怖最嚴厲、最恐怖的年代辦起來的。我在那裡面說「台灣文學是作為中國文學的一支」，把我們的企圖偽裝起

來，「作為中國文學一支的台灣文學，是我追求的目標」，這當然不是由衷之言，是為了保命、保護自己。在白色恐怖的年代，我記得前面一場口述歷史在大溪的時候，我和幾個朋友已經討論過了，今天我就不再重複。總之恐怖時代動輒得咎，說不定筆下寫出來的文字，有一個字、一個詞寫錯了，犯了禁忌，就會被抓起來坐牢，甚至搞不好被賞一顆子彈的情形都有。這樣的白色恐怖，真的是恐怖的年代，要保護自己必須要有一些偽裝，但事實上內心裡面未必是這樣想的，不過不得不然。我們所有戰後台灣第一代作家總共七位，在我的《文友通訊》小小的油印刊物底下，互相鼓勵、互相勉勵，在亂世中求得一個生存的機會，就是這樣。

在那個年代我已經有長篇的習作，也許各位料想不到。我民國四十年開始寫第一篇文章，這是光復後第六年，也是我學習ㄅㄆㄇㄈ、接觸中文以後的第四年開始發表作品。當然我曾經是一個退稿專家，寫十篇投稿十篇，有九退的紀錄，然後八退、七退，漸漸地變成十投五退、四退，到《魯冰花》就是民國四十九年，十篇之中大約五中、六中、七中的樣子，這是退稿漸漸減少的當頭。那個年代的特色除了恐怖之外，所有的園地都由當時從中國渡台的所謂外省作家、詩人所佔據。《魯冰花》讓我一躍而成為當時的「名作家」之一，連載當中，編者林海音每個禮拜都會有一次把讀者反應的來信轉給我，幾乎每個禮拜就有四、五封，最多的時候六、七封都有，當時讀者的反應是「雪片般飛來」，我個人真的有雪片般飛來的感覺，很高興。

在《魯冰花》之前，我已經有三部的長篇習作。其中一部《圳旁人家》，是我結婚不久，我太太開始每天晚上在並枕睡覺前給我

的晚上談話，幾乎每一晚她都會談一些她娘家桃園水圳旁邊的事。譬如有一次，水圳裡面有一隻牛掉下去了，附近的農家趕快拿殺豬的刀準備去堵那隻牛，他們認為牛必定死掉了，拉上來就馬上要宰了當作牛肉來賣，動員了附近好幾家人，結果那隻牛居然沒有溺死，很奇怪地被他們救起來了。這個故事很使我感動，就被我寫進《圳旁人家》，這是我當初的習作。很多人都是從短篇先鍛鍊，然後再寫長篇，但我不是，我一開始就寫長篇，我自己都知道長篇一定是賣不出去的，得不到發表機會，可是我還是要寫、還是要寫，我的習作當初就有三部。《圳旁人家》後來有人幫我整理，大概在五、六年前得到發表的機會，那是我的老婆，每天晚上向我一點點地講出來的故事。

另外還有一部就是《迎向黎明的人們》，後來演變成《台灣人三部曲》第三部，我現在想不起名稱，稿子也不見了。我那時候在小學教書，用我自己刻的鋼板油印的原稿用紙，就是稿紙，直行的，一行一行的0.5公分，我就隔一行隔一行地寫，密密麻麻地寫，不分行，我不敢想望會發表，我只要寫下來，在這樣的情形下，我寫了三部長篇小說。我現在想起來很懷念當時幾乎是拚命地在寫，根本就不敢去想發表或有無稿費的事，因為我剛剛學會用中文表達，寫作對我是很神聖的事。這大概是我剛結婚不久，二十六、七歲的事，現在算起來是幾年前，我都不敢去算了。時間已經到了，我就報告到這裡，謝謝各位。

姚榮松：
現在請許俊雅教授接下來發言。

許俊雅（與談人）：

大家好。因為給的時間只有五分鐘，所以其他的我就不多說。因為鍾老的時間也很緊迫，只有二十五分鐘，所以原先規劃應該要談到的《八角塔下》和《濁流三部曲》，好像因為時間的關係沒有說到，我想可能就由對談的時候，請鍾老再來補充這個部分。剛剛有提到《魯冰花》，鍾老提到它是1960年、民國四十九年發表的，那一年我才出生，我還記得鍾理和也是在那一年八月四日過世的。我算了一下鍾老他說的，變成一個成名作家的那個時候，就是信很多、很多崇拜讀者時，才三十五歲，他是1925年出生的，那實在很不容易，從完全受日文教育，然後又用中文，我們現在來看他的《魯冰花》的中文，造詣的確已經是很高，我覺得這是相當不容易的。

我在看鍾老的《八角塔下》的時候，有一個特別驚訝的就是，小說一開始他就寫一個低年級的學生被高年級的欺負，他先從夢境開始，這個一看，其實就是我們說的……現在很流行的同志；如果他們不是一種同志的情誼，是完全在欺負的，是一個強壯的男生去欺負一個比他弱小的小男生。剛剛鍾老有提到他的自傳體小說，因為小說必然有虛構的情節，我們是好奇在他那個時候，像類似這樣的一

個話題，這麼勁爆的話題，是不是當時在學校親眼目睹發生這樣的事（鍾老：是真的），所以他比我們還要進步。因為我看他小說裡也提到很多，他是一個青春少年期，剛好生理產生很大的變化，這個也會影響到心理、思想，這都是一個很大幅度的跨越，是一個很關鍵的事情。他裡頭用了很多用語，譬如講到生理開始產生變化，下半身開始有一些狀況的時候，他說那個是「搭帳篷」，然後開始長了一些毛出來，他說那是「雜草」，他用了很多的用語，我現在來看都覺得好進步，我們都還沒有像他那個時候。當時在寫他中學時期的這段求學經驗，這本身是在這麼大一個想要有各種突破、有很多好奇的年齡階段，想要透過閱讀，透過很多各種方式去成長的一種情況。讓我們想知道的就是，在鍾老的這部小說裡頭，自傳的成分到底是佔了多少？因為每次在讀的時候，我都覺得裡頭的這個「我」，其實就是鍾老的化身，很多的故事我都覺得很真實，也許可以請鍾老說明一下，這裡，哪一些是比較虛構的成分？包括「我」的戀愛，一次是比較精神的和台灣女子阿純的部分，另外一次是和日本女子谷清子的部分。因為大家都很好奇你的創作過程、對情慾的書寫，或者是剛你提到的女性關係，這是一個問題。

第二個問題就是，鍾老剛有提到他十歲不到就是一個小說迷，不喜歡讀參考書，都是看課外書。在小說裡頭，他有提到喜歡讀像少年俱樂部之類的書，也大概隱約知道，他十歲就知道怎麼去劃撥。就是說在他的閱讀經驗，十歲不到就這麼喜歡閱讀課外書，閱讀這些雜誌、圖書，最後變成李登輝先生說的看出名堂，這裡頭哪些是比較有印象，或者是說對你的影響，這個我想我們都很想知道，就請鍾老跟我們講一下。

鍾肇政：

我補充幾句話。許教授講的我有一點感想，就是小說本來就是虛構的，不過是以真實為基礎佔大部分，一部分才是虛構的，我做為一個小說的讀者，很希望我能發現到這個作家哪一些是虛構的，虛構的是騙我的，哪一些是真實的，真實的我很感動，同樣地，騙我的我也很感動，我要發現到騙我的部分，這是一個小說閱讀者很重要的心得，謝謝。

王　婕：

莊老師在剛一進來的時候，對我偷偷地講要「爆料」，然後要有爆點，其實阿公的「料」都攤在陽光下，大家都看得到。我想要爆料的部分，大概就是剛剛許老師講到說關於情慾的部分。我覺得阿公最了不起的是，他八十歲了還寫「情色小說」，而且他不寫自己，寫歌德。李喬老師就曾說過：「他怎麼不寫自己，要用歌德這個名字？」我媽媽說，她大概在五、六歲的時候，曾經聽到她的阿公讀聖經是用客家話讀的，抑揚頓挫非常地清楚。從我的阿太（指外曾祖父）開始一直到我的阿公，就是在讀聖經，阿公後來就比較少去教會了，去年阿嬤生病的時候，曾經小小的怪過阿公說：「都是因為

你沒有去教會，沒有幫我禱告，所以我生病了。」

　　還有就是許老師講到的音樂這個部分。阿公他就曾說他如果沒有當文學家，會當音樂家，可是我覺得阿公唱歌並不好聽，但是阿公有一個非常厲害的天份叫「absolute pitch」，就是「絕對音感」。這他就遺傳給了我，就是說我們只要一聽到鋼琴上面任何一個音，或是敲桌子的音，就知道它是在五線譜上的哪一個位置，阿公有這個天份，他也傳給了我，我很幸運，就去學了音樂。阿公曾經對我講過，他沒有遇過誰有這個天份，但他有，蠻自豪的。

　　說到阿公他常常和阿嬤兩個枕頭靠在一起講一些秘密，其實他們倆個沒有真正的靠在一起，因為中間還睡了一個我，我小時候從三、四歲，在還沒有滿四歲的時候，就回龍潭跟阿公一起住，所以他們倆個根本沒有抱在一起，因為都是我睡在中間。我真的很幸運，雖然人家都說阿公是「台灣文學之母」，說他是「台灣文學的傳燈者」，對我而言，阿公就只是阿公，很簡單。那時候我在唸龍潭國小，他每天早上騎腳踏車送便當給我，然後還會去接我放學，回來以後還要看我寫字，字不漂亮，他就全部把它擦掉，叫我重寫，然後還要練習寫毛筆，小時候的記憶非常地鮮明。剛剛許老師說阿公記性很好，那是假的，因為兩天前的事情他記不清楚，可是六十年前的事情他記得非常地清楚，他常常問我說：「妳多少歲？」忘記我已經長這麼大了，可能阿公的印象裡頭，我還是四歲、五歲。

姚榮松：
我們開放給所有與會的朋友說話，是不是可以請簡老先生說兩

句話。

簡勝卿（日據大溪宮前國民小學教員、台北市老松國小退休校長）：

各位教育界、文化界的先進，大家好。我今天是一萬的機會來參加鍾老的盛會，我們認識的時候，他十八歲，我二十二歲，今天是六十多年來的重逢。我記得他的大作《濁流三部曲》在中央日報社的報紙上刊出發表，覺得很佩服。我們在故鄉都是受日本教育、讀日本書的，ㄅㄆㄇㄈ都不懂，每天上班到學校去，碰到很多人就說我不是老師，跟以前一樣是學生，自己不會寫ㄅㄆㄇㄈ，卻要教小朋友中國的教育，那個時代我們就是這樣過來的。鍾老寫作一步一步地進步，我們非常地佩服。今天我有機會聽到他的回憶錄，自己也年輕了不少，同時也覺得非常地高興，我們也祝鍾老還是能夠像各位年輕人，將來有機會更進步發展，謝謝。

姚榮松：

我們開放給六個人發問，一個人兩分鐘。

陳明仁（台語文專家，台文圖報雜誌社社長）：

我今天是專程來和鍾老見面，很久沒見了。我跟他認識不到二十年，他是台灣筆會會長的時候，我是會員，鍾老那時候辦客家公共協會，在巡迴演講，那時候我們比較年輕，幫鍾老做些事，我們晚上常在一起，全台灣辦演講會，所以接觸比較多。我個人看他的作品，想要說的是ｘｘ的小說，我覺得它很浪漫，被它害得很慘，後來才知道那純純的戀愛是虛構的，發現被騙了。我個人覺得他對音樂家和美術家的描寫比較浪漫，這是我比較喜歡的部分。

莊華堂：

我回應一下關於鍾老家族基督教的部分。以前我不知道鍾老家族和基督教有關係，差不多90年代我要拍公共電視「台灣福佬客」系列的時候，要借用他們家族掃墓的景，鍾老就告訴我，他家族墓的地點在高速公路龍潭交流道下面，祖厝的對面那裡有一片很大的家族墓園。結果那天我們外景稍微遲到一點，要鑽進高速公路下面隧道的時候，聽到聖歌的聲音，我就奇怪怎麼會這樣，去到現場才知是基督教的儀式，鍾老也在那裡跟著唱聖歌。那時心裡震撼相當大，一個這麼傳統的客家人，你看鍾老的小說或接觸他的人就知道，他是相當傳統的客家人，可是家族卻跟基督教有關係，後來我才知道，是他父親或阿公那個時代留下來的。這是我的補充，謝謝。

鍾肇政：

我要插兩句話，剛剛許教授，還有我孫女提到音樂的問題，其他的我不予評論。剛剛許教授說我十歲前就會劃撥，這是真實的。我那時候大概十歲的樣子，已經開始會聽歌記譜，我聽到歌，譜就記下來了，這是一種很奇特的音感，我覺得自己是音樂的天才。然後我發現到我的五個子女都不會，沒有這個本事，我這個孫女就會，聽說有隔代遺傳這種說法。現在孫輩的，我發現到還有兩個，一個在美國，一個在桃園，半大不小的，這兩個、連這個孫女是三個，會聽歌記譜，算不算天才我不知道，反正有這樣的本事。孫女說在美國唸音樂，有很多專攻音樂的專家或同學，她沒有看到一個有這樣的本事，我相信這樣的本事應該是很稀有的，謝謝。

姚榮松：

我們中間休息二十分鐘，到外面喝茶，讓鍾老也休息一下。

❧下半場❧

鍾肇政：

前半段沒有進入正題，還是開場白的樣子，以下可以進入正題談我的兩部自傳體小說。不管什麼體的小說都有自傳的成分，我寫了一輩子的小說，深深地覺得，每一個小說裡面的角色都有我的分身，不過歌德不是我的分身，我沒有那麼色啦！這完全是虛構的。事實上，有很多是我的分身沒錯，譬如《濁流三部曲》，是以我親身經歷為本寫出來的，它是在《中央日報》副刊（以下簡稱《中副》）連載的，現在《中央日報》好像垮掉了。當年民國四、五十年，聽說《中央日報》是第一大報，因為《中央日報》官方規定中等以上學校每個教室都要有，還有部隊裡面、連部通通都必須有，這樣弄下來就變成第一大報，難怪當時有一種說法：你的作品必須在《中副》開始出現以後，才算成為一個作家。當初國民黨的《中央日報》是第一大報，《中副》也號稱第一副刊，有這樣的說法。

前面已經報告過，主要發表園地是林海音的聯副，我們戰後第一代台灣作家很多是在那邊發表的，我為什麼轉移陣地呢？因為我的《魯冰花》連載以後，感到沉重的壓力，《魯冰花》裡面批判的成分，雖然是用一種很委婉的方式提出來的，可是當時存在於台灣的一些社會問題，譬如貧富差距、教育問題，特別是美術教育的問題，還有選舉賄選的問題，台灣剛剛開始有選舉就有賄選，因為這些問題我通通都在《魯冰花》裡面，用委婉的方式提出來加以批判，所以就感受到一種來自國民黨官方的「警備總部」的壓力，甚至我的行動都有人監視，現在詳細說起來就悵然。簡單說，就是有

沉重的壓力加在我的身上，使我一方面覺得痛苦，一方面也受到很多行動方面的限制，時代使然，現在想起來十分不得已。

這樣當《魯冰花》連載完以後，我想到能夠保護我的方式是在國民黨的報紙上讓我的作品出現，所以我就改變了陣地，本來在《聯副》就改投《中副》，而且得到發表。我記得當時林海音在信裡面有點酸酸的告訴我：「你的谷清子又怎麼樣了？」谷清子就是《濁流三部曲》中的女主角之一，她這樣的開始酸我。連載了兩部，就是寫戰前日本人統治最後兩年的《濁流》，與最後一年的第二部《江山萬里》，第三部《流雲》，好像報社方面分明地感受到我會寫到二二八，所以第二部刊完就把第三部腰斬，第三部就說不登了，第三部《流雲》我後來交給文壇社連載，並且也由文壇社出

版單行本。1965年我編了一套《台灣作家叢書》，被改成《台灣省籍作家叢書》，必須加「省籍」兩個字，這是當時恐怖歲月的一種表徵，台灣作家就台灣作家，為什麼要改成「台灣省籍作家」呢？這是題外話。

那麼《八角塔下》是什麼呢？我在裡面有兩個主題，一個是我中學時代所受的「皇民化教育」。皇民化教育就是日本統治台灣末尾的幾年間，特別是中日戰爭開始以後才實施的一種教育，我在書中把它寫成「催眠式教育」，一天到晚灌輸你是大日本帝國的臣民，是了不起的皇民這一類的話。很湊巧地，戰後國民黨也繼承日本人的教育，灌輸你是一個黃帝子孫、中華兒女，我們要反攻大陸、殺朱拔毛、萬惡共匪等等的話，這類口號充斥在教育的過程中。日本人在統治末期大概就是這樣，灌輸皇民精神、皇民意識，所以我稱之為「催眠式教育」。老師一天到晚鼓吹皇民化這類口號，我在《八角塔下》裡面的主題之一，就是有關皇民化的種種。因為我開始唸中學，剛好是中日戰爭打起來，所謂的「七七事變」那一年，中學那時候是五年制，整個五年間就在戰爭裡面，從中日戰爭演變成太平洋戰爭的這段歲月。所以我從中學一年級開始，就有這樣催眠式的教育，受到很嚴厲的軍事訓練教育，當時學校有正式的功課，有一名軍事教官，由退伍軍人來執教，另外官方還配給每個學校一名現役軍官，來管這些軍事教官，同時他自己也上課。我記得有一次，這位現職軍官上課的時候，要我背明治天皇向軍人所下的〈軍人敕諭〉，我的同學拚命背，我被點到但沒有背，一個字都背不出來，結果那個教官用長統皮鞋把我踢了兩三下，屁股差點被踢爛，很嚴重地受到教官的體罰，記憶猶深，餘悸猶存，今天

想到我都還會打顫。這是《八角塔下》的主題之一，催眠式的教育主題。

　　另外一個主題就是「性的覺醒」。關於性的覺醒，有一本西洋書叫《春醒》，這是十九世紀末葉德國作家Walser. Martin，於1891年所發表的很有名的「青春小說」，寫的就是十六、七歲左右剛剛思春期、少男少女的故事。這是寫性的覺醒，從小孩懵懵懂懂的年代，漸漸地長大到要成年以前的中間經過，似懂非懂地開始有性的需求，不過還不敢有具體動作的少年故事。我就是受到這個Walser. Martin《春醒》影響，寫我自身經歷，性的覺醒的那個年代。我還記得那個時候我住在復興鄉下面一個叫「八結」的地方，有一天，那時我大概十五、六歲的樣子，正是那方面在覺醒的年代，有一天我好像休假回家，休假完了要回學校的時候，我離開家要向山爬的時候，路上忽然碰到一個原住民女性，她不是年輕的女孩，分明是一個中年婦女，而且臉頰兩邊有刺青，她也許看我長得很帥、很清秀的樣子，用一口很純粹的日本話對我說：「裡面的女孩，那個很小很小哦，你進去會很痛很痛。」我被嚇得冷汗直下，剛剛思春期的年代，碰到這樣的原住民女性向我提這樣的話，我不知道該怎樣應對她，臉紅心跳了一大陣子，過了六、七十年我還記得那種心跳的感覺。那種臉紅心跳的感覺，也就是一種覺醒、性方面的覺醒，我就把它當作主題，加上剛剛提的德國作家《春醒》這篇作品，觸發了我把自身內心裡面那種性覺醒的心理狀況寫成小說，這就是《八角塔下》這部書的另外一個主題。《八角塔下》是1967年寫的，它發表在《文壇社雜誌》，分成幾期連載以後，過了好多年以後才出版。當時出版的文壇社好像有點顧慮的樣子，不過最後還是

把它印出來了，而且博得了些許的讚揚，這已經是很古老古老的事情了。

今天我所報告的有關我這兩部自傳體小說，在我的記憶裡面，除了剛才我所提的，還記得很清楚以外，其他的也都通通忘記了，還有待兩位與談人幫我談談這兩部書。報告完畢，謝謝各位。

王　婕：

大家好，講一些《濁流三部曲》的小故事。前幾天我才特別問阿公一個問題，為什麼《濁流三部曲》有「濁流」這個名詞，它是怎麼來的，是怎麼取了這個名字？阿公特別講到那個時候，三部曲完成的時候，有一天他坐公車經過石門水庫的大壩，大壩上面的水沒有大雨、晴朗的時候，通常都非常地清澈，可以見底，可是那一天他經過的時候，水非常地混濁，看不到底，也看不到石頭，所以他突然就想到了將這個名詞「濁流」，放到他完成的三部曲的名稱上面。阿公還說，在連載《濁流三部曲》的時候，吳濁流先生看到

報紙上的連載，想說怎會有人用我的名字作為他小說的名稱，於是「雪片般飛來」的信件裡面，就有一封是吳濁流先生寫來的，以致於兩個人成為了「忘年

之交」。因為阿公有說，吳濁流先生大阿公二十五歲。今天吳濁流先生的公子也在這邊，我們歡迎他。有這麼一段關於「濁流」的插曲，是阿公講給我聽的，我就講給大家聽。

記得第一次看《濁流三部曲》的時候，那年我十七歲，女生總是比較……，又學藝術、學音樂，有一些思想不是很正派，會有一些自己的想法、一些幻想，所以我並沒有去問阿公這些問題，因為以前總是會尷尬。我記得我媽媽帶我看的時候，她說：「阿公這本書裡面寫的年紀，就像妳現在這個時候一樣大，妳們在想的其實就是這些東西。」我媽媽看了之後向我講這個，這跟《魯冰花》完全不一樣。我小學四年級的時候，《魯冰花》拍成電影，我還記得那時候我的國小老師請全班前十名的同學去看《魯冰花》，那一年我還不知道阿公和《魯冰花》有什麼關係。我從小到大，從來不知道我的阿公是大文學家、大作家，他也從來不跟我說，他除了教我寫學校的功課以外，沒有教我其他的東西，只不過我覺得阿公唸的英文非常地奇怪，阿公唸的英文大概只有李登輝聽得懂，我國中剛開始學英文的時候，全拜他所賜，後來英文就變得跟他一樣。

小時候我只知道阿公從前在國小教書，我的媽媽是他的學生，我只知道這個。後來我到了美國以後，在紐約的一些同學，有金頭髮的同學，他們在讀阿公的作品，我才知道我的阿公是大作家，而且有國外的人在讀他的東西，然後我就開始有一點小小的概念了。2000年我回來台灣的時候，客委會舉辦了一個逐夢計畫，就是政府補助你一些錢，你可以去逐夢，我當時的夢是希望能夠讓全世界的人都看到我阿公的作品。所以我到了德國一個地方叫魯爾，現在的新聞局長謝志偉，以前是魯爾大學畢業的，我到魯爾這個地方，希

望找人將阿公的作品翻譯成德文，那麼德國人就看得到了；我自己在美國也找了我以前的教授，希望他們也能幫忙翻譯阿公的作品，那美國人就看得到了，英國人也看得到了，我就開始做起了這個夢。但是逐夢計畫要開始的時候，有一個面試，就是你要通過這個計畫需要面試，面試的時候有一位真的非常有名的，所謂的作家，這位非常有名的作家寫了一些作品，什麼老婆大人之類的作品，他突然問了我一個問題：「妳是鍾肇政的孫女，妳要作阿公的文學翻譯，請問作品翻譯成德文後，有人會來買嗎？翻譯成英文後，有人會來買嗎？」我當時的想法其實很單純，我就跟他說：「阿公的書沒有人來買，可是他卻寫下了二千萬字，是全台灣最重要的寶藏，很多人不懂，很多人不知道，但是我知道。」我當時向問我問題的評審講這些話，評審可能覺得我的口氣有點太大了一點，但是我認為，也許以前小時候我不懂，我不知道，甚至我的媽媽也不知道，我的阿公是一個大作家、大文學家，但是現在我懂。

　　阿公自己曾經開玩笑說，阿扁說他是國寶，結果有一天他站在公車牌下面，那公車牌上面很多補習班的廣告也寫「國寶老師」，他就說我是國寶、他也是國寶。上個禮拜阿公第一次跟我講了一句讓我很開心的話，他說：「有人用偉大來形容我！就是文學館有一篇期刊，有人用偉大來形容我，我會不會讓人家笑啊？因為對岸的人是領袖才偉大，我又不是領袖。」所以阿公真的非常地溫柔、非常地謙虛。我真的覺得阿公是一個很溫柔的人，因為阿嬤每次隨便罵他，他都點頭，就是一個非常溫柔，非常低調的人。這是我認識的阿公，分享給各位。

許俊雅：

我剛剛聽到鍾老前面講的，有關他受到壓力之後，然後從《聯副》轉到《中副》去發表他的文章，這大概是我第一次從他的言談裡頭聽到的；第二個我很高興聽到的是《八角塔下》有關性的覺醒。在受到沉重壓力的部分，我不曉得是我很早以前也許是讀過的，或者是聽過的，也許可以再跟鍾老求證，我記得好像有一次鍾老家裡整修，客家人都很節儉，多出來的房子就把它租出去，聽說來承租的人就是監視他行動的情治人員，住進他家裡頭，這也是經過一段時間，鍾老才知道，嚇壞了，這是第一點；第二點，剛剛有提到「濁流」這個書名，我在看鍾老與吳濁流交往的書信，他們的信件裡頭，有提到這個事，當時吳濁流先生看到《濁流三部曲》拿他的筆名當書名的時候，他很訝異也很高興，在書信裡頭就跟鍾老提到這個事情，然後又特地來看鍾老。

剛剛王婕說的很好玩，她後來不務正業了，音樂放下了，開始去為她阿公作一點事情，我們有好多作家的子女或是孫子輩的，常常都不瞭解自己的父親、祖父作了什麼事，在整個台灣文學或是歷史裡頭有什麼樣的重要性？我們從這個例子，其實應該可以得到一些警惕，以後我們應該多多跟自己的孩子、孫子多講一些，鍾老就是講的太少了。剛剛鍾老還有一些不肯講，是不是鍾老可以再為我們多講一些？

鍾肇政：

有關對我監視這一類的問題，第一個是我來往信件很多。我有一個外甥在台北郵局上班，他常常來看我，有一天他看見我桌上－我每天都有一堆信，他忽然變色說：「舅舅您這些信都是受到

檢閱的。」我嚇一跳，說你怎麼知道，他說郵戳有個暗號，這個暗號就表示這封信是經過打開看過的，當然他原封再封回去，所以我看不出來。經過外甥告訴我，我才知道原來我的信一直被看；另外一件就是剛提的，我多餘的房間有人來租住，我有一位學生在鄉公所上班，租的人是他介紹來的，他事先就偷偷地告訴我：「老師您常常被監視，現在有一個人要來住，您要小心。」所以我就有心理準備，他還告訴我，我的行動有人跟蹤。還好我在小學教書已經教了很多年了，學生已經長大了，在龍潭那個地方，每一個機構裡面都有我的學生，這些學生常常會來通知我，有什麼上頭來的監視行動。除了監視外，還有人打報告，所以我的一舉一動都在他們熟悉當中。我是經過這樣的歲月，當然這是戒嚴年代的時候，現在沒問題了。謝謝各位。

姚榮松：

鍾老從上一場開始講白色恐怖，好像到現在還沒講完，因為這個東西可以爆料的還有很多。這段歲月不是我們看起來的，好像很輕鬆，鍾老能夠走得過來，我感覺他真的是一個強人，了不起，我們應該向他學習。後面開放給大家。

鄭再發（臺師大國際漢學研究所教授）：

我是台灣文學這方面落伍的人。有一個問題，鍾老剛才您的孫女也說了「濁流」這個名字哪來的，而《滄溟行》、《魯冰花》這些顯然都不是客家話或者是日本話（鍾肇政：《魯冰花》是從英文名稱直譯過來），我的問題是鍾老創作的時候，我想至少有三個語言背景：日語、客家話以及新學的國語，在這三個語言裡頭，您怎麼運作，你創作的時候想的是哪一個語言世界，這是要請教您的問題。

鍾肇政：

我父親是客家人，母親是閩南人，日本時代我父親教書，調來調去，我誕生以後，差不多有四年的時間，直到我四歲，住在閩南庄，所以我原來學的語言是閩南話。後來我父親退職搬到台北，那是閩南語的地區。我八歲的時候搬回故鄉，來到客家地區，我客語一句也不懂，所以有一些同學、親戚都會笑話我：「你是福佬屎」，客家地區故意用閩南話來笑我是福佬屎，還有一部分是笑我「反種仔」，閩南與客家混血，所以是「反種仔」，就是混血的意思，所以我從小語言方面下過很多的苦心。不過八歲這個階段，我回到故鄉，正式地成為一個客家人，客家話也漸漸地會講了，所以我從小就是多聲帶。閩南語開始，還有客語，七歲開始上學又學日本話了，這三種語言都算是我常用的語言，就是母語的一種，當然

目前又加了一個北京話。有沒有什麼母語的問題呢？沒有，全部都是母語，就是常用的意思，所以我對母語的說法是有那麼一點點的懷疑。報告完畢，謝謝。

林芳玫（臺師大臺灣文學所教授）：

今天臨時聽到的一件事，讓我很好奇，就是提到鍾老您的絕對音感，這種天生的天賦，會不會也影響到您對音樂特別喜歡，或者是對生活裡面的聲音的敏感，這跟您的創作有沒有關係呢？還是說這種絕對音感是另外一項能力，和創作沒有什麼關係，我想知道這些。

王　婕：

絕對音感是阿公很自豪的一部分，他一直都認為那是別人沒有的，他應該是很珍惜、很心愛這個東西，所以當他聽到我們幾個姊弟都有他這個天賦的時候，他非常開心。因為他常常都說我媽媽不愛讀書也不會讀書，沒有什麼太多的才能，沒想到生出我這個有絕對音感的女兒，所以他其實是非常高興的。至於這個天賦與創作的關係，阿公曾經在非常早期的時候有一些翻譯的作品，寫過音樂家的傳記，可是那是翻譯的作品，關於舒伯特、蕭邦、

華格納等。阿公很喜歡舒伯特，他一邊洗澡的時候—阿公非常節省，洗澡的時候都站在一個水盆裡面，沖的時候水聚在裡面，拿來沖馬桶，還一邊哼舒伯特的〈菩提樹〉。阿公是一個非常節儉的人，非常非常節儉，他的高級名牌皮夾是什麼呢？就是他用信封袋割一個小小的角，把轉角90度的地方割下來，放一千塊的，再黏第二個信封袋一個角，放五百塊，再割一個角放一百塊的，每一次他把高級皮夾拿出來，就會清清楚楚地看到他一張一張疊得好整齊，這個皮夾他隨時放在口袋裡，這是一個蠻有趣的事，跟大家分享，是他自創的全世界最名貴的皮夾。

劉承賢（臺師大臺灣文學所研究生）：
《台灣人三部曲》第一部裡頭一開始就有提到山歌，不知道老師以前是否真的很會唱山歌？因為裡頭還收錄許多山歌的句子。

鍾肇政：
我一直都跟著父親搬來搬去的，和我故鄉的山歌都無緣接觸，要到戰後我成人回到故鄉任教，才漸漸地接觸到一些鄰居或者是我父親唱的山歌。我父親每喝兩杯酒，他的山歌「亂彈」就來了。「亂彈」是什麼大家知道嗎？是中國古老的戲曲。父親的亂彈在故鄉，鄰居不用說，親戚朋友也都知道，甚至有人喝了兩杯酒，就要我父親唱，那時候已經戰後兩、三年了，我漸漸地接觸到。不但是我父親喜歡唱，而且鄰居動不動就唱起山歌來了，所以在我的作品裡面，《台灣人三部曲》第一部以我家族好幾代人做背景，便把它寫下來。客家庄的故事自然免不了地夾雜了一些山歌。我書裡面的山歌有一些是傳統的，傳統就有的，人人都知道也都會唱，有一些是我自創的，我父親就很會山歌「隨嘴而來」，他開口就是七個

字，而且每個字押韻的，山歌本來就這樣，是唐詩那種方式，一、二、四句一定是押韻的，第三句就不要押，和唐詩的用韻完全一樣，我父親常常就是隨嘴而來，宜情宜景的，他會唱成唐詩的樣子，我認為這是相當了不起的才華。這方面我是完全不會，當然我也會唱唱山歌，不過我沒有那種隨嘴而來的才華。謝謝。

姚榮松：

今天很榮幸能夠大陣仗地有這麼多同學、專家坐在這裡，聽鍾老回顧過去，非常非常風趣，而且有孫女在這邊爆料，我想這場應該是經典之作，而且攝影機也特別多，讓我們每一個人都入鏡頭，我很在乎能夠保存這個，將來錄的一部分也給我們所裡當做鎮所之寶。我們所裡今年四月份辦了李喬先生的國際研討會，也出了文集，可惜這個所成立太晚了，清華大學已經辦過鍾老的研討會「大河之歌」，我希望將來我們還有機會舉辦鍾老的研討會，因為鍾老還有很多東西沒有挖完，不是大型也可以是小型的，集中來討論他的某些作品。

我總結今天的感想。第一個鍾老真的是不愧為「台灣文學之母」，之母是什麼呢？因為我們已經有一個父了，在他前面，所以只能是之母了。還有他所表現出來的溫柔身段，的確像是一個大地的母親一樣，所以他是「大河小說」的開創者。我上次就問這樣的問題：為何大河小說都被客家人寫去了？閩南人怎麼會沒有呢？應該還有，後繼有人。鍾老是從長篇小說入手，這異於常人，這可能是他看太多小說了，所以很容易經營。第二個就是要寫自己身邊的事，這些原則我們都知道，可是我們就不肯寫，不肯把我們的日記、把我們的日常生活寫出來。我已經太晚，沒有機會當作家了，

可是我也希望我有這樣的孫子也能寫自傳體小說，步鍾老的路，但是不是大河小說，是小溪小說，這是我今天最大的感想。

我相信今天這樣的會，對鍾老來說，能夠讓他的作品不斷地傳播，不但是國外，因為其實國內很多人都只看現代的作品，忘了要看以前老一輩的作品，我希望他的作品不斷地激盪，不斷有更新的詮釋出來。我們今天很榮幸，鍾老使我們受益匪淺，兩位與談人也非常地認真，最後要感謝莊華堂先生有這樣的企劃，讓鍾老重新動起來，還有很多他們基金會的工作人員。謝謝，後會有期。

他們不是中華民族

我小說中的原住民經驗

主講人：鍾肇政　主持人：陳芳明　與談人：林修澈、孫大川

文字整理：丁世傑　文字校對：一校/劉香君、熊廷笙　二校/江美芬　三校/莊華堂

◎時　　間：2007年10月19日 ◎地　　點：政治大學綜合院館國際會議廳

▲ 左起莊華堂、林修澈、鍾肇政、陳芳明、孫大川
　攝於政治大學綜合院館國際會議廳（蒲公英文教基金會提供）

⊂3上半場∞

陳芳明（主持人）：

非常高興能夠邀請到鍾肇政先生來我們學校，這幾年我們也都知道他深居簡出，所以我們可以在這裡看到他本人，真的是充滿了喜悅。今天我們要談他小說中的原住民經驗，在台灣的漢人作家中處理這個議題是非常非常地稀罕，而且最早的就是鍾肇政先生。戰後台灣新文學運動開啟的時候，當時還在學習中文的鍾肇政，已經可以在報紙上發表小說。我最早的文學啟蒙是鍾肇政，最近我寫的一篇文章就是在談鍾老，我初中的時候就開始看他在中央日報連載的小說，我今天會走上文學的道路，如果要追溯最早的根源，那就要談鍾肇政先生的文學。今天兩位與談人大概只有各7.5分鐘，就是十五分鐘請他們談，最主要的還是要請鍾老來談，我想鍾老師已經進行那麼多場了，他的時間控制一定比我好。現在我們熱烈歡迎鍾先生。

鍾肇政（主講人）：

主持人、與談人、各位同學、各位老師，大家午安，大家好。很高興來到政大跟各位見面，剛剛主持人陳教授已經稍微提了一下，這個口述歷史幾個月來已經進行了不少場，今天是第十一場，接近尾聲，在這個當頭來到政大。我好幾年沒有來政大，陳教授也

好久沒有見面了。他剛剛說前一陣子我們還碰面，我記憶裡好像沒有，三十年前的事我都記得，一兩個月前的事情我卻忘光光，這是老人的毛病，實在無可奈何。

今天我要向大家報告的是有關我小說中的原住民。大概在我十五、六歲時，那時我父親是一名小學教師，他被派到大溪山裡一個叫「八結」的地方任教，現在叫做百吉。這個地方位於大溪到復興鄉角板山中間站，那裡有一個著名的百吉隧道，是戰後才開通的，但戰時就已開通，戰後才可以通車，開那個隧道當初我正住在八結。某一天，我走在那裡的輕便鐵路（又名台車，當時還沒有巴士通行）上，忽然有一個人走過來拍我的肩膀，我回頭一看，一位原住民婦女，臉上有刺青，當時她用日本話對我說：「裡面的女孩，那個很小很小哦，你進去會痛痛哦！」當時我被說得臉紅心跳，臉紅心跳是因為初解風情啊！這是我記憶裡面最早跟原住民見面的經驗，但是沒有交談，只有她對我說話。因為八結這個地方是復興進入大溪的中間站，經常會有一些原住民朋友在那條路上來回，當時都是走路的，記得放假回家，從大溪下車回家，要走整整兩個小時，如果要到角板山還要再走兩個小時，說起來真是偏遠。

我記不清楚是因為這位拍我肩膀、向我搭訕的原住民婦女給

我的影響還是怎樣，也是在那段日子，我在學校圖書館，看到一本有關原住民的書，書名我想不起來了，突然就覺得很有興趣。我把那本書拿出來，帶到我學校宿舍的房間裡面，希望慢慢地欣賞，沒有多久有一天，我放在抽屜裡面的這本書被舍監老師搜到，他說我偷書，我百口莫辯，我說我只是想看一看，看完了就會放回去，但他就是不相信，結果要我寫一個悔過書，悔過書日本話叫「始末書」。有關原住民最早的記憶就是一位原住民婦女讓我臉紅心跳，還有就是這本有關原住民的書，但是裡頭的內容我已經想不起來了。這兩件事引起我對原住民相當濃厚的興趣，在我的寫作歲月當中，才會有好幾本以原住民為主的小說作品。我記憶中最早的是《馬黑坡風雲》，各位手上拿的小冊子第二十一頁有我的寫作目錄，裡頭有這本書。「馬黑坡」是霧社事件主角所在的部落（關於原住民我涉獵了一些資料及參考書，如果有錯誤的地方，請孫教授幫我訂正），這本書是講霧社事件的小說，以霧社事件莫那魯道為主角（有一張照片很有名，是莫那魯道與他的兩位夥伴三個人拍的合照），莫那魯道是霧社事件反抗日本人的主帥，後來他被日本人殺喔，不，是自殺的，不過他的骨骸一直被日本人留下來，放在台灣大學考古人類學系裡面，好幾十年之久沒有下葬，戰後才被政府送回他的故鄉安葬。這本書是寫莫那魯道領導族人反抗日本人的霧社事件，這事真是轟轟烈烈，利用日本人小學的運動會，殺進日本小學的操場，還把宿舍裡的日本人都殺光，這是霧社事件。

　　再來的小說有《馬利科彎英雄傳》，是我1970年的作品。這部是以原住民的傳說為主。原住民的傳說裡頭有一個名叫馬利科彎的英雄，他是男的，我有一本厚厚的書，書名用日本話說就是「用原

語來記載的番族」，就是原住民的傳說，我把裡頭好幾篇的故事與人物套過來，另外創作了《馬利科彎英雄傳》，是描寫原住民部族與部族之間戰爭、互相獵人頭等等的故事。那本書到現在我還保存得好好的，是御大典紀念出版的，「御大典」是昭和天皇即位，也就是登基的意思，是御大典紀念出版品，將近有一百年的歷史，這本是我藏書裡面一本珍貴的書。

有關原住民的還有《川中島》和《戰火》兩本書，這兩本書不是我很早期的作品，是1980年代才出的。「川中島」是地名，現在叫「清流」。南投縣仁愛鄉西北側有一條北港溪，北港溪在經過國姓鄉時，與一條小溪流眉原溪，北港溪與眉原溪這兩條河流在國姓鄉會合，所形成的三角地區就叫「川中島」，現在的名稱叫清流部落。當初我寫霧社事件的時候，發現霧社事件還有非常可觀的後文，因為霧社事件發生了以後，參加起義的六個部落，所有十六歲以上的男人通通都被日本人殺掉，剩下十五歲以下的小孩以及婦女，被日本人強迫搬到清流部落。為何我對川中島忽然感到興趣呢？因為日本歷史上有所謂「川中島之戰」，日本戰國時代有一場轟轟烈烈的戰爭是在川中島打的，跟中國的戰國時代有點類似，是全國分成許多小諸侯，日本叫「藩」，藩跟藩之間在戰國時代經常有戰爭，為了搶土地、搶資源的戰爭。我是受日本教育長大的，日本歷史上的川中島之戰是非常熟悉的，牢牢記得「川中島」這三個字，我忽然發現台灣也有川中島，好奇心就產生了。

所以我就往霧社地區跑田野，和收集文獻等等，下了很多功夫。光是霧社地區我就跑了四趟，我住的地方在龍潭，跑一趟霧社在二、三十年前是滿不容易的，還要密集的找文獻資料。我記得有

一次我坐巴士上去，到清境農場，大家知道這上面有一個有名的清
境農場，在霧社再進去，從上面看下來的一個谷地，我在地圖上找
到一個叫「紅香」的部落，這個名字給人一種浪漫的氣息，我很想
下去看看是怎樣的一個部落？那裡的朋友告訴我，走路單程一個半
小時，那裡的朋友還說，你會騎摩托車我借給你，但我不會騎摩托
車，我走路來回三個小時，我就不敢下去了，不過我記得在山谷裡
面那個小小的部落，看起來好美好美，給人這樣的感覺，不過我終
於沒有機會到那個地方，這是題外話。

　　川中島後來我真的去找，惠蓀農場下來的那條北港溪，北港溪
來到仁愛鄉與國姓鄉交界的地方，有另一條支流眉原溪匯流，形成
一個三角地區。我跑到那邊去看，那是霧社事件後被日本人殺光，
小孩和婦女強迫集體移住到這裡的原住民，去看他們住的房子，比
傳統原住民住的部落房子還要簡陋，幾塊木板圍起來，一坪兩坪大

小就一個家，我那時去看後難過了好久好久。雖然日本人沒有把婦女和小孩全部殺害，是悲哀中一個小小的安慰。我在那裡找了好幾家跟他們交談，他們都會講日語，溝通一點都不會感到不方便，我遇到的原住民全部都會講日本話，他們把日本話全都保存了下來，這是三十年前的樣子，當然目前我不知道。

我發現到川中島這個地方之後，就幾乎把小說份量放到那個地方，我要寫的是霧社事件之後，殺了日本人的那些原住民，男人當然被殺光了，可是被強迫搬到川中島的這些小孩過了約十年長大之後的事，1930年發生霧社事件，太平洋戰爭是1941年。那時候日本人號召台灣的年輕人從軍，尤其原住民的青年是日本人最需要的，因為日本人在攻打菲律賓的時候，巴丹半島的美軍要塞，久攻不落，攻不下來，因為要攀越一塊很大岩石的山，上面蓋有一個砲台，日本人沒有辦法攻，後來日本人想了一個好的方法，就是找原住民的年輕人，原住民的年輕人在山地來去自如，那樣的岩石山應該是不當一回事。果然，日本人號召原住民年輕人成立一個「高砂義勇隊」，高砂族是日本人取的名稱，就是台灣的原住民，義勇隊就是參加戰爭的，這些被移住到川中島的父兄被日本人殺掉的小孩，經過十年左右已經長大成青年，他們踴躍應徵成為高砂義勇隊的勇士。我就覺得生氣了——你們的父兄被日本人殺光了，沒幾年你要當一名日本軍人，替日本人打仗，這是怎麼回事？這是我給自己的一個命題，我要去揭發這個秘密。

事實上，這並不是什麼秘密，很簡單，日本人的教育灌輸你是皇民，你們高砂族一樣是皇民，你要向日本天皇效忠，你要當一名榮譽的皇軍，被移住的這些少年，他們接受的教育就是這樣的皇民

教育。當他們發現日本軍方在徵求原住民青年參軍的時候，就爭先恐後地去應徵，成立了一個高砂義勇隊，日本人打下巴丹半島就是靠這批高砂義勇隊的隊員，真是了不起。

我想到有一次在文獻裡面看到這段歷史，真正地感動，不是感動日本人有那麼了不起的本事，讓這些原住民青年，踴躍地應徵去替日本人打仗，不是的，日本人的教育有那樣的力量，把這些純潔的原住民青年灌輸皇民精神，就像我被灌輸一樣——我是在那樣的政策長大的。日本人投降的時候我剛滿二十歲，太平洋戰爭打了四年，我十六歲的時候開始打的，如果我是原住民朋友，說不定我也會去應徵高砂義勇隊。日本人到了昭和二十年，1945年才在台灣頒布徵兵令，就是台灣全部的男性青年都要當日本兵，因為當時我剛好是那個年齡，於是就被徵，不過那是學徒兵，不用去打仗，在台灣島內從事海防的工作。

話講回來，川中島既然給我這樣的興趣與感動，所以我就用心地找了一些資料，把這本書寫出來，我要揭發這些原住民的年輕朋友，為什麼在父兄被殺光了，經過十年左右不到，就變成爭先恐後去應徵日本的高砂義勇隊，這個秘密在哪裡？就是日本時代灌輸皇民思想的教育。《川中島》這部小說所寫的，就是這些原住民朋友為什麼有這樣的轉變，向不共戴天的仇人效忠，爭先恐後地去做爪牙，我在這本書裡面，就是要把中間的事交代出來。

另外一本是《戰火》，是同樣主題的系列作品。《戰火》裡面寫的是這批高砂義勇隊，到南洋、到菲律賓當一名日本軍的經過，投入太平洋戰爭那段戰場的經驗。當然，我個人的戰場經驗剛

才也報告過了，只是一個海防工作的小小日本兵，是二等兵。在《戰火》裡面我創造了一個日軍勇士，就是一個原住民青年搖身一變，成為日軍裡面的一個兵長，我給他取名「林兵長」。日本人在菲律賓開始節節敗退，在逃亡的過程當中，日本人狼狽地被美軍趕著，往北的方向走，在巴丹半島那一帶。這個林兵長在這當中，就帶領了這批日本兵還有一些原住民兵跑，一路跑。在逃亡的過程當中，吃有問題、追兵的炮火…都是問題，因此有許多人死在路邊，有餓死的，有受傷死的，林兵長帶領著這些日本軍，教他們如何採到野生的果實來吃，還有沒有指南針如何辨認方向，這看樹就知道，一棵樹太陽照的比較多的那一面長得怎麼樣，看樹葉、樹枝的狀況──就是太陽照射比較多，樹枝比較茂密，用來辨認正北的方向，所以他一路往北跑，救了很多同袍，包含日本兵、原住民，其中也有一些台灣人，就是這樣逃亡的故事，敗逃之兵往北逃亡，就是靠這位林兵長帶領，所以才能保全性命。

《川中島》與《戰火》我就靠一些文獻寫成，雖然川中島去看了，但戰場我沒有去看。《川中島》與《戰火》這兩本書，我取「高山組曲」第一部、第二部，原是三部曲的構想，但為什麼沒有第三部呢？因為第三部要寫的主角是高一生，我記得他是達邦那邊的原住民。他是一個天才，會作曲還會寫詞，用日本話寫歌詞，也會用他們的母語來寫詞或譜曲。原住民有很多音樂的天才，有點羨慕，也有點不解。我在寫另一本《卑南平原》，在卑南地區跑田野的時候，碰到一個音樂天才陸森寶，孫教授知道嗎？（孫：我正在寫他的傳記，剛寫完）我跟他聊了，非常地高興，也聽他唱卑南的歌給我聽，這大概是二十幾年前的事。寫《卑南平原》這部書碰到

陸森寶，他是很難忘懷的一個卑南長者，我現在還記得他的面貌，他比我年長大概有十幾歲的樣子，他的風範及才華，是我所驚奇的，也是我所驚奇羨慕的。這場我就報告到這裡，謝謝各位。

陳芳明：

鍾老師說他的記憶力不好，他什麼都記住，他記住的是二十年前、三十年前的事，他說最近的事記不住，鍾老師您不用擔心，最近的事我們幫您記住（笑）。現在我們就先請林修澈老師來跟鍾老對談。

林修澈（與談人）：

鍾老、陳所長、在場的各位老師、各位同學，大會只給我七分鐘的時間，我下面用七點來讓大家對鍾老師多點了解。第一點，鍾老師的生活離不開桃園縣大溪鎮，大溪的旁邊有龍潭鄉，那是鍾老師的故鄉，鍾老師的創作，有很多是從復興鄉來的，所以大溪、龍

潭、復興連在一片，這可以算是鍾老師的故鄉。那麼大溪為什麼會叫大溪？它原來是叫大嵙崁溪，大嵙崁溪後來被改成大漢溪，所以這條溪的過程非常坎坷，但是它現在這個鎮的名字就叫做大溪，是大嵙崁溪裡面取第一個字和最後一個字，那麼我們用這樣的背景來看鍾老師，應該很容易瞭解，因為他往後的生命大概不出這樣的背景。

第二點要講台灣的文壇。當年台灣的文壇和現在不一樣，我講台灣的文壇，是指鍾老師寫作最勤奮的那個年代的台灣文壇，那麼到底要怎樣斷限呢？也不太好斷限，後來我們發現鍾老師在1977年出版《望春風》，就用這個來斷限，就是在「春風」還沒有來到之前的台灣文壇。這個台灣文壇有兩條沒有合在一起的溪，第一條溪叫做「中國鄉土在台灣」，第二條溪是「台灣鄉土掩埋下的台灣」，這兩個台灣是不一樣的。而這兩條大溪中間還有一條小溪，這條小溪可能是大家比較熟悉的，就是從前面那條「中國鄉土在台灣」的溪裡面發展出來的，跟台灣的土地連在一起的，就像王拓寫的《金水嬸》、王禎和寫的《嫁妝一牛車》，就是大家平常所講的台灣文學，不過這個台灣文學看起來是小溪，不是大溪，大溪是前面講的那兩條。

這兩條溪我們用最近發生的一個例子來作說明，而這要用馬英九去貫穿。最近馬英九先到高雄訪問了余光中，余光中是非常有名的作家，從他的名字就可以發現，知道他一生所做的事，和他的名字可以連在一起，是「余致力於光中」，所以他非常地擔心台灣目前這幾年的走向，都是去中國化而很感慨，「余致力於光中、余力有未逮、余未能力挽狂瀾、余慨然歎息」，這是余光中對現況的反

應。過了不久，馬英九又去訪問了鍾老師，鍾肇政也可以從名字來體會他的這一生，因為他「衷心於開啟一個新的局面」，果然2000年政黨輪替之後，他變成了總統府的資政，所以對台灣的政局，尤其對和客家人有關的政局產生了相當大的影響力。不過我記得鍾老好像對馬英九講了一句話說：「如果你那個統一的路線不是玩真的，那就是好。」從馬英九訪問兩個人可以看得出來，1977年之前台灣文壇所走的這兩條路，這是我講的第二點。

我講的第三點是，台灣文學裡面的原住民題材要怎樣去理解？從政治上來講，目前很明顯的一句話叫做「有唐山公、無唐山媽」，是用這個來強調台灣人過了黑水溝來到台灣之後，已經跟原住民混在一起，所以每一個人的身上都有原住民的血，因此證明，現在住在台灣這塊土地上的台灣人，有他的特殊性，追求的是台灣的特殊性。這個在音樂上也有反映，台灣有一個很有名的音樂家叫江文也，他面對日本、面對中國，要找出台灣的特色，所以他寫了「高山組曲」，這是在音樂上面的表現。那麼同樣的在文學上面，鍾老師也寫了「高山組曲」，就是後來的「高山三部曲」，雖然只寫了兩部。

　　我要講的第四點是，什麼叫做原住民文學？這應該是孫老師等
一下要說的話。原住民文學，一般來講我們可以從三個角度來看，
一是語言說，只有用原住民語言寫出來的作品才是原住民文學，另
外一個是題材說，只要你的題材涉及到原住民，那就叫做原住民文
學，另外一種叫做身份說，只有原住民身份的人寫出來的文學作品
才叫原住民文學，不涉及到他用什麼語言、用什麼題材。在這三種
說法裡面，鍾老師的原住民題材就符合第二項，就是題材說。可是
像這樣原住民題材，但是以一個非原住民的身份寫出來的作品，到
底算不算原住民文學？以目前整個台灣的走向來看它不算，但是台
灣的土地孕育出很多的作家，鍾老是個代表人物，很多的作家用原
住民的題材，來寫作的這些作品，到底該怎樣處理呢？好像到目前
為止，所有的台灣文學史，都沒有處理到這個問題，其實這個問題
它不應該是邊緣，它應該是主體，因為這個問題會涉及到台灣的主
體性。

　　我要講的第五點是當「人」碰到人類學的「人類」，這個時候
該怎樣處理，意思就是說，我們平地人碰到了原住民，到底是循什
麼樣的途徑？有三條路，第一條路是跟在座的大部分同學一樣，是
考試考進來的，所以不能不讀，這是第一條路線；第二條是逃亡，
是平地人受到政治的迫害要逃亡，往深山裡面走就會碰到山人，這
是第二條路線；第三條比較溫和一點，就是各大學裡面都有登山
隊，不管你是什麼科系，如果你去登山，就會碰到山胞，當然登山
隊的也叫自己是山胞。所以在這樣的情況下，平地人碰到原住民的
三條路線裡面，鍾老走的是第二條路線，就是逃亡，因為他從小所
聽到的都是受到政治的迫害，然後逃到深山裡面跟原住民碰到一

起。雖然他本身的經驗不是如此，他本身的經歷是他父親在靠近原住民的地區教書，而接觸到了原住民，但是在他的生活裡面，這個逃亡是跟原住民連結在一起。

我要講的第六點，就是在鍾老師的作品裡面所反映出來的性格。第一是「溫柔對抗議」，他的作品都是在抗議，抗議壓迫，但是他所用的方法都非常地溫柔，這是鍾老師的個性。第二點是「風雲對逃亡」，風雲這樣的字眼看起來氣魄非常地大，譬如他寫過《大肚山風雲》、《馬黑坡風雲》，他用的都是「風雲」，可是我們讀完了以後發現到風很小、雲很高，就是在台灣這塊土地所孕育出來的事件，還不足以跟我們平常所想像的風雲連結在一起，所以風雲變得很小。其實鍾老師的作品主要都是描寫逃亡。第三點就是「土地對情色」，土地應該是貫穿鍾老師所有作品最核心的概念，但是另外一個是情色，從他十五歲開始碰到了泰雅族，一直到他七十幾歲看到歌德，所寫的東西都離不開情色，情色與土地貫穿鍾老的所有作品。

第七點，台灣文學的代表作家鍾肇政，最大的特色是什麼？是寫大河文學。在鍾老師名氣不很響亮的時候，台灣文壇明顯的是另外一條大溪所流出來的作品，所以鍾老師以前在民間的時候，在文壇是不很引起注意的。但是今天要談台灣文學不能離開鍾老師，因為只有他寫大河小說，而且是一連串的寫大河小說，從《濁流三部曲》到《台灣人三部曲》到《高山三部曲》，所以大河小說非鍾老師莫屬，他有寫大河小說的氣派。但是面對這種浩蕩的「大河」，他所表現出來的是孤獨無奈的「小小的說」，所以大河小說看起來氣派是很大，但是寫出來的仍然是逃亡，這種逃亡是個人的逃亡，

最後逃亡的非常地無可奈何。他的作品裡面所反映出來的這樣一個特色，其實濃縮起來就是台灣人的命運。

1999年，我在《民生報》有看過一篇報導，報導鍾老師，他用的標題是這樣：「鍾肇政一生宛如一部台灣文學史」。如果我們說文學是為了反映生活，那麼生活中的大部分事情都擺脫不了政治的影響，所以我們也可以改寫說：「鍾肇政一生宛如一部台灣史」，就是從他的生活反映到他的文學作品，他的文學作品又反映了台灣歷史，所有台灣人的命運或多或少大概都脫離不了這樣的模型。1999年，可以說鍾肇政的一生宛如一部台灣文學史，可是過了八年，現在是2007年，我們可以回過頭來看，其實鍾老師在往後的八年裡面對台灣的政局，對台灣的命運也出了相當大的力量，所以我想說「鍾老師的一生就是鍾肇政」。

孫大川（與談人）：

主持人、各位老師、各位同學，我大概分幾個感想來談，特別是剛才聽了鍾老師跟年輕人分享了他自己的經驗。他裡面提到川中島、提到高一生、提到陸森寶……。陸森寶是我的姨丈，昨天晚上我還在趕最後一校，要出版他的傳記，寫了大概七萬多字。大概在

去年、今年年初，我們另外一位鄒族的教授，叫做…（莊華堂：是浦忠成），他也剛完成了高一生的傳記，高一生因為牽扯到二二八事件，不幸被槍斃。然後在1930年又發生鍾老所看到的霧社事件，他的故事以及他對原住民的許多思維，常常和原住民所遭遇到的離亂、生命的斷裂、族群的斷裂有關。

　　其實我很早就注意到鍾老的作品，稍微瞭解我的人都知道，這二十幾年來，我最重要的工作，是想協助我們自己的同胞，能夠好好地利用他現在所掌握的第二個國語，就是漢語，好好地把自己的民族和主體經驗寫出來。某一個角度來說，是很希望我們的同胞在掌握了第二個國語之後，能夠有一個跟過去很不一樣，能夠以他自己為主體的身份，向台灣、向他所處的時代說話。從辦《山海文化》雜誌開始，一直到現在所推動的工作，都是如此。剛才林修澈老師提到說，很多早期漢人作家如鍾理和、吳濁流，他們都有寫過與原住民有關的作品，這些好像在文學史裡面，都沒有太多的處理。某一個角度說是如此，但是另外一方面，我常常把幾位作家，尤其是鍾老寫的幾部大部頭的，和原住民經驗有關的文學作品，我一直把它當做原住民還沒有辦法用一個共同語言工具之前，他們替原住民留下了一些紀錄，留下了一些公道，所以我長期以來對這幾位我們上一輩的文學作者，一直都有很深的敬意。現在當文建會副主委的吳錦發，他在1980年代中期，也以「山地文學」這樣的一個名稱，把一些當時或者是前前後後用文學的形式，觸及到原住民議題的作品都做了一些整理，我認為這個對台灣的原住民來說，是開了一個很好的前路。

　　從文學語言的角度來看，台灣的原住民這一百年是很慘的。剛

329

才鍾老所提到的像高一生或者陸森寶，他們的日語都很好，也非常能夠創作。我的舅舅他們一群人，包括好幾個部落的卑南族人，都是台南師範學校畢業的，高一生比陸森寶高三屆，我最近因為在寫陸森寶的歷史，接觸的比較多。他們這些人其實在1930年代，已經能夠操弄非常好的日語，他們創作的歌也是這樣，很可惜，這些人在1945年的時候，所學的第一個國語，就是日語，好不容易全台灣的原住民都可以用，而且不但可以溝通，還可以跟漢人溝通、跟日本人溝通的共同語言，被迫歸零。直到像我這樣1953年出生，民國四十年代出生的人，要從ㄅㄆㄇㄈ開始學習另外一個語言，所以我第一個感受就是，如果能夠代表原住民的話，實在應該謝謝鍾老，過去他從年輕一直到現在，對原住民經驗很多的關注。

第二個是我覺得很多歷史、學術的鋪陳方式，永遠抓不到每一個人的感情世界，也抓不住某一個時代非常特殊的氛圍，反而是文學的東西可以穿透非常非常多的資料堆砌，讓我們去感受另外一個人，或者是某一個時代裡面的這些情感。我看鍾老所寫的這幾篇小說，無論是在講馬黑坡、霧社事件或是高砂義勇隊，都有抓住這些情感。我自己差不多在七、八年前，也花了一年的時間，研究過1941年到1945年高砂義勇隊的事情，裡面其實有非常非常多的故事，這些故事，從來沒有在我們台灣的文學創作與歷史思維裡被捕捉到，但它確實那樣的真實，所以我一直覺得鍾老的文學，事實上也是一種歷史。剛才林老師說到，他本身就是台灣史的一個部分，本來就應該是這樣，我也覺得在看到鍾老這樣老人家所走過的這些路，像各位如果對文學有興趣的人，應該有更大的宏願，把台灣這麼豐富、這麼複雜、這麼細微的東西，好好地把它研究出來，把它

寫成詩、把它寫成小說、把它拍成電影。雖然鍾老已經年紀大了，不過我相信他在文學這方面，還是非常非常地年輕，他一定非常樂意鼓勵大家。

第三個我有一個感想，在台灣很多的漢人朋友，可能都在這裡有三、四百年，但是我大部分知道的，我們的漢人朋友和原住民，雖然同在這麼窄的台灣這個地方，這幾百年來我們沒有真正相遇過。很多漢人住在我們的部落裡邊，他從來不知道我們什麼時候是豐年祭，可見我們都是非常非常地冷漠的，包括文學或是這段時間有關原住民的研究，也是這段時間才開始。有時候我還覺得日本人更有動力，想要跟原住民相處，在文學裡面也是這樣。看鍾老寫的《川中島》的序裡面他也提到，其實日本人很早就以原住民的題材來寫東西，從日據時代就開始，相對來說，在台灣很多很多的文學工作者，很少很少用原住民的題材來書寫，好像這個民族在這個地方是不存在的。我一直覺得怎樣有一個更好的，對台灣的理解，一個能夠比較完整的對台灣的理解，是我們現在這一代的人，非常非常應該要去思考的問題。

現在原住民的議題之所以能夠紅起來，是因為很可能為了要對抗他的中國信徒。以前都沒有人願意承認他自己是原住民，現在從陳水扁總統開始，每一個都說他有滲過原住民的血統，以證明他可能和原住民比較有關係。可是這種純粹從政治的角度去思考的民族或族群觀念，是非常非常地可惡的。鍾老剛才提到說他很奇怪，為什麼川中島這兩百七十幾個殘留的後代，在不到十年的時候，他們就開始願意參加太平洋戰爭到前方去打仗？我可以告訴大家我的經驗。原住民在日本人走了以後，中華民國政府來了，沒有多久，

民國四十七年發生八二三炮戰，我們原住民同胞剛剛放下日本人的槍，就立刻戴著中華民國的鋼盔，在八二三炮戰裡打仗，陸森寶為八二三炮戰寫了三、四首歌，安慰在前方我們自己的族人。現在很多的人在談八二三的時候，把這樣的歷史當做好像有點在開玩笑地說：「怎麼有這樣一群笨蛋，這麼效忠中華民國政府。」我一直覺得我們後代的人，對前一代的人所面臨的歷史處境的瞭解不但少，而且是非常非常地殘忍，這個就是現在我們台灣很多歷史思維裡，最恐怖的一件事。因此我也非常敬佩鍾老，用那樣溫柔的筆調，來寫他過去所面臨的，所有經驗與他的時代，謝謝。

陳芳明：

我們先休息一下，十五分鐘以後再回到這裡。

❀下半場❀

陳芳明：

第一場是鍾老介紹他幾本原住民文學的小說，兩位與談人也有精采的對話。現在第二場還是請鍾老先開口，等一下再開放給現場的同學發問。請鍾老師開始第二場。

鍾肇政：

我們繼續下半場的口述歷史。首先，感謝主持人、兩位與談人在發言的時候，對我的譽揚溢美之詞，真的不敢當。另外，我要介紹在座的陳英雄先生，他是原住民排灣族用漢語創作的作家，我曾

經在紀念光復二十週年紀念的叢書當中，採刊他的作品，此事現在已經過了幾十年了，我一直念念不忘。他是戰後二十週年的時候，我發現到的原住民作家，我剛才也請問他還有沒有很多作品寫出來呢？他說有，我覺得很欣慰，希望他早日有機會印成單行本問世，因他是很艱困的存在。不過，後來有不少用漢語創作的原住民作家，因為這許多年我已經失去了閱讀能力，腦筋、眼睛都退化了，沒有看新的作品，所以不得而知。我真的衷心希望，有更多的原住民漢語作家，把他們族人的故事寫出來，公諸於世，這對讀者也是一項功德。

卑南族陸森寶這位老先生現在已經不在了，剛才我聽到孫大

川教授說，陸森寶的傳記即將出版，我非常地高興。我忍不住地想起過去在卑南地區做田野，幾乎是一種流浪的樣子。當時我在卑南地區待了一、兩個禮拜，確切期限現在記不太清楚。我說在那邊流浪，雖然是一種形容的說法，不過我真的覺得那是一種流浪的日子，我在那裡探訪了一些原住民朋友，特別是長者陸森寶先生，記憶非常地深刻。我剛剛特別提了達邦的高一生，這個原住民，他戰後不久就被國民黨槍斃掉，他和陸森寶一樣會寫歌作曲，是詩人也是音樂家，真的是才華蓋世。我在《川中島》、《戰火》之後原本要寫高一生，甚至已和高一生的遺孤，兒子，約好要到他們那邊訪問，與那邊年輕一輩的人談談，不過約定之後遇到颱風，南下的預定取消了。當時我想還會有機會去拜訪他們，結果第二次我和他們連絡想去拜訪的時候，高一生的兒子已經離開台灣，因為他是天主教的神父，被派到菲律賓從事佈道傳教的工作，也就失去了見面的機會。以後我沒有進一步和他連絡，因為他回來台灣我沒有得到消息，此事就這樣擱下了。不過我仍希望有實現的一天，也許沒有了。順便提到，我在卑南地區流浪，流浪的時候發現到卑南有巨石文化，巨石文化就是把很大的石頭豎起來，我忘記是在哪本書裡看過，中南美洲也有一些巨石文化的民族，也喜歡把很大的石頭豎起來。我在卑南地區看到這個，我不知道這樣把石頭豎起來對卑南族有什麼樣的意義，我不解此事之謎，請孫教授幫我解釋一下。

話說回來，現在我要談《卑南平原》。繼《川中島》、《戰火》之後，我寫的有關原住民的是《卑南平原》，事實上這本書並不是完全寫卑南族或是原住民的，它的寫作動機是，有一次我在報紙上看到卑南出土文物展覽會的報導。二十幾年前，卑南地區挖掘

出埋在地下的文物，人們把挖掘出來的文物放在博物館展覽，我專程跑到台北去看這些卑南出土的古代文物，當時受到的感動是不用說的，尤其是一些掛在脖子上的首飾，比筷子還小一點，用線串連起來變成一條項鏈。當時我突然產生一個疑問，如果是現代人，因為有種種的機器，所以要做這樣的東西，我想應該不會很難，而卑南文物埋在地下不曉得是兩千年，還是更久更久，挖掘出來的這些的東西，幾千年前卑南人是怎樣把它們製造出來的，我怎樣想都想不清，這是觸發我對卑南地區以及卑南人產生濃厚興趣的原因。所以不久之後，我就有了卑南地區的流浪之旅，陸森寶就是那個時候我去拜訪認識的，一個我所碰到的令我驚奇的很有才華的人物。我剛剛提了一下，他會寫歌作曲，歌聲優美動人，直到現在我都還會想起二十多年前見到的這位比我年長的長者，他的形貌、他的談吐，印象是那麼地深刻。

有了對卑南文物或卑南人的興趣之後，我就立意要寫點卑南的人物還有卑南的歷史。寫小說的往往就是胡思亂想，雖然有了這個撰寫野心，但是那麼陌生的人物、陌生的地區，我要怎麼樣寫呢？所以我就有了卑南的流浪之旅。那時剛好我有個年輕朋友住在台東，住在哪裡我忘了，離卑南地區不遠的地方，我就專程跑了一趟卑南，大概在那裡待了半個月，做了一些文獻和田野調查，還見了不少的卑南人物，現在我無法一一提出他們的尊姓大名，只記得一個陸森寶而已，因為印象是那樣地深刻。當時我的野心出於一個胡思亂想的想法，卑南人是不是台灣人的始祖？卑南人又從哪裡來的？當然不會是從花東地區突然冒出來的，但他們是從哪裡來的呢？我的胡思亂想讓我胡亂，想到卑南人是台灣人的始祖，而且他

們是從台灣以外的地方來的，也許是黑潮，也許是台灣海峽的海浪把他們送到台灣的東部地區，然後在那邊住下來，繁衍後代，所以才會有今天卑南地區的卑南人，以及卑南文化的產生。當然我這是胡思亂想的，沒有歷史根據，不過小說家是不管什麼歷史根據的，我就按照我的胡思亂想，創造了我小說中的人物，《卑南平原》就是這樣產生的。

這部小說我寫一個人在海上流浪，說不定這是從秦始皇派一個人到東方採集長生不老之藥，給我一些聯想也說不定，反正我就是創造一個人物，他從海上漂流過來，然後在花東卑南地區，他們在那裡登陸，住下來繁衍後代，我的腦子裡有秦始皇那一批童男童女各五百人，他們成為我聯想的根據，於是我就創造了《卑南平原》。所以裡面有現代考古挖掘的場面，有台大考古系，以及一些從日本來台灣留學的女學生在考古挖掘的現場，當然也有本地的台灣學生，也有戰後渡海來台的所謂第二代外省人，變成一個複雜的聚合。

在考古現場，我們看到很多年輕朋友在老師的帶領下進行挖掘，像宋文薰、劉益昌等人，現在還在考古界，是非常有名的人物，他們帶領學生在那裡挖，用毛筆細心地把挖出來的東西上面的泥土刷掉，那種用心程度恐怕是非從事這種工作的人，恐怕是難以想像的，我在那邊看他們那樣地挖，用毛筆刷掉泥土的場面，相當地感動，我的《卑南平原》便漸漸地醞釀成功了。我寫一個在海上流浪來到花東地區的人，他如何在那裡住下來，在現代的挖掘當中，又有日本人、本地人、學生男女等等，他們搬演了一些有趣的戲，有愛情的、友情的、古代的、現代的，通通堆在一塊。這部小

說是我胡思亂想的產物，也許不符正史的地方非常多，不過我是寫小說的，有依照自己的意思來寫的權利，就這樣產生了《卑南平原》，也算是我寫的以原住民朋友為主的小說。今天我就報告到這裡，謝謝。

陳芳明：

我們容許小說家有胡思亂想的權利，但是我們要跟鍾老師對話就不可以胡言亂語。我們開放給現場各位同學、各位老師提問。

王姿茜（政大民族所研究生）：

鍾老師您好，我是民族系二年級的學生。我想請問您一個問題，就是觀看您的作品我發現，您很堅持替少數民族發聲，您的創作比較以客家或是原住民為主。我想請問您，為何不像一般作家一樣，單純地將自己的所見所聞，或是運用自己的想像力來創作作品呢？謝謝。

鍾肇政：

謝謝這位同學的提問。我與客家和原住民比較有緣，接觸比較多，依照一般的說法，客家比講福佬話的族群晚來台灣，晚來的結果就到比較靠近丘陵地區從事開墾工作，客家地區最有代表性的台三線，就是從中壢、龍潭，新埔，竹東以南所形成的地區，即是客家族群匯集的地區。因為晚來一步，沿海比較豐富的海岸平原地區就被福佬人佔住了，不得不移民到丘陵地區發展，這也就自然地和原住民族住得比較近，所以互動的情形也比較多，這麼說我們很容易聯想到，客家地區因為和原住民住得近，以致頭被砍掉的也居多。不過漸漸地能夠和平相處，變成很好的朋友，現在當然我們都

不分彼此，都是朋友。謝謝各位。

謝依萍（政大民族所研究生）：

鍾老師、各位老師、各位同學，大家好，我是民族系研究所一年級的學生，我有三個問題想要請教鍾老師。第一個是關於霧社事件，霧社事件是佔您原住民相關小說中一個很重要的部分，我想請教鍾老師，您之後還有沒有接觸到霧社事件的相關研究，或是電影、漫畫等相關題材？這些創作和您的小說有沒有相同或是相異之處？而您是怎麼去處理這些的？第二個，鍾老師您的原住民相關作品，都是以一個事件作為切入點，譬如說霧社事件、川中島、高砂義勇軍或是卑南文物等等，您當時有沒有想過，以您生活中所遭遇到的原住民作為寫作的題材，就像鍾理和的〈假黎婆〉是用他生活經驗中所遭遇的去寫一篇故事，您有沒有想過用切合自己經驗的題材去寫作呢？亦或者是說，您當時的生活，不像現在我們和原住民有這麼頻繁的接觸，所以只好用一個事件作為切入點，去處理您對原住民的愛。第三個，不知您之後有沒有看過原住民作家的作品，您在閱讀的時候會不會覺得這些作品只有原住民作家才寫得出來，在比較之後，會不會覺得在寫作上有身份、語言或者是經驗上的限制呢？我的問題大概是這樣。

鍾肇政：

描寫霧社事件的《馬黑坡風雲》，可能我是最早寫的有關原住民題材的作品，然後再有《川中島》、《戰火》、《卑南平原》等等。至於有沒有別人寫過，我不知道，也許有。我記得有一部叫做《霧社櫻花》的書，但這本書是報導的，與我寫的文學創作在根本上是不同的，報導是根據事實把它描寫出來，我的小說則是文學作

品，大家應該知道小說是騙人的，您如果認為小說寫的是真人，那就被我騙到了，我所以能夠寫出好幾本書，只有胡思亂想一句話而已。當然我是根據田野調查、文獻資料的涉獵所濃縮而成的，我做了這些預備工作後，然後靠小說家的胡思亂想，亦即那個騙人的手法去寫作，這算是我寫作小說的一個秘密，我現在公開出來了。

陳芳明：

台灣社會有一個詐騙集團，小說家是其中一個。我們在座有一位邱若龍先生，他有畫過霧社事件的漫畫，請邱先生講幾句話。

邱若龍（與會者，漫畫家）：

大家好。鍾老，您如果說小說是騙人的，那麼我被您騙了快二十年，我是根據您的小說到霧社地區團團轉，在部落轉了快二十年。事實上，您小說講的那些人有好幾個我都遇過，這不是騙人的。我今天很高興有這個機會看到鍾老，剛好也把我幾年前買的鍾老的書，希望鍾老幫我簽名，過去都是看您寫的書，今天終於有機會在現場看到您講故事，同時也把我畫的一張畫送給鍾老。

因為我看了鍾老的書之後，後來大概花了五年的時間，畫了霧社事件的插畫圖，這是根據口述歷史等等的題材去做的，後來我又拍了一部紀錄片叫《Gaya》，「Gaya」是泰雅賽德克族的傳統祖訓，我拍紀錄片《Gaya》時，訪問了十幾位日治時代抗日或親日的老人，做了一部這樣的紀錄片。剛才鍾老說到為何去寫《川中島》、《戰火》的原因，為什麼原住民在跟日本人打完仗，過了不到十年的時間，就可以去幫日本人打仗，我也想探討這樣的問題，所以就從原住民的傳統文化Gaya的角度切入。Gaya就是獵人頭，

就是他們的祖靈信仰。霧社事件之後我發現一個問題蠻重要的，就是事件後活下來，又遷到川中島的很多人，他們是在打完霧社事件後，因為沒有紋面所以才能活下來。在他們的信仰裡面，一個人死了之後會過彩虹橋，就是所謂的祖靈之橋，過了彩虹橋才可以見到祖先，而見祖先的資格就是臉上要有紋面，可是當時日本人禁止他們紋面，所以很多人在跟日本人打仗之後，就在臉上紋面，紋完面之後在第三天，很多人便上吊自殺，回到祖靈之地，完成自己的民族尊嚴。但有些人可能是因戰亂的原因，沒有機會紋面，沒有紋面如果也跟著自殺的話，會變成孤魂野鬼，所以後來他們活下來被遷到川中島。從這個角度來講，或許可以解釋，為何之後他們還去參加高砂義勇隊。因為在gaya裡面，男人就是要去獵人頭，霧社事件結束之後，原住民沒有辦法獵人頭，所以日本人請他們去打仗，拿美國人的人頭。我去訪問的時候，還有些年輕人在中華民國的部隊裡，想去拿共匪的人頭，也許政府往往就是利用原住民的傳統風俗，來轉化他們的行為，這不見得完全是同化的原因，也許剛好是他們的文化有這樣的背景，我覺得這是蠻有意思的。

鍾老寫的很多東西一直在強調台灣的自主性，我自己也一直在想這樣的事，我想現在台灣原住民的處境，和霧社事件的時代沒什麼不一樣，一直是被政府或大社會所牽著走。我在想，原住民到底是要當莫那努魯道，還是花岡一郎、花岡二郎，這也許是值得大家去思考的問題。謝謝。

陳芳明：

我們繼續開放提問。

陳英雄（原住民小說家）：

鍾老您好，各位教授。其實我和鍾老認識的時間很早，大概在民國五十六年左右，我在《中央日報》副刊寫了一些有關排灣族風俗習慣的文章，當時鍾老看到我的文章，就寫信到中央副刊轉寄給我，我們是這樣認識的。從那時候起，鍾老就常常鼓勵我，要我多寫自己族人的故事，而我也試著去寫。由於我只有初中畢業，文學底子非常不好，當我在文學的道路爬行的時候，鍾老給我很多鼓勵，我現在覺得很感動……。所以我今天有這樣一點小小的名氣，非常地謝謝他。其實走上這條路，我有很深的感觸。我曾經在山上抓到一個通緝犯，當時沒有抓他歸案，叫他跑，結果他不跑，說他沒有錢，跑不了，我就跟主管報告，那是民國五十一年的事，當時我二十歲。結果主管說，我是主管，一個月有七百塊的薪水，我出兩百塊，你們警員就五百多塊的薪水而已，一個人出一百，我們四個警員加上主管，共湊了六百塊拿給這個通緝犯，他就走了。那年秋天，這個通緝犯參加國家文藝大會得到長篇小說第二名，獎金大概拿了八萬多元，他把違反票據法的罰金繳清楚了後，回到派出所感謝我們。經過這事之後，我就開始寫文章，並經鍾老幫我修改，我

才能夠在報紙上發表文章，那個人叫做劉克彰，這事一直到今天我都耿耿於懷，我要特地向鍾老道謝（敬禮）。

陳芳明：

文學背後有很多不為人知的故事。現在我們繼續開放提問。

陳正維（台大法律系學生）：

我是台灣大學法律系的學生，我想要就剛剛林修澈教授說的，原住民文學的判定發問。林教授是從語言、題材、身份上去判定，認為鍾老的小說不能算是原住民小說。我想請問孫大川教授他是怎樣認為，鍾老的小說是不是原住民文學？更擴大一點說，台灣文學的範疇又是什麼？假設說用語言與身份去判定，台灣文學就只能用台灣的語言，或是具有台灣身份的人來創作，可是台灣本來就是一個移民社會，它裡面的語言及身份本來就是很混雜的，您要怎樣去用這個限定的說法來說明原住民文學這個範疇？這是我比較有疑問的地方。也可以請陳芳明教授與鍾老就這個問題，作個簡短的回答。

孫大川：

妳的問題很大，也常常被吵來吵去，要怎樣去界定一個文學？事實上，任何一個文學研究，要給它一個特定的方向與範圍，常常是不得已的事。誠如妳所說的，台灣文學的創作，無論是從身份或是題材去做界定，都有它各個不一樣的問題。譬如用題材判定的話，任何一位美國人寫的，跟台灣原住民有關的作品，都可以叫做台灣原住民文學，這樣的範圍太大了。可是如果用身份的話，也很難去限定，現在是二分之一的血緣，將來可能是四分之一，再以後

則是十六分之一……，會有這些問題出現。不過現在我是覺得，如果我們要把原住民文學當作一個特殊的議題，因為它的興起以及裡面所形成的感情與問題意識，常常跟原住民的身份認同有關，我傾向於現階段，為了看出文學作品自己特殊的使命與命題，我們可以先以身份的立場去把我們要研究的範圍劃分出來。至於這個身份要不要是百分之百，或是我們常說的一半一半叫作「包半」，這些問題就讓後來作品的發展去做決定。可能過了一段時間以後，原住民議題越來越寬，原住民文學就和過去很多的山水詩一樣，變成文學史的一個議題。可是目前為止，我覺得如果不用身份去處理原住民文學的邊界的話，我們就很難找到一個立足點去作研究，這是一個不得已的事。將來時空改變了，它應該會有別的面貌，我們應該比較開放去看，謝謝。

陳芳明：

我問鍾老，鍾老要我代他回答。妳問我什麼是台灣文學？事實上我在寫《台灣文學史》的時候，什麼是台灣文學，寫進去的就是台灣文學，因此我可以這麼說，不管是叫女性文學、原住民文學、移民文學或者叫漢人文學、眷村文學、同志文學，都叫做台灣文學，我是做最寬廣的解釋。我確確實實覺得台灣的歷史是以原住民的歷史、移民的歷史、殖民的歷史這三條主軸所構成的，因此在這個主軸底下，所產生的文學都是屬於台灣的。所以如果我們要用比較嚴謹的定義來界定的話，常常會出問題，可是當我們把問題放寬，把定義放寬的時候，這個爭議就沒有了，我想這是我在寫《台灣文學史》的時候一個基本的態度。

林修澈：

在場的年輕同學很多，我們台上的年紀很大，台上與台下看起來有點代溝。台上講的原住民文學和台下所講的原住民文學，好像是名詞相同，但內容有異，我想在這個地方應該做個澄清。1980年之後，台灣原住民文學的發展走入另外一個新的階段，跟以前都不相同，台下的年輕朋友接觸到的台灣文學大概都是屬於這一種。可是對我們台上這些人來講，在1980年之前，台灣文學中涉及到原住民題材的作品，鍾老的作品是居主流的，這是沒有問題的，我們現場剛好又有排灣族的作家陳英雄先生在場。1965年鍾老編了一套《本省籍作家作品選集》，這十冊裡面有一部分就是陳英雄先生的作品，這是台灣原住民寫的作品冒上文壇的第一次，從那個時候開始，一直到田雅各出來，再也沒有出現第二個人，田雅各以後的作品是一種風格，陳英雄所寫的則是另外一種風格。如果按照我來看，新文學裡面所產生出來的原住民文學，可以把它拆成兩個階段，田雅各開始的叫做原住民新的新文學，陳英雄寫的則是原住民舊的新文學。新與舊的差別在田雅各開始以後，原住民的主體性開始浮顯出來，在陳英雄的年代裡，這個主體性沒有出現，所以陳英雄寫出來的風格跟鍾老寫的風格，以及其他作家所寫的原住民風格，其實是很像的。我們也可以這樣說，在陳英雄那個年代，原住民在台灣太弱勢了，所以他在寫作上是模仿平地作家的寫法，因此現在回頭看陳英雄的作品，都覺得好像沒有講出原住民的主體性，可是這在那個年代是講不出來的，能夠寫得出來是80年代以後的事。台上和台下的代溝大概就出現在這裡，我在這裡做個說明，讓以後大家在讀原住民作品，或是鍾老涉及原住民題材的小說時，可以用這樣的角度去做分辨，這樣比較能夠進入狀況。

莊華堂：

鍾老是龍潭人，我是新屋人，我與鍾老算是同鄉。誠如林老師所講的，鍾老的小說絕大部分的場景是在桃園龍潭、大溪、復興這三個鄉鎮，而這三個鄉鎮是我父親在日據時代的故居，所以小說裡面的場景我個人是相當熟悉的。而《馬利科彎英雄傳》是我過去跑田調的地方，特別是邱先生在那邊有長期的工作經驗，我記得在《馬利科彎英雄傳》裡面有寫到泰雅族怎麼獵人頭，或是為什麼喜歡獵人頭，以及獵到人頭後怎麼處置的事。這部分邱先生相當有研究，應該請他談一下。

邱若龍：

鍾老剛說他到霧社的時候，曾經看到紅香部落，其實那個地區就是復興鄉、尖石鄉那邊的泰雅族人的祖居地。那個地方有紅香、瑞岩、翠巒等部落，從這些地名可以找出泰雅族遷徙分布的關聯性，譬如現在尖石鄉玉峰那邊，他們叫做「滿貫」，他們的部落就是來自南投縣仁愛鄉的翠巒部落，因為翠巒那個地名也叫滿貫，他們從南投移居尖石鄉、復興鄉的時候，把自己老部落的地名也帶過去。因為我對這個特別有興趣，今年特地跑到尖石鄉鎮西堡去問一些老人，問他們《馬利科彎英雄傳》裡面「Skamari」這個人，到底代表什麼意思？有人把它解讀成凱達格蘭族，有人則解讀成賽夏族，也有人說是不知名的民族。我再問一些比較詳細的，老人家就說，Skamari這種人的特徵是頭髮留的很長，他們住的房子是一整排的床上有鑽洞，因為他們睡覺的時候要把頭髮垂到床底下。泰雅族跟他們打仗時，有一個勇士趁Skamari睡覺的時候，把他們的頭髮綁在一起，然後再請部落的人去把他們砍頭，他們的頭髮因為被綁在

一起，沒有辦法反抗，結果就全部被泰雅人殺掉了。後來我思考，認為這事其實可從真實的角度來看，Skamari搞不好是清兵，因為那個時代只有清兵留長辮子，而且只有軍隊才睡大通舖，把頭髮垂下來。這個很有趣，我看了這些小說後，再去部落走，很多故事就從這邊跑出來，引發我們去探討很多東西，也許這對歷史沒有幫助，不過對樂趣很有幫助，謝謝。

莊華堂：

謝謝若龍兄。今天中午我和鍾老來政大之前，先出席了《插天山之歌》這部由黃玉珊導演，將鍾老原著小說改編成電影的記者會，這部影片十一月二日就要上映了，現場我們剛好來了《插天山之歌》的男演員陳老師，請陳老師到前面說幾句話好不好。

陳柄臣（頑石劇團團長）：

現場各位同學大家好。在40年代、50年代那個時期，鍾老他們這一輩的不管是楊逵或鍾老，學習的都不是漢語，也就是我們現在寫的國字，他們受的教育是日文。那個時期禁止用日文發表文章，也就是從小所受的教育突然換成另一種文字，這其實是有斷層的，沒有辦法用熟悉的知識與文字去發表，這個壓抑是很大的。可是我覺得鍾老他很厲害，他在很快的時間就可以習慣用漢字發表，更厲害的是我覺得鍾老可以在《中央日報》連載，這是他的保命符，他很聰明，可以用漢字去發表《插天山之歌》、《魯冰花》這些作品。雖然剛才他說他的每一篇小說都是胡說八道，可是我覺得鍾老更厲害的是他的小說都很有內涵，像我這次拍《插天山之歌》這部戲，覺得他的胡說八道裡面很有內涵，隱喻非常地強。那個時期，就像《插天山之歌》這部戲的男主角一樣，什麼事都不能做，跑到

山上躲起來，什麼事也沒做，卻把女朋友的肚子搞大了，就這樣結婚了。可是，想一想那個時代我們的作家也是什麼事情也不能做，只能在家裡跟老婆抱在一起，真的是這個樣子，那個隱喻性是很強的，如果你細細去品覺就會很感動，會知道他們那個時代的心聲與苦難。

　　我們在拍這部戲的時候，在做現場的陳設，知道那種生活是多麼地苦，生活是那麼地不容易。就像最近三個颱風過後，大家都沒有菜吃，那個時代就是真的沒有菜吃，要自己去種，你種什麼就吃什麼，在插天山上面能有什麼享受，在隘寮一個茅草屋裡面也許可能就過一生。那個時代生活是很苦的，在那麼苦的環境底下還要去寫東西，其實是很不容易的，我希望在場的每一個同學，都可以去看這部《插天山之歌》，真的是很好看。同樣是文學劇作，我們今年有兩部，一個就是《色·戒》，大家可能對這部戲非常熟悉，另外一部是《插天山之歌》，也在十一月會上映。今天中午我們和鍾老吃飯的時候對他說，鍾老你都沒有寫得很露骨，沒有把女主角的鈕扣一顆一顆的解下來，讓導演可以去抓那種鏡頭。可是我覺得不同的筆觸、不同的心聲，拍出來的濃郁情感是一樣的，不一定要很露骨的去描述那個情愛，才是值得看的。《插天山之歌》的男女主角在隘寮裡面生活，那種生活是我們很難想像的，各位同學也可以去想想你們的爺爺、爸爸那個時代的生活，所以很建議同學如果有機會一定要去看這部戲，謝謝大家。

陳芳明：

鍾先生說時間到了，如果還有問題的話，我們再開放一個或兩個。

陳俞先（政治大學歷史系學生）：

我想問一個小小的問題，就是剛剛鍾老師說他的創作是胡思亂想的產物，我很想知道您是如何將文學想像以及歷史史實，還有現實考量這三點結合，然後融入您的小說中，這是我小小的疑問。

莊華堂：

因為鍾老師早上十點鐘到現在已經很累了，所以由我代答，因為我這兩、三年也在寫歷史小說。他寫《台灣人三部曲》的時候，鍾老師龍潭家二樓裡面的舊書房，收藏很多東西，包括過去的日文資料和不少史料，如果是李喬的書房那更恐怖，他為了寫寒夜三部曲，收集大量日據時代的史料，看起來很恐怖。除此之外，霧社地區他前後去做了四次的田野調查，也收集了大量的史料。把握這些事件相關的人事物，再加上小說家的自由想像，也就是鍾老師說的騙人的部分，但也不是完全騙人的，他還是有所本，只是也不像高陽的歷史小說，他對歷史特別是清宮秘事的考證，已經到了吹毛求疵的地步，鍾老師的小說是以歷史為本，加上田調所得，再高度發揮他作為小說家的自由馳騁的想像力，然後寫出像《卑南平原》、《馬利科灣英雄傳》這樣的小說。我最後以一句話來做總結，這是高陽講的：「歷史是除了人名，其他都是假的，小說是除了人名，其它都是真的。」鍾老師的小說就是這樣，謝謝。

鍾肇政：

關於我創作的秘密，剛剛莊華堂先生已經大略透露出來了，我寫了很多小說，包含原住民的小說，有一句話想透露出來，這是小說創作的秘密。我寫的不管是漢人、原住民，不管是男的、女的，也不管是老的、幼的、少年的，每一個人物都是我，都是我的

化身，男、女、老、幼、漢人、原住民，每一個人都是我的化身。所以我一直強調小說是騙人的，是胡思亂想的，我胡思亂想想出來的，這叫做虛構，fiction就是騙人的。不過他們的感情、他們的思考，都是從我個人的感情與思考所演化出來的，所以我說每一個人都是我，這是小說創作的一個秘密，謝謝各位。

陳芳明：

我們非常感謝鍾肇政先生，今天來到現場現身說法，把他生命的經驗與文學的經驗做一個非常精要的介紹。我跟鍾先生認識這麼久，和他認識是我在海外流亡的時候，他到國外我才去跟他見面，那次見面之後，我就覺得他的文學和我後來的生命元素非常地接近。今天我的心情非常地喜悅，看到鍾老八十三歲了，可是還很健談，記憶力還很好，而且健步如飛，這一點使我更加喜悅。今天我們就到這裡，我們祝福鍾老越來越健康，謝謝。

那年秋天　我們跟鍾老的約會

鍾肇政口述歷史

「戰後台灣文學發展史」十二講

八旬老翁的秘辛

我小說中的愛情與女人

主講人：鍾肇政　主持人：柯慶明　與談人：吳錦發、黃玉珊、莊華堂
文字整理：鍾怡彥　文字校對：一校/劉香君、熊廷笙　二校/江美芬　三校/莊華堂

◎時　間：2007年10月23日　◎地　點：台灣大學圖書館國際會議廳

▲ 左起黃玉珊、柯慶明、鍾肇政、吳錦發、莊華堂
攝於台灣大學圖書館國際會議廳（蒲公英文教基金會提供）

ᘂ上半場ᘁ

柯慶明（主持人）：

首先，代表台大，向鍾肇政先生表示最高的敬意，本來我們台大也正在籌設一個台大文學講座的系列演講活動，正在考慮要怎麼樣聯絡鍾先生，結果很幸運的，我們得到這麼好的一個機會，而且十二個講題裡面，這個講題是大家最有興趣的講題，對我來說，我是當年在報紙上等著看《魯冰花》連載的那一代，所以不覺得鍾老那麼老，覺得他還很年輕，他還有這麼多好的作品、好的活動一直出來，所以我們還可以對他有更高的期待，這可不是給他壓力，但是我認為他是有這個可能的，寶刀還是越磨越利。那我們就閒話少說，把握今天演講的時間，先請鍾肇政先生。

鍾肇政（主講人）：

兩位主持人，兩位與談人，還有各位老師、各位同學、各位朋友，大家好，大家午安。我的開場白是咳嗽，非常對不起，氣管不太好，這幾天，基金會一系列十二場的口述歷史，馬上就要結束了，另一方面有天高氣爽這樣心靈裡的愉悅感，期待著這一天與台大的老朋友們、新朋友們見面，沒想到今天早上起來，突然有一點感冒的感覺，好不容易到鄉下的小診所去打一針，又有一點消化不良的感覺，不過還好，剛剛在車上睡了一覺，覺得精神還算不錯，所以沒有臨時請假跑掉。

我非常高興今天來到台大跟各位見面，設計這個活動的莊華堂兄，給我一個題目，就是要談談愛情，談情說愛，談我的情也談我的愛，特別是我作品裡面的幾個女主角。很多朋友好像鍾情於我書裡面的幾個女性，一樣的，她們也是我內心裡面，深深地藏在心靈裡永恆的女性，我把它行諸筆下，當然有我的情、有我的愛，算是我付出了很多的感情、勞力在裡面。我的作品實際上不少，筆下的女性也很多個，我特別預定挑了兩個，後來又想到了一個，大致有三個。

第一個，我要談談我十八、九歲遇到的女性。我十八、九歲那是幾年前呢？真是不堪回首，那時日本時代，舊制的中學是五年制的，當時想考的學校都沒有考取，我當然是考不取的，因為我都是看閒書的，功課都丟在一旁，書看得很多很多，但都是一些閒書，像小說、日本的一些武俠小說等武俠類的東西，如宮本武藏等我都很熟悉，所以學校當然注定考不取。五年制的中學畢業之後，我父親就安排我到大溪的一間國小當一名幼教師，當時十八足歲，在我

中學的時候，是初解風情的開始，遇到同事裡的女性，對女性會有一些憧憬、一些渴想等等，都會有，我身邊的同事裡，發現到很多位女性，很奇怪的，女同事當中同樣是台灣人的女性，我興趣缺缺，但對日本女性我卻有所感應，很奇怪的狀況，不過就是那樣地發生了，特別是鄰班那位剛來台灣、比更我年輕的老師，她也是初來乍到，對台灣的事情一點都不懂，事事要找我商量、請教於我。接觸的過程，就在心裡留下一些莫可名狀的痕跡。我在《濁流》裡面曾用心地描述她，並在書中將她取名為谷清子，我在書中把她寫得這麼樣的美、這麼樣的有日本味，而且是出征軍人的太太，那時正打仗快到尾聲了。我在《濁流》裡面把她描寫得多麼美麗、多麼感動，而且兩個人（指男主角和谷清子）之間有些風險的場面，不過沒有發生風險和危機。這是那位谷清子，而且就在我身邊。

我不久以前在大溪一所學校有一場口述歷史，我那時教的小朋友，現在都中年以上了，約六、七十歲，一大群來聽我的演講，他們一群我還記得某某是某某、誰是誰，把他們一一指認出來，他們還認出小說中的谷清子就是傅渡清子。像這樣，我所碰到過的形形色色的女性，在我的筆下一一呈現出來，剛剛我所提的谷清子，是給我很深印象的一位。

再來，我要談談我書裡的幾個女性，剛剛已經報告過，我筆下的女性，著實不少，我剛才講了一個，還有兩位要向各位談談的。第一個是《插天山之歌》這本書裡面的女主角，我順便附帶向各位報告一下，在座的這位是黃玉珊小姐，她是將《插天山之歌》轉拍為電影的編導，真的是一位有才華的電影專家，而且是女性。《插天山之歌》這本書的成立有一個小小的波折，就是某一天我有

一個老朋友李喬，是一位很有名的小說家，他跑到我家來告訴我：「喂！你要小心囉！我剛剛聽到在立法院裡面那些老賊（指稱當時的老立委）在傳告說，台灣島內有台獨三巨頭，有三個搞台獨的巨頭、大頭，把我算在裡面。」他表面上付諸一笑，事實上我心裡面有一點嚇一跳，也開始害怕，是不是國民黨已經放出通緝要抓我，所以有這樣的風聲？那我要逃啊！早期搞台獨的人拼命地往外面跑，怕被抓、坐牢、槍斃等等都有。有的跑日本、有的跑中國，也有從日本再跑到美國的，在我那個年代，1960年代，我要往哪裡跑？我就往深山裡面跑，在深山裡躲起來。

在那樣的風聲之下，我就很快地起了一個很笨的念頭，要趕快寫一部書在《中央日報》發表，《中央日報》是國民黨的黨報。我稿子投去《中央日報》的副刊，在那裡連載，是不是對我產生一個保護的作用呢？我有這樣一個算是天真的想法，也是很渴切地、很熱切地期望，希望能得到一點點的保護，所以我拚命地花了一個暑假，寫了將近三萬字的一部書——《插天山之歌》，這本書就是這樣寫出來的。而且寫完投到《中央日報》副刊後，果然是很快就開始連載，而且我也沒有被抓、被約談，平安無事。是不是我那天真的想法果然實現了呢？當然是永遠也無法解開的一個謎，今天想起來，我那時候真的有那樣的想法嗎？你以為這樣就可以保護你嗎？國民黨抓人向來是不看日子的，甚至也不管有沒有證據，嚴刑拷打下也不用擔心你不招認，真的假的都招出來，這是大家所熟悉的。總而言之，我是得到一些保護的樣子，平安地度過了，而且活得很老很老，活到今天八十好幾歲，還是平安無事，今天在這老朋友又再見面，真的覺得很高興。

　　話講回來，插天山裡面的這個女主角，我給她取了一個名字「奔妹」，那個「妹」字是客家人常用的，像我的老婆也有一個「妹」字，我老婆是什麼「妹」呢？「九妹」，七八九的九，為什麼她是九，因為她是九月份誕生的，客家人很多一妹、二妹、三妹，四妹好像沒有，五妹、六妹、七妹、八妹、九妹、十妹都有，十一妹是沒有，十二妹也沒有。她們誕生的月份變成她們的名字，這種狀況是很常見的。這個「奔妹」，我特別記得我一個老朋友東方白，他也是寫小說的，他有一次在信裡面說：「這本書裡的這個名字，取得太好了，這個女主角奔、奔、奔，奮力地跑、奮力地奔，奔到男主角的懷裡去了。」真的，真的是這樣，這個奔妹就是這樣奔、奔，不斷地在山裡面遊走，來去自如，而且是打著赤腳的。

　　在日人統治的年代，有一個青年團的設施，失學的青年不分男女，就是小學畢業，十六歲開始要作青年團，很自然地通通被動員起來變成青年團員裡的一員，這是沒有念中學的，像我跑去念中學，就沒有做過青年。這個青年團，分為小隊、中隊、大隊，小隊大約有四、五十個人，類似現在的「排」，中隊就是「連」，三個「排」為一個「連」，也就是三個小隊編成一個中隊。這個奔妹在山裡面大聲地吼叫，叫什麼呢？叫口令，我把奔妹寫成一個小隊長還是中隊長，我忘了，反正就是一個喊口令的。她在山林裡扯開喉嚨練習喊口令，男主角遠遠地聽到了，大老遠就聽到，覺得很奇怪，怎麼有人在這樣喊叫呢？聽清楚才知道原來是有人在喊口令，這就是奔妹，男主角和女主角就這樣很奇異地碰面了。後來事情的發展我在書裡面交代地很清楚了，這個奔妹幫助男主角逃生，也學習新的活下去的技能，他們要砍木頭、鋸木材、拖木材等等，學山裡的那一套，甚至他也學會了在河裡面捉魚，有山地的原住民朋友教他怎麼在河流裡抓躲在縫裡的大魚，最後這個奔妹還替這個男主角生了一個小孩。我在這本書裡把男主角寫得懦弱無能，而且膽子又小，就好像我，我個人就是這樣，膽子又小，又很懦弱、很畏縮，需要有一個強悍有力的女性來幫助。我老實坦白地講，事實上我也是這個樣子，我娶了一個農村的女孩，她不但扛起了家事及種種事情，甚至對我的事，譬如教書、寫東西，她都給我最大的幫助，當然還幫我生了孩子。我在文學方面是多產作家，小孩也是多產作家，我有兩個男孩、三個女兒，都是多產作家。

　　剛剛報告的是《插天山之歌》的「奔妹」，她是我筆下第一個我所懷念的、幾乎就是永遠的女性，這樣的一個女人「奔妹」，

她奔、奔、奔地奔到男主角的懷裡去。這個「奔」字照字面上來講是「奔跑」的「奔」，不過在客家語裡面是「奔來」的「奔」，福佬話是「分來」、「抱來」的意思。客家人有很多不登大雅之堂的名字，有人叫乞食，乞丐的乞食，很多不雅的名字，為了求得生下來的小孩好好地活下去，所以會用一些不雅的名字幫小嬰兒取名，「奔妹」就是這樣的一個名字，意思是「抱來的」。這是有關《插天山之歌》還有它的女主角「奔妹」，我就報告到這裡。下一場我再報告，謝謝各位。

柯慶明：

詩經裡頭有一個說法叫做「願言則嚏」，就是說你想念一個人的時候你會打噴嚏，所以各位可以瞭解，剛才鍾先生先咳嗽一下是有道理的，這是第一件事。然後第二件事我想簡單說一下，我覺得鍾先生當時把《插天山之歌》投給《中央日報》，是絕對絕對的明智之舉，因為我知道一件事情，這已經是後來很晚的事情。我的老師葉慶炳因為曾經去訪問大陸，寫過一首祖國行，台灣就把他列入黑名單，不信他所有的東西，也不准他到台灣來。當時《中央日報》的主編梅新先生就說，你請葉先生送一本書給正中書局出版，書一出，他就可以回來了，大概以國民黨他們那套思維來看，出書的意思，就好比我沒有要跟你敵對的意思，代表有可以轉圜的空間。所以我覺得這是非常明智的，不然我們所有偉大的作品就通通都看不到了，要能夠忍耐，能夠……這是很重要的。那我就不再浪費時間，我們要請另外一個主持人吳錦發先生趕快掌握時間做一個發言。

吳錦發（與談人）：

今天在這裡碰到鍾伯父，我們非常非常親，亦師亦友，我都叫他阿伯，主持人，黃玉珊導演，她是我的師姐，我們是師姊弟，莊華堂是我的小老弟。剛剛聽鍾老師的發言，我有兩個感受，第一個感受講到白色恐怖時代這樣的情況，他說他是一個天真的想法之下產生了《插天山之歌》，聽了真的是非常地辛酸，那個時候的文學家要寫出心裡的心聲，要能夠在白色恐怖的亂世裡面，不把自己的思想露出來，就要用這樣多隱藏的技巧。

最近我看了一部電影感覺非常地震撼，我推薦給年輕朋友看，建議你們一定要看，叫做「竊聽風暴」，講德國在東德、西德的時代，在東德境內的一個特務，專門去竊聽一個藝術家，硬要從他潔白的思想裡面找出毛病的過程。結果竊聽的過程裡面，特務發現這個藝術家是偉大的，使得他人格開始轉變，還暗中保護藝術家，但是這個藝術家不知道，一直到東德倒台前，藝術家都不知道這個特務在中間偷偷地暗中做手腳保護他，還以為是他的女朋友保護了他，結果真正出賣他的是他的女朋友，打他報告的是他女朋友，保護他的卻是一個特務，從這裡面可以看到很多有趣的事情。美國有一個很了不起的作家叫做Steinbeck（史坦貝克），他得過諾貝爾文學獎，他寫過很多社會性很強的小說，像《憤怒的葡萄》，因為他的小說是這麼具有社會性，而且有左傾的傾向。一直到他得到諾貝爾文學獎以後，他才從美國解密的檔案裡面發現，原來他從二十幾歲就開始一直被CIA監視、竊聽，一直到他得到諾貝爾文學獎。

這些陰暗的過去，我想年輕的朋友是沒有辦法理解的，那麼我講的這些和今天的主題有什麼關係呢？是有關係的，因為你們沒有經過那樣的一個時代，所以你們有的時候看小說，會用一種非常

單純的眼睛去看。譬如說鍾老的《濁流三部曲》和《台灣人三部曲》，我記得當時清大的陳光興教授，曾用一種比較貶抑的字眼評論鍾肇政先生的小說，說鍾肇政寫的這兩部台灣歷史性的小說作品，也不過就是在寫愛情，他用愛情來貶低文學的價值，因為他沒有辦法理解作為一個台灣人，在那個時候的心理壓力。鍾肇政先生寫的愛情，其實不是簡單的愛情，所以我剛剛在聽鍾先生的自述時，我很緊張，怕他把所有的女性都講完了，我就沒得講了。

事實上，從《濁流三部曲》也好，《台灣人三部曲》也好，我們也許可以設定一個非常有趣的主題，當作你的碩士論文或博士論文，我曾寫過將近兩萬字左右的論述，講鍾肇政小說筆下的愛情。他從一開始，一個少男喜歡的女孩的原型、典型的轉變，你就看得到他心理轉變的過程。剛開始他喜歡的那種日本人，是壓迫我們的殖民者的日本女性，因為那個時候的教育從小就教育我們，這樣的女性是完美的，具有這樣形象的女性才是棒的、才是好的，就像我們那個時代要選台灣小姐，大部分要外省人才能當選，有點暗示台灣籍的小姐都是很土的，雖然他明明是在台灣選拔，他還要叫中國小姐，覺得台灣小姐是很土的。它無孔不入地從各種方面去教育你這套，告訴你，你是比殖民者更差的，所以我們可以想像在這樣的教育下，你會羨慕那個殖民者的女性，那個才是高雅的、理想的、典雅的女性。

我們可以從《濁流三部曲》第一部曲中，看到他最羨慕、最想要獲得她的芳心是，藤田節子和谷清子這兩個女孩子，這兩個都是日本人。藤田節子和他一樣年輕，但是非常地天真、無邪，笑聲也非常地響亮，他非常地喜歡，非常地想要獲得她的芳心，也是他的

同事,但是後來他慢慢發現,他和她之間有非常大的距離存在,這個距離是他沒有講出來的,就是種族,就是殖民和非殖民的關係,所以後來藤田節子她愛的那個對象,絕對是日本人而不是台灣人。接下來他不死心,他又愛上了谷清子,剛剛鍾先生有說到這個谷清子是這麼樣地美,她是另外一種傳統的日本女性,具有京都那種浮世繪裡瓜子臉的谷清子。鍾肇政在《濁流三部曲》裡面,用了最多的筆墨寫谷清子,她的長相、她的一顰一笑、她的嘴角、她的鼻子、她的眼神,寫得細膩到了極點,可見得在鍾先生心裡面,他觀察細膩到怎麼樣的程度,他嚮往到怎麼樣的程度。

這個女性後來和鍾肇政先生,當然在書裡不叫做鍾肇政先生,在書裡面叫陸志龍,等於就是鍾先生的化身,兩人之間慢慢地會有一些感情,這中間的感情好像有一點在超越種族的界線,為什麼會有這樣的情感產生呢?很簡單,因為雖然她是日本人,但是她是被日本威權體制壓制的一方,她的先生被徵調去南洋打仗,而她繼續留在這裡受教育、獨守空閨。學校裡面某些教員,一些更有權力的日本人,想要去沾染她,所以她是殖民者裡被迫害的角色,也因為這種被迫害的共通性,他們之間產生某一種共鳴和某一種可以溝通的情感,所以他描寫他們感情進展的這個部分是最細膩的,我很少看到小說家寫男女之情寫得這麼美的,當美軍空襲轟炸、燈熄掉,兩個人單獨處在一起的時候,等於是谷清子把所有的防線都解除了,但是陸志龍先生就像鍾肇政先生一樣膽子很小,在那個漆黑的夜裡面,什麼事都沒幹,整個寫了一千字,要是我是不成問題的(眾笑),但是那個美就是美在這裡,什麼都沒做,因為這裡面再進一步就推翻了他整個論述的基礎,所以什麼都沒發生,只是親了

她的嘴。到最後他發現
谷清子是他沒有辦法獲
得的女人，一方面是後
來殖民者裡面有一個男
性硬是要把她拿走，一
方面也因為寫到小說末
了，這個男主角開始生
病。

第二部曲裡面，出現了另外一個女性——素月，你認真看這個
素月代表的典型是台灣人，血統是台灣人，但是她一舉一動、說話
的禮貌、語行，都是模仿日本人，就是有日本教養的台灣人。在過
程中有女主角素月，因為真正的日本女人他追不到，所以他追求一
個有日本味道的台灣人，講得難聽一點就是台灣話裡面「無魚蝦也
好」，他就是要這個典型，但是這樣的愛情，最後也是沒有成果。
最後和他合為一體，使他變成一個能夠擔當的真正的台灣的成年
人，在經過成年禮歷練，接受命運變成一個台灣男人的，是那個阿
銀，那個臂膀寬寬的、厚厚的，非常典型的台灣的女性。

同樣的狀況在《台灣人三部曲》裡，愛情也是依照三部曲來進
行的，也是日本式的女人，然後接近日本式的女人，到最後和他結
為一體的是奔妹，就是剛剛鍾肇政先生所講的奔妹。奔妹的這部小
說，是我看到鍾肇政先生的小說裡面，除了谷清子以外，最動人的
一個女性的描寫。她出現的時候，第一眼在深山裡出現的時候，是
沒有穿鞋子的，是赤著腳的，是穿著日本的舊軍服，分不清是男的
還是女的，站在台灣的草地裡的形象，充滿了力感，充滿了大地的

形象的女人。黃導演的電影我還沒有看，假如她沒有把奔妹的味道拍出來，我會覺得沒有得到精髓，因為那是鍾肇政先生裡面最重要的一個形象。這樣的形象最後是和這個台灣男人陸志龍結為一體，而且他們做愛是在大地之間，這個不得了，做愛做得轟轟烈烈，不是在床笫之間，是在台灣的大地之間、草原之間，和有大地形象的女人，**轟轟烈烈**地做愛。

《台灣人三部曲》、《濁流三部曲》可以從各個觀點去看，但是你也可以從一個有趣的觀點去看，就是鍾肇政筆下對女性原型的追求。這裡面哪裡是在講愛情呢？表面上是在講愛情的故事，但是你真正懂得台灣歷史的傷痛，懂得白色恐怖的人就會知道，鍾肇政其實是藉著愛情在講台灣認同的問題，所以我覺得國民黨把他列為台獨的三巨頭也沒有錯啊！他們只是被他的煙霧所瀰漫，所以沒有抓他而已，另外是因為他們覺得作家也沒什麼用，國民黨大概是這麼想，但事實上作家才是真正影響長遠的人。我們在整理綠島一些白色恐怖的案件時發現，更多莫名其妙的人都被抓，像鍾肇政先生有這麼深刻的台灣思想的人，躲過了那個年代－我的意思倒不是說鍾肇政先生應該要被抓－而是在那個時候，每個人用他各自的方法去隱藏自己。李登輝先生用他的方法去隱藏自己、鍾肇政先生用他某一些技巧去隱藏自己，在小說中用愛情和陸志龍來隱藏他真正的思維，所以這樣的小說哪裡是純粹的、像瓊瑤式的愛情小說，因為你不理解，你才會認為它是愛情小說。

事實上這樣的例子也不只發生在台灣，在任何有殖民和被殖民關係的國家裡，男性作家所描寫的女性到底是誰？他們所追求的女性到底是誰？這個可以變成你更大的博士論文，或是博士論文後的

研究，你會發現一個最巧妙的結合點，被殖民者的男性作家，往往就是要把殖民者女性化，也就是我雖然被你殖民，但是你的女人、最好的女性還是愛上我，而不愛你，這就是被殖民者讓自己心理的缺角獲得滿足的方式。但是同樣的、相對的殖民者也抓緊這樣的情況，日本作家寫的主角來到台灣，都是台灣女孩子愛他愛得不得了，有殖民者和被殖民者關係的小說作家，往往會把對方女性化。從鍾肇政先生的研究裡，我也偶然發現到，我自己在寫《青春三部曲》的時候，都是原住民的女人愛上我，那我在想，我潛意識裡縱使是想要瞭解他們、同情他們，但是我在小說裡面還是把他女性化，還是不能夠用真正的平等的觀點，去看待這件事情，這是一個有趣的研究課題。第二個課題是，你們也許可以擴大到更大的範圍去研究，這是很深刻、也很有趣的東西，就是每一個藝術家對他原型的、典型的女性的追求，到底有怎樣的心路歷程？到底隱藏了他心裡什麼祕密？

　　義大利的美術家莫迪利亞尼（Modigliani），他老是把女孩子的脖子畫得細細的，用很可憐的、很漂亮的線條，他會覺得這是世界上最漂亮的女人，背後有他生平的過程。像畢卡索畫他所愛的女人，老是沒事在換女人，他第一次畫的女人漂亮地不得了，後來他和那個女性發生爭吵，就開始把她惡魔化，然後慢慢地越變越醜，到最後變得嘴巴大大的、牙齒尖尖的像惡魔一樣，畢卡索一而再再而三地把身邊的女性，從一開始最純潔到最後變成一個惡魔的女性。到畢卡索晚年性無能的時候，他畫了一百張以上的素描，畫的女性完全是畫女性的性器官。這樣的心路歷程是什麼？可以當作你們研究的題目。譬如說高更，他最後到大溪地，他就說他發現了全

世界最美的女人在大溪地，胖胖的、壯壯的，充滿了陽光之美，而且最重要的，是他發現大溪地的女人，有一個很細膩的手的動作，去表達女人和女人之間很隱密的情感，這是高更理想的女性。

陳映真寫的〈唐倩的喜劇〉，唐倩這個女孩子沒有過去，喜愛附庸風雅，找社會裡面的名男人和他攀上關係，然後一下子變成後現代主義，一下子變成達達，一下子變成什麼，和我在電視裡看到的某一個主持人，是差不多的角色，這個唐倩，就在晚上電視裡，打開來就看到一個唐倩，講非常多的主義，同樣的一個女人，所以陳映真的這個諷刺是永恆的諷刺。你從這個觀點也可以研究吳濁流心中女性的原型是什麼？龍瑛宗女性的原型是什麼？鍾理和心中原型的女性是什麼？都是一個非常有趣的課題。

非常抱歉的是，文建會邀請了八個太平洋國家的代表，要來台灣和我們的原住民見面，看看我們的語言有哪些一樣？我們的歌曲有哪些一樣？所以我現在要趕飛機到台中去，本來希望大家可以更進一步地討論，但是非常抱歉這是我的公務，所以要先辭行，雖然不願意離開，但是不得不，飛機不會等我，所以要向主席道歉、請個假，我先離開，謝謝。

柯慶明：

「永恆的女性愛，引領我們的靈魂上升。」這是歌德《浮世德》第一部的最後的結論，我不希望我們欣賞鍾先生的小說，只有從後殖民論述的角度來看，事實上除非你是同性戀者，不然假如你的主角是一個男生，你要能夠和他結為一體，而且能夠創造下一代，一定要找一個女性，對不對？所以我覺得，在偉大的文學作品

裡頭，總是會回到人類最原始的情境，亞當和夏娃，男人跟女人，而忘記了後天所製造出來種種的權力關係、殖民關係等等，所以羅蜜歐與朱麗葉之所以會讓我們迴腸盪氣，是因為他們愛上仇人、仇敵、敵國的女性或者是男性，在這樣的情形之下，「男女」會比所謂的國族、政權或者是什麼而更為重要，這才是人類的希望，不然的話我們會永遠分化下去，你仇視我、我仇視你，我要統治你，你要被我奴隸等等，所以文學偉大就在這裡。我覺得吳錦發先生的看法當然是一種看法，但假如我是女生的話，我聽了會拍桌子，你要殖民我，就把我變成女性，但女性天生就是被殖民的嗎？我剛好認為，像鍾先生也好，或者什麼也好，他們都是用女性代表人類精神上最崇高的一個理想，而不是把她當成被我殖民的對象，我覺得那個很像吳錦發，不像鍾肇政先生，我聽了覺得是這樣。那我們現在請與談人莊先生來發言。

莊華堂：

接下來我要分享的，其實是延續剛才吳錦發的某些論述，也就是鍾老他如何去塑造女人？他把女人塑造成幾種類型，理由在哪裡？他為什麼要塑造這些女人？以下我會提供給大家答案，我今天是有備而來，把鍾肇政很多小說裡面，他怎麼樣描寫女性，描寫女人的哪些部位，以下你們都會看到。我們大家一起來看。彭瑞金曾說，鍾肇政從他的成長小說《濁流三部曲》，到展現他人格思想的《台灣人三部曲》，都有異族知識女性和赤足、豐臀等的女子，像剛才吳錦發所提到的谷清子、奔妹就是這樣很特殊的典型。好，下一張（投影片）。葉石濤在《鍾肇政論》裡面有一篇〈流雲，流雲，你流向何處？〉，當時大約是三、四十年前，他認為《濁

流》、《江山萬里》、《流雲》這一系列的長篇小說,可以說是鍾肇政的自序傳,但不是私小說。在前一場政大的講談會,鍾老最後做了一個結論,說:「我所有小說裡面的男性,都是鍾肇政的化身」。很多年前,葉石濤先生批評他患了「思想貧血症」,是不是真的,其實我們來看,鍾老整個文學是博大精深,不是他患了思想貧血症,而是他特別喜歡女人。

鍾老小說裡的女人,例如《初戀》裡的吉村禮子:「身上是一領花布連裙洋裝,腳上著木屐」、《八角塔下》的岩下靜子:「白白的臉蛋以及那身黑領帶、滾三條白線的黑領子和雪白的上衣,像天上的浮雲一樣白的」、《濁流》裡的藤田節子:「上身是白襯衣,下身套著灰黑色日式燈籠褲子」,這就帶我們看到鍾老特別寫「衣著」,接下來我們看他怎樣描寫女人的「體態」。在《摘茶時節》的月桂:「長長的卷髮垂在雙肩,有些蓬鬆,胸前很豐滿」,開始注意到胸前的部位。然後第二個《初戀》裡的吉村禮子:「兩條辮子垂在微隆的胸前,身材很瘦很苗條」。再來《濁流》裡的阿純:「面孔瘦瘦的,一雙眼兒又黑又圓,眉毛長而彎」。再來是岩下靜子,剛才吳錦發有提到的,「那微露的白白的牙齒,那靜靜的垂在胸前的兩條辮子」,這些已經透露了某些玄機。

在他的中短篇小說裡面,我把他怎樣描寫女人節錄下來,其實大部分是從胸部先開始看起。在〈溢洪道〉的阿珠:「她的衣服濕漉漉的貼在周身上,胸前剛開始發育的兩個突起那樣地明顯」。在〈大機里潭畔〉的麗仙:「那胸前若有若無的隆起來」。《魯冰花》的林雪芬:「若隱若現的幾處曲線——雖然那些柔美線條已被遮住了,但還是那麼動人」。《八角塔下》的彩霞,這個彩霞是豐

滿型的，你看，「彩霞是豐滿的，臀和腿都飽飽滿滿，雙峰高聳，臀部也奇異的突出著」。

小時候我媽媽教我看客家妹，不是看胸部而是看臀部，但鍾老看臀部比較少，胸部比較多，我們看下一張。除了看胸部之外，鍾老小說裡最大的特色是女人身上的「香」，關於這一點，我遍查台灣的小說家，沒有人這樣寫，只有鍾老，他特別會形容女人身上的體香。月桂：「我聞到一陣不可言說的醉人體香」；吉村禮子：「一種莫可名狀的香味幾乎使我嗆住了」；《青春行》林蓮貞：「每當她在鋼琴前面坐下，我在一旁站住時，那微微的香味就輕輕地包圍住我」；岩下靜子：「我真沒有想到女人會那麼香」。吳錦發也很常寫愛情，但是他似乎沒有寫過女人香。

鍾老小說裡的女性最大的不同，如果說我們還沒有研究到下面的話，我們會發現鍾老對女人有一種特殊的性癖好，這個性癖好是如何，我們看下一張。鍾老早期小說裡的女性，除了講到「體態」、「胸部」、「體香」外，還意外發現這些女性大都很年輕，在《台灣人三部曲》以前他描寫的幾乎都是年輕的女性，除此之外，還有兩個特色，剛才吳錦發也有提到，第一是特別描寫知識份子的女人，在舊年代是知識份子的女人，多半是國小老師和高女學生，都在十八歲到二十出頭之間。第二是這些女子出現的地方大多是客家地區，像桃園台地，特別是龍潭台地、八德，可是沒有一個用「妹」來命名，前面鍾老說我們客家人的女生都叫什麼「妹」，但像阿珠、麗仙、欣華、林蓮貞、林雪芬、彩霞、阿純，有沒有「妹」，沒有。

　　《濁流三部曲》裡面的女性，谷清子是他前期作品裡描寫地最精彩的，他詳細描寫她的身體，資料有很多都被我截掉了，他這段大概有幾百個字，反覆描寫谷清子的眉毛、她的頭髮、她的鼻子、她的五官，《江山萬里》的李素月也描寫的很多，頭髮、鼻子、嘴巴，其實鍾老不只有看到胸部而已，五官都觀察地相當細膩。剛才吳錦發有說他怎麼樣描寫谷清子，谷清子這個女人鍾老剛才已經坦承是確有其人，是早年他在大溪國小教書時的同事，看到那麼動人的知識份子的女性，像是浮世繪裡常常會看到的那種女性。

　　除此之外，在他的大河小說中描寫的女人裡面，還是不斷地出現女人美麗的胸部的描寫，鍾肇政的筆下有一點離不開女性的胸部，這些女性我用胸部大小大概把她們分為兩個典型，一個是大胸部的豐滿女人，像藤田節子、銀妹；還有小胸部的苗條女人，素月、六妹，這兩種類型。最後能夠綜合、大小相宜的女性，就是谷清子，你看鍾老對谷清子有多麼地迷戀。

　　到了《台灣人三部曲》之後，他描寫的女性又不一樣，這個時候有秋菊、韻琴、鳳春、桃妹，出現了「桃妹」，客家人出來了，陸家這個大家庭裡的每一個女性，他都有詳細地描寫這些女人的體態，胸部還是他重要的觀察指標。到了他第二部《滄溟行》，有一個很重要的女人——文子，他也注意到了她一身洋裝，胸部鼓起來。到奔妹的時候，奔妹是鍾老小說裡面最典型的台灣女人，這個奔妹可以跟李喬小說裡面的燈妹鼎足而立，是最典型的客家的、台灣的女人，我們看他怎麼描寫奔妹：「無意間看過去，幾乎愣住了。奔妹的胸前竟有隆起，而且還不小。他著著實實吃了一驚，原來胸部平坦的，怎麼突然鼓起來了呢？」我看到一個小說家觀察的

細膩，我前面幾個禮拜有講，她之前出現的時候是穿著大軍服，看不到胸部的曲線，這是他第二次看到奔妹，這邊有幾句我特別把它提出來，他看到《沈淪》裡的鳳春：「噢——那隆起的乳房」，看到秋菊：「胸前那微微的隆起」，這個寫得保守一點，《插天山之歌》裡再見的乳房，胸部怎麼突然突起來，當然後面還有一些敘述。

　　鍾肇政所有的小說裡面，大部分都有愛情，小說裡的男主角都要去談不止一次的戀愛，他談戀愛的對象不外乎三種類型，一個是純情、苦命型的台灣小女人，第二種是妖豔、肉感型的年輕女人，第三個是日本的知識份子。鍾肇政70年代創造的女人，我把她分別，你看看這十個裡面都脫不出我剛才說的那三種類型。到了後半段中期的時候，他創造的女人也不出這三種類型，不過這個時候，客家妹越來越多，也都是年輕的女人，沒有一個是超過二十五、六歲的。後期80年代，他寫《台灣人三部曲》的後兩部《滄溟行》和《插天山之歌》，開始出現了母親的描述，特別是《滄溟行》的那個母親，她的兒子去參加抗日，她雖然罵那個兒子、心疼那個兒子，但她覺得這是他兒子終於做對的一件事情。在這裡，鍾老花了相當多的筆墨去描述這個母親的型態，在之前的小說裡面幾乎是都沒有出現的。

　　最後，要公布最後可能的答案，就是鍾老為什麼會寫那麼多的女人，他那個年代觀察客家女性是看臀部，可是他看胸部，如果你去過龍潭的話，你在龍潭可以看到一個「龍潭埤」，很大的一個池塘，上面有一個南天宮，南天宮再往南邊看會看到銅鑼台地，上面是一整片的茶園，那個台地的右前方有一個小山坡，那個小山坡叫

做姑乳山，那個造型就是女人的胸部。話說鍾老七、八歲的時候，從大稻埕回到鄉下，那時候的龍潭街都是平房，七、八歲的鍾肇政每天一起床就看到那個乳房在那邊，這個可能對他的童年有些影響，還有就是老師是家中的獨男，其他的都是姊妹，從小在家裡備受寵愛，在脂粉味裡長大，所以鍾肇政會創造這些女性，我的解讀是跟吳錦發有一些差異，童年的因素可能是很重要的。

⋩下半場⋫

柯慶明：

本來我的工作只是主持人，主辦單位大概只留給我八分鐘，並沒有希望我成為與談人。但是因為既然在台灣大學任教，站在文學研究者的立場，有些話可能還是要對台大的同學做一點說明。

第一個，我認為鍾肇政先生一定完全瞭解，浮世繪的女人與日本古典繪卷的女人是不同的，浮世繪的女人其實指的都是青樓的女性，所以不明究裡而將其稱為浮世繪的女人是錯誤的，那種古典繪卷，像《源氏物語》繪卷或是其他等，具有日本的古典畫風，它們與浮世繪的畫法是不一樣的，這一點我想向各位做個補充和提醒。第二個，對我們從事文學研究的人來講，描寫一個人的體態，通常只是這個作品予人的第一印象，或是偶然的某一個重要的轉折。起先我們並沒有注意到她是一個漂亮的女性，後來才知道原來她也很漂亮，那時候讀者才會注意到對這位女性體態的描寫。文學作品真正重要的都是描寫人物的個性，用文學研究術語來說叫做character，就是她的個性與精神。另外一個很重要的是，小泉八雲認為偉大的作家所創造出來的人物每一個都不同，雖然她們都是年輕的女性，但是都有深層而特殊的靈魂在裡頭，而一般的平凡作家就會變成死類型。舉《紅樓夢》的例子來說，其所創造的每一個人物就都不一樣，雖然他們都是同年齡的人，小泉八雲講的當然不是《紅樓夢》，他講的是莎士比亞。所以我請求，鍾肇政先生的作品是很深刻的，拜託請不要馬上將他作品中的女性化約成胸部，或是什麼之類的，坦白說我聽了這些很難過，這對鍾先生太不公平了。所以現

在我們要請鍾先生，再暢所欲言地談他小說中或生命中的女性，謝謝。

鍾肇政：

我再繼續向各位報告。剛剛已經報告過的關於《插天山之歌》，它是1975年的作品，至今已有三十幾年了。接下來我要報告的是《流雲》這部書的女主角。

《流雲》出版於1965年，創作的年代當然早幾年，第一次出版是1965年，在《插天山之歌》之前十年。《流雲》這本書是慶祝台灣光復二十週年，台灣文學叢書之中的一本。當時，我在報紙副刊上利用免費的小廣告公開徵求作品，要編輯台灣文學叢書。「台灣文學叢書」簡稱「台叢」，「台叢」兩字干犯了禁忌被打成「台獨」，白色恐怖年代常有禁忌，這算是稀鬆平常的事情，不過話雖這麼說，那時候搞不好要坐牢，甚至挨一顆子彈而嗚呼哀哉，都是司空見慣的事。那麼台灣文學叢書是什麼呢？我當時想盡辦法要把台灣作家的文學作品集結起來。在此之前，我就已做過《文友通訊》，想把50年代中葉，唸日文長大的中文作家，也就是戰後第一代作家集結起來。接下來光復二十週年，我的野心就越來越大，要用十本書把台灣作家作品集結起來，這在當時算是台灣文學史以來最大的一套叢書，總共十本，每一本約三、四百頁。這套台叢是弄出來了，可是人也被打成台獨。不過我意猶未盡，因為我發現這些參加台叢的作家，有不少位其作品已經具有高水準，而且量也足夠可觀，可以集成一本著作，因此我就再想盡辦法挑戰第二套台叢。第一套台叢是文壇社幫我印的，第二套台叢我找到救國團幼獅書店。台灣文學叢書與台灣青年文學叢書，這兩套叢書送到出版

社手上印出來的時候，書名多加了一個「省」字，變成台灣省文學叢書與台灣省青年文學叢書，「台灣」兩字不准用，一定要加個「省」字。很幸運地，這兩套叢書順利出版了，今天經過了這麼多年，我一直很滿意當初有這樣的東西面世。

話說回來。1965年出版的《流雲》，是《濁流三部曲》的第三部，依序是《濁流》、《江山萬里》、《流雲》，這本書裡面寫的女性叫銀妹。我在我的小說女性中，用了很多的「妹」字，剛才莊華堂先生好像說，為什麼客家文學作品看不到什麼妹的，事實上有很多，這個叫阿銀的也有個妹字。《插天山之歌》的奔妹，奔、奔、奔，奔跑、奔跑，奔進男主角的懷裡的「奔」字，她在山林裡面練習喊口號，在喊口號的時候和男主角碰面。《流雲》的銀妹和男主角碰到的時候，也是一個很特殊的外貌，就是男主角嗅到她渾身的牛騷味，銀妹怎會有牛騷味呢？因為她是打赤腳的放牛女孩，光從這樣的外表，我相信可以讓讀者感受到這個女孩身世坎坷。她是一個養女，穿著破爛的舊日本軍服，而且渾身臭味，我讓她以鄉村女孩的樣子出現，和我對奔妹的處理一樣，這就牽涉到我個人不幸的初戀。剛剛莊華堂介紹我的作品〈初戀〉，它寫的並不是我的

初戀，不過我自己的初戀在作品中已有稍微暗示，但是我不敢面對它、碰觸它，因我覺得那是我一個美麗的回憶。我的初戀情人結婚了，但是新郎不是我，雖然有這樣的不幸－對我來說是很不幸的結果，不過她是我心靈中永遠懷念的一個女性。我的初戀情人是擁有高知識的女性，當然在我眼裡她是很美麗的，因為有這樣不幸的初戀，所以我不寫知識女性，我不要那種高高在上懂得很多事情的女性，我要寫的是單純女孩，她們當然沒有什麼知識，不過身材卻起伏波動有緻，她們在我的筆下，是那麼地美麗有如雕刻品一般呈現，只是我在作品中讓她們穿起衣服來。因為我有那樣不幸的成長，所以我不再眷念知識女性，心靈中改以鄉村女孩取而代之，我寫鄉村女孩是這樣來的。

剛剛提到的第一套台灣文學叢書，我就把自己的《流雲》放進去，這部小說是其中唯一的一部長篇，其餘的都是短篇，這套叢書共由九本小說以及一本新詩構成。第二套台灣文學叢書則是個人的集子，因為我發現不少的台叢作者，其作品已經夠成一本書，我就幫他們完成出版處女集的創舉。這十位作者我現在還記得幾個，但要完整地把名字交代出來，好像不太可能，譬如李喬、鄭清文兩位，後來變成台灣文學的重要作家，他們都是經我想辦法才出版第一本書，這已經是很古老的往事了。以上是我簡短的報告，謝謝各位。

柯慶明：
現在請黃導演與談。

黃玉珊（台南藝術大學音像紀錄研究所副教授，電影「插天山之

歌」編導）：

鍾老師、柯教授、各位在坐的同學、貴賓，大家好。非常高興有機會來到台大校園參與鍾老師這場口述歷史。其實我本來不在與談名單內，正好因為《插天山之歌》這部農民小說改編的電影將要上映，鍾老師是我大學時代非常崇拜、尊敬的作家，所以我非常感謝主辦單位提供給我這個機會。

大學時代因為姊姊寫評論，有一次她到龍潭拜會鍾肇政老師，還有一些台灣文學作家，那個時候我是小跟班，和姊姊一同前往。那次拜訪中，我對鍾老的印象蠻深刻的，當時不是談很嚴肅的文學議題，而是談笑風生，作家之間的情誼讓我記憶一直很深刻。接下來我在80年代參與電影製作，我們知道台灣新電影走上國際舞台，台灣文學是一個非常重要的養分與內容，那個時候我也看過鍾老師的《魯冰花》改編成電影，當時的改編手法還蠻受欣賞的，那部電影現在也還留存在我的腦海。最近則有機會拍鍾肇政老師的紀錄片《鍾肇政文學錄》。我們知道其實已有其他的影像工作者，拍過鍾肇政老師的紀錄片，這些紀錄片已經把鍾老師豐富的作品包括他的文

獻，以及生平做了周全的介紹，那麼我該怎樣再來拍這部紀錄片？後來，我就希望從他質量精緻的作品裡面選擇幾部作品，像是導讀的方式，讓觀眾或讀者進入鍾老師的創作世界，這就是我拍《插天山之歌》的緣起。其中更重要的還是一種情感的驅動，因為我自己本身是學文學的，起先我唸過一年的中文系，後來由於兩個姊姊都唸中文系，我覺得自己好像必須去開拓另外一個路線，所以就轉到外文系。對我來講，在拍電影之外，我對文學其實一直非常鍾愛，等於是心靈的家園。

在詮釋鍾老師的《插天山之歌》，將這部文學名著改編成電影的時候，我其實蠻有壓力的，所以當時就請了另外一位曾經合作過的作家陳燁來和我一起編劇，從整個大河小說《台灣人三部曲》中選擇了《插天山之歌》，這部作品長達二、三十萬字。雖然如此，這部電影裡面也融合了《八角塔下》，也就是鍾肇政老師年輕時候的一些身影。我從《八角塔下》檢取了其中一部分的反抗情懷，把它納入電影裡面，不過主要的內容還是來自《插天山之歌》。鍾老師在很多的口述歷史，包括在我拍攝的紀錄片裡面，一直有談到當時他寫這部小說的心理，他講的一個主題是逃亡。逃亡有兩層意義，一個是表象的，就是我們看到的日本特務警察在後面追捕男主角；另外一個就是鍾老師在當時白色恐怖時代，內心所感受到的政治壓力，如何在那個時候生存或繼續創作下去，我覺得這是一個很重要的主題。

其次，我在拍攝的時候，覺得愛情也是一個非常重要的主題，它有一個尋找家園的過程，就是當你遭受苦難的時候，最先想到的就是回到家園去尋找庇護。今天我們講的主題是鍾肇政老師小說中

的女性，我在刻劃《插天山之歌》這部電影，描述奔妹這位女性的時候，覺得她是一個原型，在小說裡面，鍾老師對這個角色有非常細膩的描寫。至於對男主角陸志驤的描寫，則是一個成長的歷程，不只是心靈、身體的成長，還包括知識的尋找，他也代表另外一種原型。我們剛聽到鍾老說，奔妹是奔、奔、奔，奔到男主角的懷抱中，可是另外一層意義，男主角從日本坐船回來，然後船在基隆港外海被美國魚雷擊沉，後又回歸他的家園，這個過程其實也是另外一種奔。這兩個人到了台灣的深山、溪谷裡面相遇，這種男女情愛的結合，我覺得有另外一種象徵的意義。我有一位從事電影評論工作的同事，他最近看了我的電影後，就把這部電影和德國的「山脈電影」做一個比較。他說，在德國的山脈電影中，人是一種垂直的移動，他們在尋找一種家族或民族的精神，以爬高山作為追求的象徵；而在我的電影裡面，人則是一種橫向的移動，以男主角陸志驤為例，從上岸開始，自海岸到平地客家族群居住的莊園，從平地再到山裡，一步步往內部的深山去走，這是另外一種家園的尋找，我這位同事將其稱為橫向的移動。這是我聽到的一種比較新的說法，分享給大家瞭解。

　　我在拍這部電影的時候，邀請了大學戲劇社或是戲劇系對於表演有興趣的年輕人一起加入演出，他們可能不是很有名，但是在詮釋奔妹或是男主角陸志驤這些角色的時候，確實讓我感覺到年輕人的熱情，以及他們與歷史結合的慾望。而我自己為何會選擇《台灣人三部曲》中的《插天山之歌》，作為文學作品改編成電影的主軸，主要是因為我在看這部小說的時候，感覺它很好看，我自己本身很喜歡看小說，也發表過小說。我在看鍾老師這部小說的時候，

第一次感受到他創作力之豐富，然後才驚覺到以前我對鍾老師的認識是這麼地粗淺，所以我很想把自己這種閱讀的喜悅向年輕人以及我的同伴分享，這是一個比較單純的創作動機。但是在拍攝的時候面臨到一些困難，譬如我們的主景在桃園、新竹、苗栗一帶取景，以1940年代台灣光復前的時間為拍攝背景，所以在服裝、場景的考據上要特別花上一些時間。

因為影片有百分之七十是客語發音，我們的演員不是每一個原來就會講客語，所以他們必須在決定演出這個角色之後，花上一段時間去練習熟悉語言，後來戲拍完之後，他們也從不會講客語到可以和客家人交談了，現在很多客家電視台或其他節目都會找他們去演。我覺得這對年輕人來說，也是一種學習的過程，這也是我在小說裡面感受到的另外一種境界。在那個年代，資訊並不像現在這樣發達，陸志驤從落海游泳上岸之後，就一路奔跑逃亡，先是回鄉，接著到他認識或不認識或是聽說過的遠親家中，而他到深山裡面，如何去接觸他原來渴求的知識，居在山裡沒有電燈，晚上就點一盞油燈看書，那種情境讓我感觸很深。在那個物質貧瘠的時代，人與人之間淳樸的感情，我們如何重新透過這部小說去認識那一段年代的歷史，從認識歷史當中知道我們現在存在的意義，這對我來講好像也是一種追尋的旅程。這部電影馬上就要上映，希望大家有空去看一下。我在拍《插天山之歌》的時候，同時也拍《鍾肇政文學錄》，希望大家有機會看完之後能夠給我一些意見。我就先講到這邊，謝謝大家。

柯慶明：

有幾件事情也許我可以稍微做個補充。我自己不是客家人，而

是福佬人，但是我有和客家人通婚的親戚，我們所瞭解的客家文化與福佬文化的差別是，福佬文化是女人在家看小孩、煮飯等等，男人則去耕田；但是客家很特別，客家是女人去下田，然後男人在家唸書寫作，所以客家作家特別多。我還有一個參考資料是美國社會學家對移民到美國的台山人的研究，他們發現因為女人是要嫁出去的，男人則是要留在自己的家裡，所以在孩子小的時候，對男嬰孩包襁褓，把他的手腳都綁起來，不讓他亂動，但是對女嬰孩則讓她四肢可以伸展，這樣的結果就是女性長大後都很凶悍，充滿了生命力，男性看起來就好像比較軟弱，但其實也不盡然。所以各位也許可以從《插天山之歌》的男女主角，看出這樣類似的情形。以下我們請這次的協辦單位邱榮舉邱所長給我們說幾句話。

邱榮舉（台灣大學國家發展研究所所長）：

　　主持人柯所長、鍾老、兩位與談人、各位前輩先進、各位同學，大家好。我今天特別地高興、感謝和感動，鍾老是我特別尊敬的前輩，也是我的老大哥，今天看到我們的學長鍾老回到母校，講述和台灣文學發展史有關的事，特別是他自己的著作，我感到特別地難得、喜悅，這也是一個歷史的時刻。我也是台灣省桃園縣人，住在客家莊，我追隨鍾老起碼差不多二十年左右，他是台灣文學界的泰斗，也是台灣社會中我們特別景仰的，特別是二十年來我們推動台灣客家運動，他一直是我們的精神

領袖。台大現在已有客家研究所，通識課程也有客家與台灣發展的相關課程，今天能夠透過華堂兄如此技巧的安排，我總覺得特別地難得。柯所長所領導的台灣文學研究所，所裡頭有很多很好的課程或著作，透過今天這樣的講談會，各位在座同學今後如要對台灣文學做更深入探討的話，可以就近到台灣文學研究所繼續修習，或者我們中文系也有相關課程。鍾老的著作我過去也看了一些，《魯冰花》的影片看了也很感動，今天又有我們著名的黃編導《插天山之歌》電影大作的面世，11月2日要全國連映，這是特別難得的。

今天我藉著這個機會起碼提供兩點。第一點，今天鍾老所提的一些包括戰後台灣白色恐怖的相關事情，下星期我也會在課堂上，把戰後台灣二二八事件以及之後白色恐怖的相關政治案件做些說明，作為補強戰後台灣文學這方面著作的背景，讓大家瞭解。第二點，類似這樣的活動特別地難得，我們也希望每一學期都能夠請到鍾老，也希望我們柯所長，還有兩位與談人黃編導與華堂兄，下個學期也能繼續安排這樣的活動，因為我們這個課程除了上學期有之外，下學期也有類似的規劃，如客家語、台灣文化藝術等。今天活動告一段落後，六點鐘左右在台大國家發展研究所，也就是距離我們圖書館差不多兩、三百公尺的地方，有客家美食提供給大家，歡迎所有在場的朋友能夠來品嚐客家美食，有鹹的湯圓。同時11月15日，我們台大師生舉辦客家文化資訊之旅的時候，也希望能夠有機會到龍潭造訪我們文學界的泰斗鍾老，讓青年學子對客家以及台灣文學的發展，能夠有多一份體驗、感受和瞭解，謝謝各位。

柯慶明：

我平常只是讀鍾先生的著作，沒有特別注意到他的生平事蹟，

剛才我看了活動手冊上他的生平事蹟，才發現一件重要的事，就是在鍾先生二十三歲，1947年的時候，他曾就讀台大中文系，所以他不但是我們的校友，也是我的系友，所以我們覺得老校友和老系友能夠回到母校來，也是一件值得令人慶幸的事。台大在台灣文學上從日據時代開始，由賴和、楊雲萍、黃得時等等都扮演了重要的角色。現在我前面有兩本鍾先生親自簽名的《插天山之歌》，以及五張《插天山之歌》的電影票，還有三本莊華堂先生的著作，裡面有鍾先生的序，他們倆人都共同簽名了，先提問的人就馬上送他，現在有沒有問題，機會難得。

林彥廷（台北科技大學材料所研究生）：

鍾老師我想請問，您為《台灣文藝》這份雜誌貢獻很多心力，據我所知，《台灣文藝》在您手上有出過一套一到五十三集的合訂本，您自己的文章也說，在這之前只有出過一、兩次的合訂本。之前的合訂本是吳濁流先生分批合訂的，還是說是一口氣就把它合訂好的，我看您與吳濁流先生的通信，後來還有合訂出三本，這我不太瞭解，想請教一下。

鍾肇政：

這我記不太清楚了，不過依稀記得出過兩次合訂本。《台灣文藝》我記得在1964年創刊，創辦人是吳濁流先生，《亞細亞的孤兒》那本書的作者，他辦了十二年後過世，由我接辦。我接辦沒有很久，約過了五、六年，辦不下去然後就交給下一任。現在這份雜誌已經沒有了，因為早期純文學的雜誌非常地難辦，我相信目前也差不多，因為讀者非常地有限，經費當然也就非常地有限。在我的記憶裡，不單是《台灣文藝》而已，其他的一些文學雜誌，都免不

了短命而夭折的命運，可以說我們台灣讀書的人口，特別是讀文學書的人非常地少。過去就有人提過，日本人坐電車一定是人手一本，我們這邊車上看書的人並不多，這也反映出我們台灣和日本讀書風氣的差異。那麼《台灣文藝》就是免不了這樣的命運，經過幾個朋友的手上，出出停停，停停出出，然後就沒了。這些合訂本在我手上，我依稀記得出過兩次合訂本，我現在無法奉告這些是哪個年代、哪些期的合訂本，非常地抱歉。

柯慶明：

主辦單位希望問題問完之後，由鍾先生一起回答，再把書親自送出去，這和我們的想法不一樣，不過沒有關係，就按主辦單位的意思，接下來第二位同學。

張郁芩（台灣大學外文所研究生）：

鍾肇政先生、各位前輩、各位同學，大家好，我是台大外文系三年級學生。我自己本身也是客家人，很希望未來能為自己的母語文化盡一份心力。我想請教鍾肇政先生，在生活中時常發現，現在年輕一輩甚至是年紀更小的小孩，對於客語或是河洛人自己的福佬話，越來越不會說，對自己的母語文化越來越不瞭解。不知道鍾肇政先生對於青年學子在傳承自己文化方面，有什麼努力的方向，可以為我們指點一下，謝謝。

鍾肇政：

有關台灣母語消失的問題，已經被談了好多年，三十、四十年都有，因為國民黨政府推行國語政策，幾乎用強迫的方式，逼各級學校的學生以及教書的老師要用國語，就是北京話，這樣一來就

造成母語的流失，而且非常地嚴重。根據大家的看法，年輕一輩現在四、五十歲的人，對母語就已經開始生疏了，等而下之，三十、二十的小朋友，對母語更是陌生。當然學校推動北京話有它的用意，不過我覺得一般家庭從小孩啞啞學語的時候就開始教他講北京話，這也應該要負很大的責任。我從事客家運動，剛剛邱老師已經稍微提了一下，光是積極的客家運動已有二十年以上了，各位年輕朋友如果想要珍惜自己的母語，不妨從頭學起，從長輩那邊向他們討教學習，這是一個很好的方法。很慚愧地，我做了那麼多年的母語運動，無疑是空白的泡影。謝謝。

柯慶明：

　　泡影是沒有了，所以我們現在已經在小學、國中開始有所謂的母語課程，將來加上譬如說客家電台這樣機構的出現，都會協助大家多學各個族群的語言，然後互相做更深入的瞭解與溝通。因為時

間已經過去很多了，我想我們就先請鍾先生將書送給兩位發問的同學，至於其他的書與電影票，我就交給邱所長，請他想出一個好的方法送給同學，現在就請兩位同學到前面來。

鍾肇政：

這裡有感謝狀。感謝台灣大學台灣文學研究所協助本會合作推動鍾肇政口述歷史「戰後台灣文學發展史」講談會系列活動，謹致此狀以示感謝，財團法人蒲公英文教基金會董事長潘英海，採茶文化工作室負責人莊華堂，中華民國九十六年十月二十三日（頒發感謝狀）。

柯慶明：

很慚愧地，這其實應該由我們來頒，結果變成這個樣子。我們很高興有這次機會，相信將來還會有更多的機會，希望下一次鍾先生再來演講的時候，能把他的作品看得更熟一點，問題就可以問的更深入。今天非常高興有這樣一場盛會，我們就到此結束，謝謝大家。

○3附錄80

鍾肇政生平大事記

資料來源/聯合大學網站
整理修訂/莊華堂

時間	年齡	生平紀要	寫作與發表
1925	1	1月20日生於桃園縣龍潭鄉九座寮祖厝。四月隨父任所遷居大溪鎮內柵。	
1928	4	隨父親遷居台北大稻埕，住在港町，時常跟著媽媽與姨媽，到大舞台、永樂座看歌仔戲與電影。開始講福佬話。	
1931	7	4月入台北市太平公學校就讀，開始學日文。八月遷居桃園轉桃園公學校就讀。	
1932	8	遷回故鄉龍潭，就讀龍潭公學校二年級，從頭學習客家話。	
1937	13	3月，畢業於龍潭公學校，報考新竹中學未錄取。	
1938	14	1.4月，入私立淡江中學就讀，住校。 2.入學不久父親任五寮分教場主管（大溪鎮八結），全家自故鄉搬來此。	
1943	19	1.3月畢業於淡水中學，報考上級學校，未獲錄取。 2.9月，任大溪宮前國民學校助教，讀書興趣轉向日本古代的詩（和歌）。	
1944	20	1.4月，辭教職，入彰化青年師範學校就讀，同學沈英凱引介，試讀世界文學名著，第一本是盧梭的《懺悔錄》。此後開始大量閱讀世界文學名著，如《父與子》、《羅亭》、《罪與罰》…等	
1945	21	1.3月畢業於彰化青年師範學校，隨即因「學徒動員令」，服日本兵役學徒兵，駐守大甲。 2.8月日本投降，9月復員返鄉，開始讀祖國語文，如《三字經》、《百家姓》、《增廣賢文》、《幼學瓊林》…。	
1946	22	從事教學，現學現教。讀的第一篇白話文是日支親善的《大地之春》，大量閱報。5月，任龍潭國民小學教師，初習ㄅㄆㄇㄈ，從頭學習祖國語言、文字。	
1947	23	就讀台灣大學中文系，旋輟學，返回龍潭任原職，決心獨學自修，苦讀國語文不輟。	
1950	26	1.1月30日，與同鄉三洽村張九妹結婚 2.結婚時住三洽水，但是每星期才回去一次，平時自己住龍潭國小宿舍。	
1951	27	3月長女春芳出生。此時住九龍村祖屋。	寫生平第一篇文章〈婚後〉，刊於《自由談》第二卷第四期（1951年4月）。

1952	28	本年寫作甚多，開始試譯西洋詩篇（經由日文），撰寫兒童讀物，刊出者數十篇，惟創作稿均遭退。	
1953	29	二月長子延豪出生。	首部長篇作小說〈迎向黎明的人們〉完稿，投寄中華獎金委員會，未獲發表。
1954	30	1.訂為小說開始年、年初的希望：短篇習作七篇、發表三篇、長篇一作。 2.學習中文十年間，凝聚了「台灣文學」四個字。	7.24寫第一部長篇小說《圳旁一人家》。未發表。
1955	31	1.十月次子延威出生。 2.翻譯日本作家的創作理論，長短計數十篇。 3.五月九日收到中華獎金委員會掛號，有450元 4.〈石門花〉獲晨光每月小說 5.七月七日，石門水庫開工之日，上午率學生列隊迎接陳副總統，他是個血氣極佳的小老頭兒。	短篇小說〈老人與山〉刊於《文藝創作》。
1956	32	1.一月，短篇小說「老人與山」入選虞君質主編「現代戰鬥文藝選集」（中華文化出版委員會印行）。 2.四月十一日搬來龍潭（有電燈可執筆，不再受瓦斯燈之氣）。 3.《寫作與鑑賞》結集出版（重光文藝出版社），這是第一本文集。 4.中篇小說〈老人與牛〉、〈老人與豬〉投中華文藝獎金委員會，獲得稿酬2700，但未發表。	中篇小說〈阿月的婚事〉獲《豐年》半月刊小說比賽第三名。
1957	33	1.發行油印刊物〈文友通訊〉，每月一期。作品由文友輪閱，閱後提出批評意見──對文友的作品提出批評。參加的文友有陳火泉、廖清秀、鍾理和、施翠峯、李榮春、許炳成等七人，以後續有楊紫江、許山木二人加入，迄1958年5月止共發行16次而結束。 2.聯副開闢一萬字的星期小說。年底，刊登了文心的兩萬字千歲檜。讓鍾肇政衝擊很大。	1.本年發表十餘篇短篇小說，有〈水母娘〉、〈過定〉、〈接腳〉、〈上轎後〉等；每篇約二、三千字。又譯日本作家小說多篇。
1958	34	1.印行第一本文集：譯作理論集《寫作與鑑賞》。 2.六月五日將筆名自九龍改為鍾正。	三月廿五日〈大嚴鎮〉已經脫稿，四萬兩千字。
1960	36	1.八月，鍾理和病逝（四日），年四十五，撰〈悼鍾和兄〉追念。 2.十月，與林海音、文心等人組成「鍾理和遺著出版委員會」出版小說集《雨》（文星書店）。 3.十二月，獲台北市西區第六屆扶輪社文學獎。	
1961	37	1.六月鍾肇政給林海音寄去三萬字的〈輪迴〉，到了年底仍未登。將《濁流》直接寄給了中央日報。 2.八月鍾理和逝世週年祭時「鍾理和遺著出版委員會」出版其小說集《笠山農場》。 3.長篇小說《魯冰花》發表於聯合報副刊，廣受讀者歡迎。 4.自由談邀請，約今年度每月小說。	1. 12.31長篇小說《濁流三部曲》第一部〈濁流〉開始在「中副」連載，訖次年4.22刊畢，五月由中央日報社印行。

1962	38	1.《江山萬里》著筆開始。 2.六月出版《魯冰花》（明治出版社）。	〈江山萬里〉脫稿。
1963	39	1.十二月出版中篇小說集《殘照》，收〈殘照〉、〈摘茶時節〉、〈初戀〉等三篇。 2.十月中篇小說〈初戀〉在「今日世界」連載。	《濁流三部曲》第三部－－〈流雲〉，以及長篇小說〈大壩〉；也編寫電視劇「公主潭」等十餘種。
1964	40	1.起筆《台灣人》寫出一部份即交當時甫行復刊的公論報連載，唯在試版期間即被命撤下，未能繼續刊出，執筆亦因而告停頓。 2.四月，吳濁流創辦《台灣文藝》月刊，自任發行人，龍瑛宗編輯，鍾肇政協助小說部份編輯。	本年著手寫長篇小說《八角塔下》，僅完成上部，後因病輟筆。
1965	41	1.十月，為紀念台灣光復二十周年，獨力編輯《本省籍作家作品選集》十冊（文壇社）及「台灣省青年文學叢書」十冊（幼獅書店）。 1.九月二十日，鍾肇政患劇烈痢疾。 2.鍾鐵民於寒假來龍潭宿舍同住，每天到龍潭國小實驗室一起寫作。	參加省政文藝叢書的撰寫，三個月內要交出十五萬字稿。
1966	42	1.五月，獲中國文藝協會第七屆文藝獎章小說獎。	1.九月出版長篇小說《大圳》（省政府新聞處）；十一月另由大業書店印行。
1967	43	1.鍾肇政停筆了一年。對身體也沒有多大幫助。 2.出版中短篇小說集《輪迴》（實踐出版社） 3.五月獲教育部五十五年度文藝獎金文學創作獎。	四月，完成長篇小說《八角塔下》；五月起分一、二部在《文壇》月刊連載。
1968	44	1.六月，《沉淪》在「台灣日報副刊」連載完畢，獲嘉新水泥公司文化基金會嘉新新聞獎第四屆文藝創作獎；此外，此書後由鍾肇政本人改編為電視劇「黃帝子孫」，於十月、十一月在台視播出。 2.六月，主編「蘭開文叢」，收彭歌《小小說寫作》等十八冊。同月，出版短篇小說集《大肚山風雲》（台灣商務印書館）。	《沉淪》分上、下兩冊，出版單行本（蘭開書局）十月，出版譯作選的《戰後日本短篇小說選》
1969	45	1.四月二十日，台灣文藝雜誌社舉行創刊五周年紀念會並頒發第四屆台灣文學獎。會中鍾壬壽建議將文學獎名稱改為「吳濁流文學獎」；七月二十日，「吳濁流文學獎基金會」成立，鍾肇政應聘任該會管理委員會主任委員。 2.四月，出版長篇小說《濁流三部曲》第二部－－《江山萬里》（林白出版社）。	本年創作短篇小說〈野外演習〉、〈那天、我走過八吉隧道〉等。另編寫電視劇本「茉莉花」、「老人與小孩」、「喬遷之喜」等十餘部；往後數年陸續為電視台編寫劇本多部。

1972	48	1. 三月,譯伊撥耶.班達桑《日本人與猶太人》出版(林白出版社)。 2. 六月譯瑪麗.史托普著《結婚之愛》出版(林白出版社)。	1.編譯《名曲的故事——偉大音樂家的故事與名曲欣賞》,自一日起在「大同」半月刊連載,迄次年六月一日刊畢
1973	49	1.九月,長篇小說《馬黑坡風雲》出版(台灣商務印書館)。	
1974	50	1. 八月,應東吳大學東語系之聘擔任講師,授日本文學及翻譯等課程。	
1975	51	1.出版《插天山之歌》,志文出版社。出版《西洋文學欣賞》,譯作《歌德自傳》。 2.《八角塔下》,文壇社出版,《愛的思想史》,譯作,文皇出版社出版。	
1976	52	1.十一月中旬召開基金會管理委員會。 2.發表《滄溟行》於《中央日報》,並由七燈出版社印行單行本。	
1977	53	1.「台灣文藝」雜誌創辦人吳濁流,於1976年九月逝世後,經同仁等推薦而接辦此刊,並自本年三月起發行革新第一號(總號五十四號),從此社務、編務由鍾肇政一手承擔。 2.長篇小說《望春風》,由大漢出版社出版。	
1978	54	1.五月十一日在耕莘作演講「近代中日文學的關係」。 2.八月,應聘民眾日報社副刊室主任,兼副刊主編。辭去東吳大學講師教職。	本年創作短篇小說〈法蘭克福之春〉、〈月夜的召喚〉、〈白翎鷥之歌〉、〈尾叔〉、〈尾叔和他的孫子們〉等。
1979	55	1.長子延豪以短篇小說〈高潭村人物誌〉獲第二屆時報文學獎;又以短篇小說〈故事〉獲吳濁流文學獎(以上二獎均係於1980年度頒獎)。 2.十月,長篇小說《濁流三部曲》獲第二屆吳三連文藝獎。 3.十一月正式退休,歷任小學、中學、大學教師凡三十二年;編著《名著的故事》出版單行本(志文出版社)。	
1980	56	1. 二月,辭「民眾日報副刊」主編暨副刊室主任;五月,長子延豪出版第一本短篇小說集《金排附》(東大圖書公司,父薪子傳,為文壇佳話) 2. 八月,偕同北部文友多人等南下美濃笠山鍾理和故居,並與鍾理和遺孀鍾台妹一起主持鍾理和紀念館破土典禮。來賓一百幾十人。8月16日李行導演「原鄉人」在全台公映。 3.六月,長篇小說《台灣人三部曲》合刊本出版(遠景出版社)。	1.三月,撰寫〈原鄉人——作家鍾理和的故事〉,其中部份自7.20起在「中國時報人間」連載。 2.本年度創做短篇小說〈回山裏真好〉、〈馬拉松冠軍一等賞〉等。 3.〈鍾理和的故事〉,由時報人間刊載。

1981	57	1.年初，成立台灣文藝出版社，任發行人，期能博取若干利潤，以挹注台灣文藝雜誌。	
1982	58	1.一月十四日去年年尾成立泛台書局，門市部。延豪與友人開的。延豪週前弄瓦。 2.秋間，決定交卸台灣文藝雜誌社務與編務，由陳永興接辦。從此蟄居鄉間，並著手計畫〈高山三部曲〉之寫作，至年底一連四次深入霧社各部落作田野調查及訪問山地故老。	1.十一月間開始〈高山三部曲〉之寫作，次月起在中華副刊連載。
1983	59	1.八月七日，主持鍾理和紀念館落成啟用底典禮。 2.秋間，為寫〈夕暮大稻埕〉屢赴台北大稻埕採訪，得當地史家莊永明之助。某日偶在博物館看到卑南遺趾出土古物展，深受感動。	1.冬，起筆撰寫長篇小說〈夕暮大稻埕〉，次年四月脫稿，並在台灣時報副刊、世界日報連載。 2.發表長篇《高山組曲》於《台灣時報》。
1984	60	1.六月廿八日，應邀赴美訪問，回程經加拿大、日本，於九月二十日返台，歷時八十五天，遊歷該三國大城及名勝古蹟多處，並作十餘場演講。	1.五月改寫日本電視劇「阿信」為小說體裁，六月底由文經社印行。 2.十月起陸續撰有遊記〈永恆的露意湖〉等多篇。
1985	60	1.五月中旬在台東待了旬日。五月，為寫〈卑南平原〉赴台東訪問，詳作田野調查，結識同是客籍的卑南遺址考古主持人宋文薰教授，以及研究助理劉益昌。	1.元月份起，遊記〈北美大陸文學之旅〉在大同月刊連載。 2.六月起筆撰寫長篇小說〈卑南平原〉
1986	62	1.發表長篇小說《卑南平原》於《台灣時報》及《世界日報》 2.獲得台美基金會成就獎。	
1987	63	1.出版《卑南平原》前衛出版社印行。 2.長篇小說《望春風》再版。	
1986	65	1.五月上客家文化講座每週一次每次三十分鐘。 2.魯冰花開拍。登於八月二十五晚安台灣。 3.《台灣文學大系》掛名編委召集人。	

1990	66	1. 前衛計劃出版『台灣作家全集』五十冊，鍾肇政擔任編委會召集人。 2. 八月十八日獲鹽份地帶文藝營文學貢獻獎。 3. 就任『台灣筆會』第三任會長，請林文義任秘書長。（就任筆會會長期間，帶會員上街頭，創辦台灣文藝營。） 4. 就任『台灣客家公共事務協會』創會理事長。	
1991	67		1. 發表長篇小說〈怒濤〉元旦起在自立晚報發表。
1992	68	1. 推動鄧雨賢紀念音樂會於國家音樂廳，事情進行中音樂廳無理阻撓，寫信給李登輝而獲得最後解決。 2. 十月，李登輝路過龍潭，登門造訪。 3. 榮獲第五屆客家台灣文化獎	
1994	70	1. 十月，寶島客家電台榮譽台長。 2. 十二月，卸任『台灣客家公共事務協會』理事長，後為榮譽理事長。	
1996	72	1. 以紮根著眼，至武陵高中為國文教師們約每二星期一次講台灣文學。總共十講。 2. 擔任國家文藝基金會董事。	
1997	73	1. 擔任寶島客家電台榮譽董事長。 2. 十一月廿三日，全球台灣客家聯合會於新竹縣文化中心舉行慶祝大會。 3. 遊歐洲訪大文豪歌德故居，決定以小說型式寫歌德的晚年愛情，題目暫定為〈歌德文學之旅〉	
1998	74	1. 三月接任台北市客家文化基金會董事長。 2. 七月台北客家界支持陳水扁連任台北市長後援會在美麗華飯店成立，鍾肇政被推舉為會長。 3. 九月二十日台大校友會館參加平埔族學會成立大會－－鍾肇政為籌委會名譽主委。 4. 十月廿九日應聯合報副刊主編陳義芝邀請，至台北國家圖書館國際會議廳為「展望21世紀兩岸中國文學研討會」做閉幕演講。 5. 淡水學院參加「台灣文學的瑰寶－葉石濤文學會議」，發表開幕演講：〈談葉石濤的翻譯〉 6. 春暉電影公司拍攝作家身影紀錄片『鍾肇政』	1. 三月出版《台灣文學兩鍾書》、《掙扎與徬徨》、《文壇交友錄》。2. 五月三日起，自由時報每星期一，刊出鍾肇政專欄『臺灣的心』。
1999	75	1. 八月八日，在高雄接受民眾日報、文學台灣共同頒發之台灣文學貢獻獎。 2. 八月九日，獲知得到國家文藝基金會文學類國家文藝獎（第三屆）。 3. 十一月六日，在夫人、次子延威夫婦、孫子等陪同下，至淡水真理大學參加「鍾肇政文學會議」。	1. 一月遠景出版社沈登恩簽下《濁流三部曲》《台灣人三部曲》《魯冰花》等三部作品由桃園文化中心轉載印予《鍾肇政全集》之版權同意書。

2000	76	1.一月十九日，寶島客家電台等為鍾肇政76歲祝壽，並慶祝鍾肇政夫婦金婚，於台北市台灣師大綜合大樓舉行一場客家歌謠音樂會，邀邱玉蘭演唱。台灣總統候選人陳水扁也到場祝賀。 2.五月三日，李登輝贈勳，大授二等錦勳勳章。 3.五月四日，阿扁來府，親邀聘為總統府資政。 4.出版《台灣文學十講》。（前衛出版，莊紫蓉主編） 5.桃園縣文化局準備出版《鍾肇政全集》，邀請莊紫蓉、錢鴻鈞主編。	
2001	77	1.六月十六日，鍾肇政全家陪鍾肇政至台中文化學院受頒榮譽博士學位，錢鴻鈞全家與會。 2.《鍾肇政全集》第一批10巨冊出版，桃園縣文化局。	
2002	78		六月，完成五萬字雜文稿。七月完成〈歌德文學之旅〉兩篇
2003	79	陳水扁總統先後頒發第二屆總統文化獎百合獎	
2004	80	陳水扁頒發二等卿雲勳章	
2007	83	6月，鍾肇政與李喬，同時獲得客家委員會舉辦「客家貢獻獎」